Top im Abi

Abiwissen kompakt

Geschichte

Schroedel

Top im Abi
Abiwissen kompakt

Geschichte

Autor:
Dr. Volker Frielingsdorf verfügt über langjährige Erfahrung als Oberstufenlehrer in verschiedenen Bundesländern. Er bietet Crashkurse zur gezielten Abiturvorbereitung an und ist außerdem seit 2002 als Schulbuchautor aktiv.

Druck 1 / Jahr 2009

Herstellung: Dirk von Lüderitz
Umschlaggestaltung: Janssen Kahlert Design & Kommunikation, Hannover
Innenlayout, Satz, Grafik und Redaktion: imprint, Zusmarshausen
Druck und Bindung: westermann druck GmbH, Braunschweig

ISBN 978-3-507-**23066**-8

Vorwort

Dieses Buch konzentriert sich auf die **kompakte Darstellung prüfungsrelevanter Inhalte**, mit dem erklärten Ziel, Ihnen eine konzentrierte Prüfungsvorbereitung zu ermöglichen. Die Gefahr, „den Wald vor lauter Bäumen nicht mehr zu sehen", ist im Fach Geschichte deshalb so groß, weil hier sehr viele und sehr unterschiedliche Dimensionen und Perspektiven zusammenzutragen sind, die auch noch alle miteinander verbunden sind und sich wechselseitig bedingen.
Für heutige Abiturprüfungen sollen Sie nun verschiedene Blickwinkel kennen und historische Prozesse multidimensional erfassen können. So steht heute die Wirtschafts- und Sozialgeschichte gleichgewichtig neben der politischen. Außerdem gilt es auch noch, unterschwellige Verhaltensmuster und Mentalitäten zu berücksichtigen, wenn man die Triebkräfte der Vergangenheit verstehen will.

Um eine multikausale Analyse leisten zu können, ist es besonders wichtig, die zentralen Begriffe der Geschichtswissenschaft zu kennen und zu beherrschen. Dem trägt dieses Buch Rechnung, indem es ein sehr umfangreiches **Glossar** enthält. Der Hauptteil des Buches umfasst die wichtigsten Kapitel der Geschichte seit dem 18. Jahrhundert, wobei die deutsche Geschichte im Mittelpunkt steht. Das Buch enthält zahlreiche Merkkästen, Zeittafeln, Insider-Tipps und Checklisten, die Ihnen das Lernen erleichtern sollen. Außerdem finden Sie zur Auflockerung und als Anregung wichtige Zitate und Quellentexte, die man unter Umständen auch in eine Klausur einfließen lassen kann.

Das **Prüfungstraining** auf der beiliegenden CD-ROM ermöglicht es Ihnen, einzelne Themenbereiche aus dem Buch aktiv zu trainieren. Sie enthält Klausuren und Aufgabenbeispiele für das schriftliche und mündliche Abitur. Auch **allgemeine Tipps zur Abiturvorbereitung** finden Sie dort. Das Buch kann man gut in Kombination mit der CD-ROM benutzen: zuerst ein Thema im Buch nachlesen und dann das Gelernte durch die entsprechenden Aufgaben auf der CD vertiefen und prüfen.
Hinweise zur Nutzung der CD-ROM „Top im Abi Prüfungstraining" finden Sie auf der letzten Seite dieses Buches.

Wir wünschen Ihnen viel Erfolg für die Prüfung!

Inhalt

Anmerkung: Die im Text mit einem → Pfeil versehene Begriffe sind im Glossar (ab Seite 137) erklärt.

1 Die Zeit der großen Umbrüche

Die politisch-industrielle Doppelrevolution in der zweiten Hälfte des 18. Jahrhunderts veränderte die Welt grundlegend und nachhaltig. Der Siegeszug der Industriellen Revolution, die in England ab etwa 1765 begann, und die Geburt der modernen Demokratie (seit 1776 in den USA und seit 1789 in Frankreich) waren epochale Ereignisse, die sich im Rahmen der Europäisierung der Erde auf die gesamte Menschheit auswirken sollten.

Ähnlich wie der Übergang vom Mittelalter zur Neuzeit um 1500 (Zeitalter der Renaissance und der Reformation wie der Entdeckungen und revolutionärer Erfindungen) bedeutete auch das 18. Jahrhundert für die Geschichte Europas und der Menschheit einen tiefen Einschnitt. Es war die Zeit, in der mit der Aufklärung eine neue Geistes- und Denkhaltung ihren Einzug hielt, die sich bald über ganz Europa ausbreitete. Diese neue Philosophie prägte nicht nur die gebildeten Kreise sehr stark, sondern beeinflusste auch das Alltagsleben in verschiedenster Weise. Allgemein hatte man das Gefühl, ein „Zeitalter des Lichts" (vgl. die französische Bezeichnung *le siècle des lumières* und die englische *the age of enlightenment*) sei angebrochen, das frühere düstere Epochen ablöse und überwinde.

Dieses optimistische Grundgefühl hatte seine Entsprechung in der Hoffnung, dass sich auch die wirtschaftlichen und die gesellschaftspolitischen Verhältnisse allmählich verbessern würden. So verband sich mit der Industriellen Revolution, die in England um 1765 einsetzte, der Wunsch, durch neue Erfindungen und veränderte Produktionsweisen größeren Wohlstand zu erlangen. Zeitgleich kam es in den nordamerikanischen Kolonien 1776 zur Unabhängigkeitserklärung und bis 1787 zur Gründung der Vereinigten Staaten von Amerika, während sich in Frankreich die große Revolution vorbereitete, die 1789 und in den Jahren danach zu einem Umsturz führte, wie ihn die Welt noch nicht gesehen hatte.

In den Revolutionskriegen, die von Napoleon fortgesetzt wurden, gerieten anschließend weite Teile Europas unter französische Vorherrschaft. Da diese nicht als Befreiung, sondern als Unterdrückung erlebt wurde, erhoben sich schließlich überall auf dem Kontinent die Völker. Mit der vernichtenden Niederlage Napoleons 1815 bei Waterloo endete diese Epoche, die so hoffnungsvoll begonnen hatte.

1.1 Das Zeitalter der Aufklärung

Aufklärung im geschichtlichen Sinne ist die Epochenbezeichnung für die gesellschaftskritische Bewegung des 17. und insbesondere des 18. Jahrhunderts. Man versteht darunter den Versuch, alle Anschauungen und Meinungen einer kritischen Prüfung zu unterziehen. Wenn sie einer solchen Prüfung nicht standhalten und sich als Vorurteile erweisen, sind sie durch vernunftgeleitete Auffassungen zu ersetzen. Ein derartiger Erkenntnisprozess führt zu einer Befreiung von traditionellen Vorstellungen und bloßen Konventionen. Auch überkommene gesellschaftliche Normen und politische Institutionen werden fortan hinterfragt und verändert. Aufklärung hat also einen emanzipatorischen Anspruch: Sie will den Menschen von äußeren Zwängen erlösen und seine freie Entfaltung fördern. Hierfür wird das Denken als entscheidendes Mittel angesehen: Mithilfe des Verstandes wird alles Gewohnte infrage gestellt, und mittels der Vernunft sollen neue Normen und Institutionen begründet werden.

ZITAT ▪ Immanuel Kant, 1724 – 1804,
Beantwortung der Frage: Was ist Aufklärung?

„Aufklärung ist der Ausgang des Menschen aus seiner selbstverschuldeten Unmündigkeit. Unmündigkeit ist das Unvermögen, sich seines Verstandes ohne Leitung eines anderen zu bedienen. [...] Sapere aude! Habe Mut, dich deines eigenen Verstandes zu bedienen! ist also der Wahlspruch der Aufklärung."

Essay von Immanuel Kant, Berlin 1784 (erschienen in der Berlinischen Monatsschrift)

Auch wenn es im alten Griechenland und in der Zeit nach 1800 aufklärerische Strömungen gab, bezeichnet man im engeren Sinne nur das 18. Jahrhundert und die diesem vorausgehenden Jahrzehnte als „Zeitalter der Aufklärung". Sie erfasste ganz Europa und wirkte sich auf alle Lebensbereiche aus.

Die führenden Geister dieser Zeit vertrauten in besonderem Maße auf die Kraft des Denkens und hofften so, Vorurteile und Aberglauben überwinden zu können. Die bis dahin selbstverständlich geltenden Ansichten über Religion, Staat und Gesellschaft wurden nun allgemein kritisiert, wobei vor allem die katholische Kirche wegen ihrer Dogmatik und der absolutistische Staat wegen seiner repressiven Politik infrage gestellt wurden.

Hiervon ausgehend waren die zentralen Anliegen der Aufklärer:

- kritisches Verstandes- und **Vernunftdenken** als Maßstab und Messlatte für alle Ansichten,
- **Freiheit und Selbstbestimmung** für jeden Einzelnen,
- **Toleranz**, Rechtsgleichheit und Humanität als Grundlage einer modernen Gesellschaft,
- **Fortschritt** durch Bildung und Erziehung ebenso wie durch Wissenschaft und Technik.

INSIDER-TIPP ▪ Aufklärung

Die Zentralideen der Aufklärung (s. o.) bilden bis heute das Fundament des liberal-demokratischen Rechtsstaats und damit auch des bundesdeutschen Grundgesetzes. Es lohnt sich sehr, diese Dinge wirklich zu verstehen, da sie für das Verständnis der neueren Geschichte und der Grundlagen unseres Staates unentbehrlich sind.
Es lohnt sich aber nicht nur für das eigene Leben, sondern auch für die verschiedensten Prüfungsfragen in Geschichte, Politik und Gemeinschaftskunde/Sozialkunde. Auch in Deutsch und in den Fremdsprachen kann bei passender Gelegenheit ein dezenter Hinweis auf das *Gedankengut der Aufklärung* oder den *Siegeszug der Ideen von Selbstbestimmung, Rechtsstaatlichkeit und Toleranz* Wunder wirken.
Umgekehrt sammelt oft derjenige in Geschichte unauffällig Pluspunkte, der wie nebenbei Kants Definition der Aufklärung (s. o.) oder Lessings *Nathan der Weise* (als das klassische Drama der religiösen Toleranz) erwähnen kann. Auch passende Verweise auf Schillers *Räuber* als Beispiel für das Streben nach Freiheit und Individualismus oder auf Goethes *Prometheus* oder seinen *Faust* schaden vor allem in mündlichen Prüfungen nur selten.
Sie sollten entsprechende Bemerkungen aber natürlich nur machen, wenn Sie von diesen Bezügen wenigstens ein bisschen verstehen.

Aus diesen allgemeinen Grundüberzeugungen leiteten die Aufklärer ihre zentralen gesellschaftspolitischen Vorstellungen ab, die bis heute nachwirken und ohne die unsere Zeit nicht vorstellbar ist:

- Sicherung von **Grund- und Menschenrechten** als Fundament eines modernen Staatswesens,
- Idee der **Gewaltenteilung** und Machtkontrolle zur Begrenzung der Staatsmacht,
- Forderung nach einer **Verfassung**, in der die Rechte des Herrschers eingeschränkt sind,
- Gedanke der **Volkssouveränität** und der Mitbestimmung der Bürger am politischen Entscheidungsprozess.

HINTERGRUNDWISSEN ▪ Wichtige Vertreter und Schlüsselwerke der Aufklärung

- **John Locke, 1632 – 1704,** *Zwei Abhandlungen über die Regierung*
- **Christian Wolff, 1679 – 1754,** *Vernünftige Gedanken von Gott, der Welt und von der Seele des Menschen*
- **Charles de Montesquieu, 1689 – 1755,** *Über den Geist der Gesetze*
- **Voltaire, 1694 – 1778,** *Traktat über die Toleranz, Candide oder der Optimismus*
- **David Hume, 1711 – 1776,** *Abhandlung über die menschliche Natur*
- **Denis Diderot, 1713 – 1784,** *Enzyklopädie des Wissens* **mit Jean d'Alembert**
- **Jean Jacques Rousseau, 1712 – 1778,** *Der Gesellschaftsvertrag*
- **Adam Smith, 1723 – 1790,** *Natur und Ursachen des Volkswohlstands*
- **Immanuel Kant, 1724 – 1804,** *Kritik der reinen Vernunft, Kritik der praktischen Vernunft, Zum Ewigen Frieden*
- **Gotthold Ephraim Lessing, 1729 – 1781,** *Nathan der Weise, Erziehung des Menschengeschlechts*
- **Moses Mendelssohn 1729–1786,** *Glück durch Humanität*

1.2 Die Industrielle Revolution in England

Neben der Aufklärung und der Französischen Revolution stand das 18. Jahrhundert im Zeichen der beginnenden Industrialisierung, die, von England ab etwa 1765 ausgehend, zu einer beispiellosen Umwälzung der Produktionsbedingungen und der Arbeits- und Lebensverhältnisse führte. Nach Großbritannien erfasste die Industrielle Revolution seit Beginn des 19. Jahrhunderts zunächst Belgien, Frankreich sowie Teile der Schweiz und der USA. Ab ungefähr 1835 setzte die Industrialisierung auch in Deutschland, den Niederlanden, Österreich und Böhmen ein, ehe sie sich im letzten Drittel des 19. Jahrhunderts auch in Schweden, Italien, Russland und im übrigen Europa ausbreitete.

Die **Industrialisierung** bedeutete einen radikalen Umbruch der Produktion, der durch den zielgerichteten Einsatz von Maschinen und die Erschließung neuer Energiequellen ausgelöst wurde. Dadurch veränderten sich das Verkehrs- und Transportwesen, die Märkte und die sozialen Strukturen tief greifend. Die allgemeine **Mechanisierung** ermöglichte zuerst in der Textilindustrie und dann in immer neuen Produktionsbereichen eine nie gekannte **Massenproduktion**, die fabrikmäßig organisiert wurde. Dank einer Vielzahl von Erfindungen führte die Industrialisierung auch zu einem immensen **Bevölkerungswachstum** („demografische Revolution"), das sich vor allem in den neu entstehenden Großstädten zeigte.

Während der Industrialisierung entstand die neue Schicht der Fabrikarbeiter, die unter unwürdigen Bedingungen am Rande des Existenzminimums bis zu 96 Stunden pro Woche arbeiten mussten. Auf der anderen Seite der Industriegesellschaft wurde das Bürgertum immer einflussreicher, da sich größtenteils aus ihm die Unternehmerschaft entwickelte und da es neben der Produktion auch den Handel bestimmte. Dank ihrer wachsenden wirtschaftlichen und finanziellen Macht forderten die Bürger auch vermehrt Mitspracherechte in Staat und Gesellschaft. Sie wollten an den politischen Entscheidungsprozessen beteiligt werden und ihre Grundvorstellungen hinsichtlich einer liberalen Ordnung und einer freien Marktwirtschaft verwirklichen.

Die nachfolgenden **Kennzeichen der Industrialisierung** gelten insbesondere für Großbritannien und die Neuenglandstaaten in den USA in der frühen Phase der Industriellen Revolution um 1800. In modifizierter Form gelten sie aber auch für den später einsetzenden Industrialisierungsprozess in anderen Ländern.

- eine oft auf dem → Calvinismus beruhende Arbeits- und Wirtschaftsethik: Beruf und Arbeit als Selbstzweck
- **wagemutige Unternehmerpersönlichkeiten**
- das für Großinvestitionen dank Kreditbanken und Aktiengesellschaften zur Verfügung stehende **Kapital**
- wissenschaftlich-technische Erneuerungen und Erfindungen
- Effizienzsteigerung durch veränderte Produktionsformen: Fabriksystem, **Arbeitsteilung**, Maschinisierung, Mechanisierung
- Agrarrevolution durch verbesserte Anbaumethoden
- rasches Bevölkerungswachstum sorgt für genügend Arbeitskräfte
- → Urbanisierung
- weitreichender sozialer Wandlungsprozess: Bedeutungsverlust des Adels, Aufstieg des Besitzbürgertums, Entstehung der Industriearbeiterschaft („Proletariat")
- starke soziale Gegensätze und Spannungen durch Ausbeutung und Entfremdung der Arbeiter (→ „**Soziale Frage**", Kapitalismuskritik durch die Sozialisten und Karl Marx)
- **Liberalisierung** der Wirtschaftspolitik: zunehmender Wegfall von Zöllen und Handelshemmnissen im Sinne des → Freihandels
- Entstehung eines freien Weltmarkts und weltweiten Handels

MERKE ▪ Phasen der Industrielle Revolution

In den nach einem russischen Wirtschaftswissenschaftler benannten Kondratieff-Zyklen wird folgende Periodisierung vorgenommen:

- **1. Phase (etwa 1780–1840): Dampfmaschine, mechanischer Webstuhl, Textilindustrie**
- **2. Phase (1840–1890): Dampflokomotive, Stahlherstellung, Telegraphie, Massentransport;**
- **3. Phase (1890–1940): Chemie, Elektrotechnik („Hochindustrialisierung")**
- **4. Phase (1940–1980): Auto, Petro- und Atomenergie, Telefon, Fernsehen**
- **5. Phase (seit 1980): Informationstechnologie, Computer, Gentechnologie**

1.3 Die Gründung der Vereinigten Staaten von Amerika

Der Weg der im Laufe des 17. Jahrhunderts an der Ostküste Nordamerikas gegründeten englischen Kolonien bis zur Gründung der Vereinigten Staaten von Amerika Ende des 18. Jahrhunderts und der Aufstieg des neuen Staates zur Welt- und Supermacht in den darauffolgenden gut hundert Jahren gehört zu den erstaunlichsten Entwicklungen der gesamten Menschheitsgeschichte. Denn nie zuvor hatte es in den weiten Prärien Nordamerikas auch nur eine Hochkultur – wie die der Maya in Mittel- oder die der Inka in Südamerika – gegeben, und die meisten Ureinwohner lebten dort bei der Ankunft der Weißen noch als Nomaden oder Halbnomaden.

Deshalb hatten die Europäer bei der Inbesitznahme und Eroberung der nördlichen Hälfte des amerikanischen Doppelkontinents auch leichtes Spiel, waren ihnen doch die einheimischen Indianer weder waffentechnisch noch organisatorisch und schon gar nicht in punkto Skrupellosigkeit gewachsen. Zur freudigen Überraschung der eindringenden Europäer, vornehmlich Engländer und Franzosen, war das zumeist noch jungfräuliche Land nicht nur größtenteils sehr fruchtbar, sondern überdies auch mit Bodenschätzen reich gesegnet wie kaum ein zweites Land der Erde.
Insofern boten sich den Neuankömmlingen naturräumliche Voraussetzungen, die ihnen die unendlich weiten Gebiete des Westens als „**God's own country**" erscheinen ließen. Von Anfang an betrachteten daher die puritanischen Siedler Nordamerika als „Promised Land", als Land der Verheißung mit schier unendlichen Möglichkeiten. Beseelt vom „American Dream" unbändiger Tatkraft und immensen Selbstvertrauens gelang den Neuankömmlingen nach der Inbesitznahme und Sicherung geeigneter Stützpunkte und Häfen an der Ostküste die allmähliche Ausdehnung der von ihnen kontrollierten Gebiete bis an den Rand des Mittelgebirges der Appalachen.

Im Kampf um Einflusssphären und Handelsvorteile standen sich in Nordamerika zunächst Spanien und Holland, sodann Großbritannien und Frankreich gegenüber. Nach dem Zurückdrängen der Spanier und Niederländer gelang es den Engländern, im Siebenjährigen Krieg (1756 – 1763) auch die Franzosen zu verdrängen. Damit war Großbritannien die bestimmende Kolonialmacht Nordamerikas geworden, und angelsächsisches Selbstverständnis und Recht setzten sich in den Neuenglandkolonien ebenso durch wie die auf Frömmigkeit und Erwerbsstreben gegründete Kultur der puritanischen Siedler.

Entscheidend für die weitere Entwicklung der zunächst dreizehn Kolonien wurde die Auseinandersetzung mit der britischen Krone, die nach erfolglosen Protesten der Siedler gegen die geplanten Steuererhöhungen zur Amerikanischen Revolution führte. Nach der **Unabhängigkeitserklärung** der Siedler vom 4. Juli 1776 folgte ein mehrjähriger Krieg, in dem sich die Rebellen behaupten konnten und schließlich unter ihrem überlegenen Oberbefehlshaber George Washington den Sieg davontrugen.

Mit der **Verkündung der Verfassung** 1787 wurde dann ein revolutionär neues Staatswesen begründet, das als republikanisches Modell mit Volkssouveränität, Gewaltenteilung und Menschenrechten für viele Europäer zum Leitbild eigener Wünsche und Forderungen wurde. Von nun an besaßen die USA für freiheitsliebende Menschen in der gesamten Welt eine unglaubliche Anziehungskraft, die zu einer beispiellosen Folge immer wieder neuer Einwandererwellen führte.

QUELLENTEXT ▪ Aus der Unabhängigkeitserklärung vom 4. Juli 1776:

„Folgende Wahrheiten erachten wir als selbstverständlich: dass alle Menschen gleich geschaffen sind; dass sie von ihrem Schöpfer mit gewissen unveräußerlichen Rechten ausgestattet sind; dass dazu Leben, Freiheit und das Streben nach Glück gehören; dass zur Sicherung dieser Rechte Regierungen unter den Menschen eingesetzt werden, die ihre rechtmäßige Macht aus der Zustimmung der Regierten herleiten; dass, wenn immer irgendeine Regierungsform sich als diesen Zielen abträglich erweist, es das Recht des Volkes ist, sie zu ändern oder abzuschaffen und eine neue Regierung einzusetzen und diese auf solchen Grundsätzen aufzubauen und ihre Gewalten in der Form zu organisieren, wie es ihm zur Gewährleistung seiner Sicherheit und seines Glückes geboten zu sein scheint. [...]
Wir, die in einem gemeinsamen Kongress versammelten Vertreter der Vereinigten Staaten von Amerika, tun daher unter Anrufung des Obersten Richters über diese Welt als Zeugen für die Rechtschaffenheit unserer Absichten namens und im Auftrag der anständigen Bevölkerung dieser Kolonien feierlich kund und zu wissen, dass diese Vereinigten Kolonien freie und unabhängige Staaten sind und es von Rechts wegen bleiben sollen; dass sie von jeglicher Treuepflicht gegen die britische Krone entbunden sind und dass jede politische Verbindung zwischen ihnen und dem Staate Großbritannien vollständig gelöst ist und bleiben soll [...]

Janko Musulin (Hrsg.): Proklamation der Freiheit, Frankfurt a. M. 1965, S. 63
Link: usa.usembassy.de/etexts/gov/unabhaengigkeit.pdf

George Washington, der von 1789 bis 1797 erster US-Präsident war, gelang es schnell und eindrucksvoll, den neuen Staat zu festigen. Im britisch-französischen Konflikt 1793 erklärte er die Neutralität der Vereinigten Staaten und vertrat damit erstmals den Standpunkt des Isolationismus. Im selben Jahr wurde die neu errichtete Stadt Washington zur Hauptstadt der USA. Ab

1800 befanden sich dort der Sitz des Präsidenten (Weißes Haus) und der des Kapitols (Kongress).

Das letzte Jahrzehnt des 18. Jahrhunderts deutete ferner an, dass das neue Staatswesen eine große Zukunft vor sich hatte: Seit 1790 wurde der Osten der USA zügig industrialisiert, und zugleich begann die Ausdehnung nach Westen, die durch die beginnende Masseneinwanderung aus Europa noch weiter forciert wurde.

ZEITTAFEL ▪ Überblick Geschichte der USA von 1776 bis 1791	
4.7.1776	Unterzeichnung der Unabhängigkeitserklärung, in der die Menschenrechte und das Widerstandsrecht verankert werden, in Philadelphia durch die aufständischen Kolonien
1775–1783	Sieg der Kolonisten im Unabhängigkeitskrieg gegen Großbritannien
1783	Anerkennung der Unabhängigkeit der Kolonien durch Großbritannien im Frieden von Versailles
17.9.1787	Verabschiedung der Verfassung der Vereinigten Staaten von Amerika mit einem ausgeklügelten System wechselseitiger Kontrolle und Gewaltenteilung
1789	Wahl George Washingtons zum ersten Präsidenten der Vereinigten Staaten
1791	Inkrafttreten der zehn Ergänzungsartikel der Grundrechte in der „Bill of Rights"

INSIDER-TIPP ▪ Namen

Ist es wichtig, die Namen bedeutender historischer Persönlichkeiten zu kennen? Ja, absolut! Denn solche Namen stehen in der Regel für einen größeren Bedeutungszusammenhang, für ein politisches Programm, für gesellschaftliche Tendenzen usw.
Außerdem gibt man sich unter Geisteswissenschaftlern als sachkundig zu erkennen, wenn man die Namen – und möglichst auch die Vornamen – richtig wiedergeben kann und zuzuordnen versteht.
Deshalb mein Tipp: Lernen Sie die Namen und Vornamen korrekt und behaltet Sie sie fest im Gedächtnis! Dies gelingt am leichtesten, indem Sie mit dem betreffenden Namen etwas Zentrales aus dem Leben oder Werk dieser Person verbinden.

1.4 Die Französische Revolution

Kaum ein anderes Ereignis der Weltgeschichte hat die Menschheit so sehr erschüttert, hat so weitreichende und vielfältige Folgen gehabt wie die Französische Revolution. Deshalb werden zweiteilige Darstellungen der Menschheitsgeschichte gerne durch die Zäsur des Jahres 1789 getrennt. In diesem Epochenjahr setzte in Paris ein revolutionärer Umbruch nie gekannten Ausmaßes ein, der über die Bildung einer **Verfassunggebenden Nationalversammlung** und die **Erklärung der Menschen- und Bürgerrechte** innerhalb von vier Jahren zur Absetzung des Königs und zur Errichtung der Republik führte.

QUELLENTEXT ▪ **Aus der Erklärung der Menschen- und Bürgerrechte vom 26. August 1789:**

Art. I: Die Menschen sind und bleiben von Geburt an frei und gleich an Rechten. Soziale Unterschiede dürfen nur im Allgemeinnutzen begründet sein

Art. II: Das Ziel einer jeden politischen Vereinigung besteht in der Erhaltung der natürlichen und unantastbaren Menschenrechte. Diese Rechte sind Freiheit, Eigentum, Sicherheit und Widerstand gegen Unterdrückung

In: Geschichte in Quellen, Amerikanische und Französische Revolution, bearb. von Günter Schönbrunn, München 1980, S. 199

Da Frankreich zu dieser Zeit politisch, militärisch und auch kulturell die dominierende und tonangebende Großmacht in Europa war, mussten gravierende Veränderungen in der Grande Nation zwangsläufig gewaltige Folgewirkungen für die Nachbarländer und den gesamten europäischen Kontinent haben. Daher erschütterte die „Große Revolution" der Franzosen nicht nur ihr eigenes Land, sondern stärkte überall in Europa die veränderungsbereiten Kräfte. Die aus der Aufklärung stammenden **Leitideen der Revolution**, ihre Prinzipien von „**Freiheit, Gleichheit und Brüderlichkeit**", die **Forderungen nach Abschaffung der feudalen Ständegesellschaft** und nach **Volkssouveränität** strahlten auf alle Länder Europas und über die Kolonien bald auf die gesamte Welt aus.

Mit der Französischen Revolution beginnt das Bürgerliche Zeitalter, das Monarchie und Adelsgesellschaft ablöst. Damit wird der absolutistische Staat ebenso überwunden wie die Vormachtstellung der Kirche.

Fortan muss sich jede Gesellschaft der Frage stellen, wer legitimiert ist, die Herrschaft auszuüben, und welche Grundfreiheiten jedem Menschen zustehen. Nicht zufällig fallen in die Zeit der Französischen Revolution auch die **Anfänge der Emanzipationsbewegung**, des **Sozialismus** und der **Sklavenbefreiung**, denn die Benachteiligten der damaligen Zeit und ihre Fürsprecher erkennen rasch, dass die allgemeinen Menschenrechte auch für Frauen, Arbeiter, Juden, Farbige und Sklaven gelten müssen.

Ursachen der Französischen Revolution

- Die verkrusteten Strukturen des → Ancien Régime, das als absolutistischer Ständestaat mit seiner traditionalistischen Feudalordnung immer weniger den wirtschaftlichen Erfordernissen der Zeit und den Forderungen des Bürgertums entsprach.
- Der drohende Staatsbankrott als Ausdruck der katastrophalen Finanzlage, ausgelöst durch die hohen Aufwendungen für Militär, Verwaltung und eine verschwenderische Hofhaltung.
- Die fehlende Reformbereitschaft von Adel, Klerus und Monarchie, die ihre Privilegien und Steuerfreiheit nicht aufgeben wollten, sowie die Unfähigkeit König Ludwigs XVI., die aus der finanziellen auch eine politische und soziale Krise machten.
- Die Spaltung der ersten beiden Stände aufgrund der Verarmung von Teilen des Landadels und des niederen Klerus.
- Das um seine Rechte kämpfende Besitz- und Bildungsbürgertum, das nicht zuletzt durch die Gedanken der Aufklärung die bestehenden Zustände in Staat, Gesellschaft und Kirche hinterfragte und so den beharrenden Kräften der beiden ersten Stände im → *Tiers état* entschlossen entgegentrat.
- Die wirtschaftliche Krise der 1780er-Jahre hatte, verschärft durch eine dramatische Klimaverschlechterung, am Vorabend der Revolution zusammen mit der schon das ganze 18. Jahrhundert andauernden Bevölkerungszunahme zu einer Verarmung der Kleinbauern und zu einer Proletarisierung der städtischen Unterschichten bei wachsender Arbeitslosigkeit vor allem in Paris geführt.
- Seit 1788 bewirkten Missernten und Dürren einen rapiden Anstieg des Getreidepreises, wodurch sich die wirtschaftliche Notlage vieler Unterprivilegierter dramatisch verschärfte.
- Die Signalwirkung der erfolgreichen Unabhängigkeitsbewegung in den seit 1776 und 1783 neu gebildeten USA.
- Schwächung des Ansehens der Monarchie durch den schleichenden Bedeutungsverlust Frankreichs im Vergleich zu Großbritannien nach den

Niederlagen im Siebenjährigen Krieg (1756–1763) und dem Verlust von Kolonien in Nordamerika und Indien.

Alle diese Faktoren verstärkten sich wechselseitig und führten 1789 dazu, dass sich das allgemeine revolutionäre Potenzial in **drei Bewegungen** entlud: Neben den

- **liberalen Eliten**, die es in allen drei Ständen gab, waren dies insbesondere die
- **kleinbürgerlichen Schichten** in den großen Städten sowie die
- **breite Masse der Kleinpächter** auf dem Lande.

MERKE ▪ Phasen der Französischen Revolution

- **Die erste Phase der Französischen Revolution, auch als „Révolution de la liberté" bezeichnet, reicht bis zum Sturz der Monarchie im Sommer 1792. Staatsrechtlicher Höhepunkt war die Verkündung der Verfassung, die Frankreich zu einer konstitutionellen Monarchie machte.**
- **Die zweite Phase, die „Révolution de l'égalité", begann mit der Ausrufung der Republik und führte über die Konventsherrschaft der Girondisten und die Diktatur der Jakobiner bis zum Sturz Robespierres im Juni 1794.**

Das Ineinanderwirken dieser drei Gruppierungen, die zum Teil sehr unterschiedliche Zielsetzungen verfolgten, löste im Frühjahr und Sommer 1789 die Revolution aus, die die Dynamik ihrer weiteren Entwicklung aus dem zeitweisen Miteinander und späteren Gegeneinander der drei Strömungen bezog.

Dabei erhielt die **liberale Revolution des Bürgertums** durch den Aufstand der städtischen und ländlichen Massen eine immense Schubkraft, die dem Bürgertum dazu verhalf, die intendierte tief greifende Umstrukturierung des Staatswesens in Gang zu setzen.

Das Versagen der Staatsführung bei der Lösung der akuten Probleme beschleunigte dann den Zusammenbruch des → Ancien Régime erheblich. Es begünstigte auch die **Radikalisierung der Revolution**, die 1792 zur Herrschaft der Jakobiner und zur Ausrufung der Republik führte.

ZEITTAFEL ▪ Wichtige Ereignisse der Französischen Revolution	
5.5.1789	Einberufung der Generalstände zur Behebung der Staats- und Finanzkrise
17.6.1789	Erklärung des Dritten Standes zur Nationalversammlung
20.6.1789	Im Ballhausschwur bekräftigt der → Dritte Stand, nicht auseinanderzugehen, bis eine Verfassung verabschiedet sein wird
14.7.1789	Sturm von Volksmassen auf das alte Pariser Stadtgefängnis, die Bastille; anschließend Aufstände der Unterschicht in ganz Frankreich
4./5.8.1789	Aufhebung der Feudalordnung: Abschaffung der Privilegien des Adels und des Kirchenzehnten
26.8.1789	Erklärung der → Menschen- und Bürgerrechte
12.7.1790	Zivilverfassung des Klerus, → Säkularisierung und damit Verstaatlichung der Kirche
21.7.1791	Gescheiterter Fluchtversuch Ludwigs XVI.
3.9.1791	Verkündung der Verfassung einer → konstitutionellen Monarchie
20.4.1792	Kriegserklärung der Nationalversammlung an Österreich und Preußen
10.8.1792	Sturm auf die Tuilerien und Gefangensetzung des Königs und seiner Familie
21.9.1792	Abschaffung der Monarchie und Ausrufung der Republik; Herrschaft des Nationalkonvents; Einführung einer neuen Zeitrechnung (u. a. Einführung neuer „Wochen", den 10-Tages-Dekaden, und neuer Monate, deren Bezeichnung an jahreszeitlichen Erscheinungen – z. B. Brumaire = „Nebelmonat" – orientiert war.)
21.1.1793	Hinrichtung Ludwigs XVI. durch die Guillotine
1793/94	Schreckensherrschaft der sozialistisch orientierten → Jakobiner zuerst unter Danton, dann nach dessen Festnahme und Hinrichtung unter der Diktatur → Robespierres
7.5.1794	Abschaffung des Christentums; Einführung des Kults des „Höchsten Wesens"
27./28.7.1794	Sturz und Hinrichtung Robespierres und seiner Anhänger; Ende der Jakobinerherrschaft
1795–1799	Herrschaft des Direktoriums, das die Interessen des Großbürgertums vertritt
9.11.1799	Napoleon lässt sich im Staatsreich vom 18. Brumaire („Nebelmonat") zum Ersten Konsul ernennen.

1.5 Das Zeitalter Napoleons

Nach der Schreckensherrschaft der Jakobiner gab es in Frankreich ein weitverbreitetes Bedürfnis nach Ruhe und Ordnung. Dem kam das fünfköpfige, von wohlhabenden Bürgern bestimmte Direktorium innenpolitisch nach. Außenpolitisch wurden die 1792 begonnenen **Revolutionskriege** fortgeführt.

Dabei erwiesen sich die französischen Truppen dank der allgemeinen Wehrpflicht und der durch die Revolution entfachten Euphorie als sehr erfolgreich. Unter der Führung des mehr und mehr dominierenden jungen Generals Napoleon Bonaparte wurden die Preußen und die Österreicher vernichtend geschlagen. Daraufhin erhielt Frankreich **1797** Belgien. Auch das linke Rheinufer und weite Teile Oberitaliens kamen unter französischen Einfluss.

Durch die beeindruckenden Siege Napoleons geriet das Direktorium seit 1797 immer mehr in dessen Abhängigkeit. Seit seinem Staatsstreich vom 9. November **1799** war Bonaparte Erster Konsul und dank der auf ihn zugeschnittenen Konsularverfassung de facto Alleinherrscher über Frankreich. **1804** ließ er sich in Paris durch den eigens hierfür angereisten Papst zum **Kaiser der Franzosen** krönen. Frankreich war damit wieder Monarchie: Das beinahe alleine durch Napoleon dominierte **Zeitalter des Empire** begann. Es sollte bis 1814/15 andauern.

ZITAT ▪ **Der Kulturhistoriker Egon Friedell schrieb über Napoleon:**

Ohne jeden Geschmack und Takt, ohne alle Erziehung und Lebensart sprengte Napoleon die ganze rückständige, verfaulte, verkalkte Welt der Feudalitäten und Diplomaten, der Salonschwätzer und Papierstrategen in die Luft. Ein Riese ist kein geschmackvoller Anblick. [...] Napoleon brachte die ganze Welt durcheinander, jagte seine Menschenmassen von Schweden bis Ägypten und von Madrid bis Moskau und verschwand eines Tages ebenso plötzlich, wie er aufgetaucht war, verpuffte spurlos wie eine große Schießpulverexplosion, nichts als etwas ausgestandene Angst und einen brenzligen Geruch zurücklassend. Er mobilisierte Menschen und Naturkräfte, Wasser und Winde, alle Staaten, Städte und Völker Europas, bald für sich, bald gegen sich, und als er wegging, lag die Karte Europas wieder da wie vor zwanzig Jahren, ganz unerheblich verändert, und die Diplomaten stritten sich weiter um Kontingente und Hoheitsrechte.

Egon Friedell: Kulturgeschichte der Neuzeit, Bd. 2, München 1976, S. 927 und S. 936

In den zehn Jahren nach 1804 versuchte Napoleon seinen Herrschaftsanspruch über ganz Europa auszudehnen. Dabei gelangen ihm erneut Siege über Österreich und Preußen, seine Truppen eroberten weite Teile Kontinentaleuropas von Spanien bis Polen und von Dänemark bis Süditalien. Gegenüber seinem Hauptkonkurrenten um die Weltherrschaft, dem englischen Empire, blieb er jedoch erfolglos, weil es nach der entscheidenden **Seeschlacht von Trafalgar 1805** dank seiner überlegenen Flotte und seiner geostrategisch so vorteilhaften Insellage für Frankreich praktisch unangreifbar war.

Da sich der russische Zar der von Napoleon gegen England verhängten Handelssperre, der sogenannten Kontinentalsperre, widersetzte, griff der französische Kaiser 1812 Russland an. Dieser gewaltige Feldzug erwies sich indes als totales Fiasko: Der furchtbare Winter, der Brand von Moskau und die geschickte russische Kriegsführung zwangen ihn zum Rückzug. Von nun an gab es für Napoleon keine Siege mehr: 1813 verlor er im Oktober die **„Völkerschlacht von Leipzig"** und musste sich danach über den Rhein zurückziehen. Nach seiner Abdankung 1814 kehrte er zwar ein Jahr später noch einmal im Triumphzug nach Paris zurück, musste aber **1815** in der **Schlacht von Waterloo** die Überlegenheit der verbündeten Briten und Preußen anerkennen. Damit war seine Herrschaft endgültig zusammengebrochen.

Kennzeichen der Ära Napoleon

- Auch wenn Napoleon ein → **autokratisches Regime** führte, wahrte er nach außen den Schein, die Revolution von 1789 fortzuführen und zu vollenden. Deshalb schuf er 1799 eine Konsulatsverfassung, die mit allgemeinem Wahlrecht und zwei gewählten Kammern demokratisch zu sein schien. Allerdings durfte Napoleon alle entscheidenden Posten selbst besetzen, sodass er auch schon vor der Begründung des Kaiserreichs 1804 ein cäsaristisches Regime führen konnte. Durch Volksentscheide ließ er seine Herrschaft wiederholt vom Volk bestätigen.
- Mit seinen eindrucksvollen militärischen Erfolgen befriedigte Bonaparte bis 1810 die Sehnsucht der Grande Nation nach außenpolitischen Triumphen, nach einer Vormachtstellung Frankreichs und nach Gloire.
- Napoleons Militärdiktatur trug dem allgemeinen Bedürfnis nach Ordnung und Sicherheit im Innern Rechnung. Das neue Regime stützte sich dafür auf einen umfangreichen Polizeiapparat und ein ausgeklügeltes Spitzelwesen. Die Presse unterlag einer strengen Zensur, Kritiker wurden nicht geduldet.
- Der → Code civil, auch Code Napoléon (1804) genannt, brachte Frankreich eine einheitliche Gesetzgebung, die die persönliche Freiheit des Einzelnen und den Schutz des Eigentums garantierte. Neben der Gleichheit vor dem Gesetz fand auch die Zivilehe Eingang in dieses erste bürgerliche

Gesetzbuch, das zum Vorbild der Zivilgesetzgebung im Europa des 19. Jahrhunderts wurde.

- Das zentralistische **Präfektensystem** einer straff von oben nach unten organisierten Verwaltung ersetzte die lokalen und regionalen Selbstverwaltungsorgane der Revolution. Im Sinne dieser allgemeinen Zentralisierung wurde unter Napoleons Ägide auch das Schulwesen vereinheitlicht und staatlicher Kontrolle unterstellt.
- Durch die Gründung der **Bank von Frankreich** (1800) zur Eindämmung der Inflation wurde auch die Geldpolitik zentralisiert.
- Im **Konkordat mit dem Papst** wurden 1801 der Klerus und die katholische Bevölkerung an den französischen Staat gebunden, der seither die Bischöfe ernannte und die Priester zum Treueid auf die Verfassung verpflichtete.
- In Mitteleuropa bewirkte Napoleon eine tief greifende und dauerhafte territoriale Neuordnung, in der viele deutsche Kleinstaaten und bis dahin freie Reichsstädte aufgehoben und in größere Herrschaftsgebiete eingegliedert wurden. **1806** wurde das seit über 800 Jahren bestehende → Heilige Römische Reich Deutscher Nation aufgelöst.
- In allen besetzten Ländern führte die französische Fremdherrschaft zu einem erwachenden Nationalbewusstsein, wodurch von Spanien bis Tirol und Preußen eine breite Widerstandsbewegung entstand, die Napoleon nicht nachhaltig unterdrücken konnte und die maßgeblich zu seinem Untergang beitrug.

INSIDER-TIPP ▪ Jahreszahlen

Muss man sich eigentlich Jahreszahlen merken? Ja! Das gilt zumindest für Schlüsselereignisse und Epochenumbrüche. Bezüglich Frankreich muss man wissen, dass 1789 ein ungemein wichtiger Einschnitt der Neueren Geschichte war, ähnlich wie auch das Jahr 1815. In der deutschen Geschichte muss man etwa wissen, was 1933 passiert ist und was 1945. Neben Epochenschwellen gibt es viele weitere wichtige Daten, die man nach Möglichkeit kennen sollte. Ähnlich wie bei den Namen wichtiger historischer Persönlichkeiten gibt man so sofort zu erkennen, dass man etwas von einem bestimmten Zeitalter versteht.
PS: Das Behalten fällt übrigens immer leichter, sobald man erst einmal ein paar Jahreszahlen sicher weiß, da sich so allmählich ein innerer Bedeutungszusammenhang der verschiedenen Daten ergibt.

CHECKLISTE

3 Die Zeit der großen Umbrüche

Welche Schlüsselereignisse verbinden Sie mit den folgenden Jahreszahlen?

- 1776
- 1789
- 1794
- 1799
- 1806
- 1815

Können Sie die folgenden Schlüsselbegriffe erklären?
Falls nicht, schlagen Sie noch einmal hinten im Glossar nach!

- Absolutismus
- Ancien Régime
- Ständegesellschaft
- Aufklärung
- Gewaltenteilung
- Gesellschaftsvertrag
- Industrielle Revolution
- Unabhängigkeitserklärung
- Mediatisierung
- Code civil
- Befreiungskriege
- Preußische Reformen

Fragen zum Nachdenken:

- Zeigen Sie, warum die Bewegung der Aufklärung für das 18. Jahrhundert so wichtig war und welche Errungenschaften wir den Aufklärern auch heute noch verdanken.
- Die Jahre 1776 und 1789 markieren einen neuen Abschnitt der gesamten Menschheitsgeschichte. Begründen Sie diese Einschätzung.
- Überlegen Sie, ob es richtig ist, den Durchbruch der Industrialisierung als wichtigstes Ereignis der Menschheitsentwicklung seit der Sesshaftwerdung zu bezeichnen.
- Napoleon wurde und wird als „Vollender und Überwinder der Französischen Revolution" bezeichnet. Stimmen Sie dieser Einschätzung zu?

2 Das 19. Jahrhundert

Nach der über zwanzigjährigen Kriegszeit, die Europa seit der Französischen Revolution heimgesucht hatte, begann 1815 mit dem Wiener Kongress eine fast hundertjährige Epoche, die nur durch begrenzte Kriege von kürzerer Dauer gekennzeichnet war und erst durch den Ersten Weltkrieg beendet wurde. So lassen sich die 99 Jahre von 1815 bis 1914 als ein einheitliches Zeitalter betrachten, weshalb diese Ära im historischen Sinne als das eigentliche 19. Jahrhundert bezeichnet werden kann, während das 20. Jahrhundert in diesem Sinne erst mit dem Ersten Weltkrieg begann. Das 19. Jahrhundert stand ganz im Zeichen der globalen Expansion der europäischen Mächte, die ihren Einfluss auf allen Kontinenten geltend machten. Deshalb kann man hinsichtlich dieser Zeit von einer europäisch dominierten „Weltinnenpolitik" sprechen.

2.1 Die europäischen Großmächte im 19. Jahrhundert

Allgemeine Entwicklungen

Die Zeit von 1815 bis 1914 war durch das multipolare Gleichgewicht der fünf europäischen Großmächte, der sogenannten → **Pentarchie** gekennzeichnet. Dabei war die Vormachtstellung Großbritanniens als weltweit führender See-, Industrie- und Handelsmacht unbestritten. Auf dem Kontinent blieb das Prinzip des Mächtegleichgewichts unangetastet. Kriege, die aus Expansionsbestrebungen der Großmächte resultierten, blieben lokal begrenzt, und auch die Kriege, die aus den Einigungsbewegungen in Italien und Deutschland entstanden, gefährdeten die 1815 etablierte internationale Ordnung nicht nachhaltig.

Dabei spielte die Solidarität zwischen den vorrevolutionären Großmächten eine zentrale Rolle. Dies galt insbesondere in der **Ära Metternich** (1815–1848), als sich die Monarchen trotz divergierender Machtinteressen in der Abwehr liberaler, nationalistischer und vor allem sozialistischer Bestrebungen stets einig waren. Diese internationale Ordnung wurde auch durch die **Revolution von 1848/49** nicht erschüttert, obwohl ganz Europa mit Ausnahme von Großbritannien und Russland von revolutionären Erhebungen erfasst wurde.

Trotz der erfolgreichen **Einigungsbewegungen in Italien und Deutschland**, die 1861 bzw. 1871 zu ganz neuen Staatswesen führten, blieb das alte Ordnungsgefüge auch in der neuerlichen Reaktionszeit nach 1850 erhalten. Auch die starke Stellung des 1871 neu gegründeten Deutschen Reiches unter Führung Preußens bewirkte zunächst keine wirkliche Veränderung des inzwischen trotz verschiedenster Krisen bewährten Machtgefüges. Dies lag nicht zuletzt an der maßvollen und auf Ausgleich bedachten Außenpolitik des deutschen Reichskanzlers Otto von Bismarck, der sogar mit Erfolg in Konfliktfällen zwischen den auf dem Balkan rivalisierenden Großmächten vermittelte (→ Berliner Kongress).

Erst das **Hegemonialstreben des Deutschen Reiches unter Wilhelm II.** gefährdete das multipolare europäische Mächtegleichgewicht. Zugleich führte der deutsche Drang nach Weltgeltung 1894 zur Annäherung Russlands an Frankreich und zehn Jahre später zur → Entente cordiale zwischen Großbritannien und Frankreich. Damit war diejenige Konstellation entstanden, die weitere zehn Jahre später zum Ausbruch des Ersten Weltkriegs und zum Zusammenbruch der sorgsam austarierten Ordnung des 19. Jahrhunderts führen sollte.

> **ZITAT ▪ Sebastian Haffner über die beiden Hälften des Kaiserreichs:**
> „Bismarcks Außenpolitik war meisterhaft, seine Innenpolitik bedrückend. In der Wilhelminischen Epoche war es genau umgekehrt: Eine stümperhafte Außenpolitik, die Innenpolitik eher fortschrittlich."
> **Sebastian Haffner, in: Wolfgang Venohr: Dokumente deutschen Daseins. 500 Jahre deutsche Nationalgeschichte, Königstein/Ts. 1980, S. 220**

Erstaunlich ist im Nachhinein, dass die alte Welt der Feudalaristokratien und Monarchien überhaupt so lange bestehen konnte, denn mit dem Triumph moderner Technik und Wissenschaft und der dadurch ermöglichten Industrialisierung hatte sich das bürgerliche Unternehmertum endgültig als die das Wirtschaftsleben bestimmende Kraft etabliert. Dennoch war es dem Bürgertum nicht gelungen, sich in gleicher Weise in Politik und Gesellschaft durchzusetzen. Vielmehr konnten sich die alten Eliten in den meisten Ländern noch sehr lange behaupten. Die politisch-industrielle Doppelrevolution hatte zwar in den USA, der Schweiz und seit 1871 endgültig auch in Frankreich zum Sieg des Bürgertums und zur Errichtung demokratischer Staatswesen geführt sowie in Großbritannien, Belgien und den Niederlanden eine Parlamentarisierung des politischen Systems bei Wahrung des traditionellen Königtums bewirkt. Dagegen blieben in den Staaten Mittel-, Süd- und Osteuropas bis ins 20. Jahrhundert hinein die Volksvertretungen abhängig vom Wohlwollen der Monarchen und der alten Eliten in Adel, Klerus und Militär.

Die Großmächte im Einzelnen

Großbritannien

Durch den Sieg über das napoleonische Frankreich bei Waterloo 1815 hatte das britische Königreich die bereits seit dem Ende des Siebenjährigen Krieges (1763) erworbene Position als führende Welthandelsmacht endgültig gesichert. Diese Stellung konnte die „**Königin der Meere**" im Laufe des 19. Jahrhunderts nicht nur behaupten, sondern sogar noch ausbauen. Zielstrebig wurde das britische Imperium erweitert (Indien, Kanada, Australien, Südafrika usw.) und durch Flottenstützpunkte, die von Gibraltar bis Singapur über den ganzen Globus verteilt waren, abgesichert. Die Vormachtstellung in Übersee wurde hinsichtlich Europa durch eine Gleichgewichtspolitik ergänzt, wobei Großbritannien stets bestrebt war, die jeweils schwächere Großmacht zu unterstützen, um eine Hegemonie eines Landes auf dem Kontinent zu verhindern.

Auch in wirtschaftlicher Hinsicht nahm England in dieser Zeit eine dominierende Position ein: Es war das Land, in dem die Industrielle Revolution begonnen hatte und das als „**Werkstatt der Welt**" technologisch und wirtschaftlich gegenüber allen anderen Staaten einen entscheidenden Entwicklungsvorsprung hatte, den die USA und die Länder West- und Mitteleuropas erst allmählich im Laufe des 19. Jahrhunderts verringern konnten.

Politisch schließlich hatte Großbritannien das eigene System der parlamentarischen Monarchie weiterentwickelt und eine **allmähliche Demokratisierung** des Wahlrechts betrieben. Dabei blieben vorindustrielle Herrschaftsstrukturen erhalten, weil die adlige Oberschicht flexibel reagierte und reformbereit war.

England blieb in dieser Zeit das **Land des Wirtschaftsliberalismus**. Es vertrat im Außenhandel den Grundsatz des freien Welthandels, von dem es dank seiner technologischen und industriellen Überlegenheit am meisten profitierte. So wurde London zum **Finanzzentrum der Welt** und zur **Hauptstadt des global operierenden Empire**, das im Viktorianischen Zeitalter (1837 – 1901) unstrittig die Führungsmacht der damaligen Welt war.

Frankreich

Nach dem endgültigen Scheitern Napoleons musste Frankreich seine Weltmachtansprüche begraben und die Führungsrolle Großbritanniens anerkennen. Dennoch betrieb es auch nach 1815 eine imperialistische Politik, deren Ehrgeiz sich nunmehr in Richtung Übersee orientierte. So erwarben sich auch die Franzosen im Laufe des 19. Jahrhunderts ein **ansehnliches Kolonialreich**, zu dem unter anderem weite Teile West- und Nordafrikas sowie Madagaskar und Indochina gehörten.

Innenpolitisch war die Entwicklung in Frankreich durch die Auseinandersetzungen um die Etablierung der Republik geprägt. Die Restauration der Bourbonenherrschaft wurde durch die Julirevolution 1830 beendet, die Monarchie des → „Bürgerkönigs" Louis Philippe durch die Februarrevolution von 1848.

Auf die Zweite Republik (1848–1851) folgte 1852 die Wiedereinführung des Kaisertums unter Napoleon III., einem Neffen Napoleon Bonapartes. Die Niederlage im Deutsch-Französischen Krieg 1870/71 führte zum Sturz des Kaisertums und zur **Ausrufung der Dritten Republik**. Damit war in Frankreich dauerhaft ein demokratisches Staatswesen begründet.

Deutschland

Der 1815 gegründete Deutsche Bund war machtpolitisch durch den preußisch-österreichischen Dualismus bestimmt, der 1866 durch den Sieg Preußens entschieden wurde. Nach dem Sieg über Frankreich 1871 wurde das Deutsche Reich schnell militärisch, politisch und dann auch wirtschaftlich zur Führungsmacht auf dem Kontinent (→ Seiten 33 ff).

Österreich

Die Habsburgermonarchie gehörte seit langem zum Konzert der europäischen Großmächte. In der Zeit nach dem Wiener Kongress spielte sie innerhalb des Deutschen Bundes die zentrale Rolle. So war es der österreichische Staatskanzler Metternich, der der gesamten Epoche der Restauration seinen Stempel aufdrückte („System Metternich"). Auch nach der Niederlage gegen Preußen 1866, mit der Österreich aus Deutschland ausschied, konnte sich die Donaumonarchie als Großmacht behaupten. Nun orientierte sie sich allerdings nach Mittelosteuropa, wo ihr als kaiserliche und königliche Monarchie (k.u.k.-Monarchie) weite Gebiete von Polen bis zur Adria und von Ungarn bis Rumänien untertan waren. Österreich-Ungarn, wie die **„Doppelmonarchie"** seit 1867 hieß, war trotz seiner Ausdehnung nach Osten weder militärisch noch wirtschaftlich eine starke Großmacht. Belastet war es vor allem durch immense **Nationalitätenprobleme**. Der Vielvölkerstaat litt überdies unter erheblichen sozialen Spannungen, die im Gefolge der verspätet einsetzenden Industrialisierung auftraten. Dadurch war die Zukunft der k.u.k.-Monarchie zu Beginn des 20. Jahrhunderts mehr als ungewiss.

Russland

Das Zarenreich war aus der Ära Napoleon gestärkt hervorgegangen und hatte sich 1815 große Teile Polens eingegliedert. In der Zeit der Restauration war Russland das Zentrum der Reaktion. Besonders unter Zar Nikolaus I. (1825–1855), den man nicht umsonst als „**Gendarm Europas**" bezeichnete, wurden revolutionäre Bestrebungen erbarmungslos verfolgt und unterdrückt. Machtpolitisch gewann Russland im Laufe des 19. Jahrhunderts weiter an Einfluss, indem es gewaltig nach Osten expandierte und seit den 1880er-Jahren eine entschiedene, von oben gelenkte Industrialisierung betrieb (→ Seite 56 ff).

Italien

Italien zählte zwar nie zum etablierten Kreis der Großmächte, doch die 1861 bis 1870 erfolgreich abgeschlossene Einigungsbewegung ließ auch hier – ähnlich wie im Deutschen Reich – einen selbstbewussten Nationalstaat entstehen, in dem die Menschen hofften, eine große Zukunft vor sich zu haben. So begann eine umfassende Modernisierung in Verwaltung, Militär, Wirtschaft und Schulwesen, die dazu führte, dass Nord- und Mittelitalien der Anschluss an die fortgeschrittenen Volkswirtschaften West- und Mitteleuropas gelang.

Seit 1882 war Italien mit Deutschland und Österreich-Ungarn im sogenannten Dreibund zusammengeschlossen. In Ostafrika betrieb das italienische Königreich eine imperialistische Politik. Vor dem Ersten Weltkrieg strebte es eine unabhängige Stellung zwischen den Bündnisblöcken an. Bei alledem war es immer in Gefahr, die eigene Stärke zu überschätzen.

Das Jahrhundert Europas

Wenn man das 19. Jahrhundert als „Jahrhundert Europas" bezeichnet hat, so deshalb, weil in dieser Epoche der Siegeslauf europäischen Denkens und europäischer Kultur ebenso wenig aufhaltbar erschien wie die Triumphe der europäischen Waffen und Soldaten, die auf allen Kontinenten unüberwindbar schienen. Indes sollte man darüber nicht vergessen, dass sich um 1900 am Horizont neue Mächte zeigten, die im 20. Jahrhundert eine dominierende Rolle spielen sollten. Es handelte sich hierbei um die ganz von Europa inspirierten Vereinigten Staaten von Amerika und um Japan, das eines der wenigen Länder war, das eine Einflussnahme durch die europäischen Großmächte wirkungsvoll verhindern konnte.

MERKE ▪ Die Pentarchie der Großmächte

- **Großbritannien: die führende See-, Handels- und Wirtschaftsmacht („Königin der Meere") mit riesigem Kolonialreich**
- **Frankreich: bis 1870 dominierende Großmacht auf dem Kontinent ebenfalls mit großem Kolonialbesitz, seit 1871 endgültig Republik**
- **Preußen/Deutsches Reich: löst 1870/71 Frankreich als führende Kontinentalmacht ab, überrundet um 1900 Großbritannien, sucht seinen „Platz an der Sonne"**
- **Österreich-Ungarn: der Vielvölkerstaat der Donau- oder Habsburgermonarchie (auch k.u.k.-Monarchie) ringt mit großen inneren Problemen**
- **Russland: der „schlafende Riese" erwacht industriell und wirtschaftlich, bleibt aber unter der Autokratie des Zaren weiterhin rückständig**

INSIDER-TIPP ▪ Geografische Kenntnisse

Muss man eigentlich geografische Kenntnisse besitzen, wenn es um Geschichte geht? Möglichst schon! Das heißt nicht, dass man hier exaktes Detailwissen benötigt, aber es ist schon wichtig, zumindest die Lage der bedeutenden Staaten zu kennen und zu wissen, ob sie gemeinsame Grenzen hatten oder haben.
So sollte man immer einmal wieder einen Atlas (möglichst einen historischen!) zu Hilfe nehmen, um sich über die Ausdehnung der Großmächte zu orientieren. Das ist übrigens gar nicht so uninteressant, vor allem wenn man frühere Grenzen mit den heutigen vergleicht und dabei feststellt, wo es Verschiebungen gegeben hat. Nehmen Sie doch einmal jetzt gleich eine Karte, um zu eruieren, welche Gebiete zu den fünf Großmächten des 19. Jahrhunderts (s. o.) gehörten.

2.2 Veränderungen in Wirtschaft und Gesellschaft durch die Industrialisierung

Die von England ausgehende Industrielle Revolution, die im 19. Jahrhundert alle Länder Europas mehr oder weniger stark erfasste, war keinesfalls nur ein technologischer Wandel. Die Industrialisierung war weit mehr als eine bloße Veränderung der Produktions- und Arbeitsverhältnisse. Vielmehr bewirkte sie einen gesellschaftlichen Umbruch, der sich mit der Zeit auf alle Lebensbereiche auswirkte und keine Bevölkerungsschicht ausließ.

Dabei zeigte die Industrialisierung eine nie gekannte **Dynamik**: Zum einen gab es in ihrem Gefolge immer wieder neue Erfindungen und technische Entdeckungen, zum anderen bedeutete sie für alle Länder und jedes Volk eine ungeheure Herausforderung. Denn ein Staat, der nicht bereit war, die Errungenschaften der Industrialisierung zu übernehmen, wurde rückständig und geriet mit der Zeit mehr und mehr unter den Einfluss der fortschrittlichen Nationen.

So musste China, das stolze „Reich der Mitte", erleben, dass es der imperialistischen Einflussnahme der Europäer hilflos ausgeliefert war. Weder den Kanonenbooten noch der wirtschaftlichen Überlegenheit des Westens hatte das bevölkerungsreichste Land der Erde etwas entgegenzusetzen und musste so ähnlich demütigende Erfahrungen machen wie vorher schon Lateinamerika, Schwarzafrika, Indien und große Teile des islamischen Kulturkreises.

Anteile an der weltweiten Industrieproduktion (in %)			
	1800	1860	1900
ganz Europa	28,1	53,4	62,6
Großbritannien	4,3	19,9	18,5
Frankreich	4,2	7,9	6,8
Deutschland	3,5	4,9	13,2
Habsburgerreich	3,2	4,2	4,7
Russland	5,6	7,0	8,8
USA	0,8	7,2	23,9
Japan	3,4	2,6	2,4
„Dritte Welt"	67,7	36,8	11,1

Paul Kennedy: Aufstieg und Fall der großen Mächte. Ökonomischer Wandel und militärischer Konflikt von 1500 bis 2000, Frankfurt a. M. 1991, S. 237

Die Industrialisierung war und ist also ein universeller Vorgang. Ihre Erscheinungsformen und Folgewirkungen sind daher in allen Ländern und Kulturkreisen ähnlich, und auch ihre Entwicklungsstadien und Strukturmerkmale weisen viele Gemeinsamkeiten auf. So verursachte die Industrialisierung überall zunächst gewaltige **Veränderungen innerhalb des Wirtschaftslebens**:

- Die Arbeitsabläufe wurden zunehmend von Maschinen bestimmt, während die Arbeiter nun weitgehend von den Erfordernissen der Produktion und vom Diktat der Maschinen abhängig waren. Dadurch verlor die Arbeit jeden Selbstwert und bot keine Möglichkeiten zur Selbstverwirklichung.
- Neben die **Entfremdung** trat die **Ausbeutung der Arbeitskräfte**, die von den Unternehmern, die vor allem die zu erwirtschaftende Rendite im Sinn hatten, zumeist ohne Rücksicht auf deren Bedürfnisse und ohne humanitäre Erwägungen ausgenutzt wurden.
- Dank der ungeheuren Profitspannen, die die Massenproduktion ermöglichte, wurden die Unterschiede zwischen Arm und Reich besonders eklatant. Die Polarisierung der Industriegesellschaft in eine **Klassengesellschaft** von Fabrikherren und Arbeitern war die zwangsläufige Folge.

Ebenso enorm wie die wirtschaftlichen Veränderungen, die die Industrialisierung hervorrief, waren ihre **sozialen Folgewirkungen**:

- immenses **Bevölkerungswachstum** durch verbesserte Hygiene und Absinken der Sterberate bei zunächst weiter hoher Geburtenrate,
- **Urbanisierung** (explosives Anwachsen der industriellen Ballungsgebiete mit einer Verstädterung nie gekannten Ausmaßes) durch Landflucht und Nachfrage nach Arbeitskräften in den Fabriken,
- Entstehen einer modernen **Massengesellschaft** mit einer nie gekannten Vielfalt von Lebensformen und kulturellen Angeboten einhergehend mit dem Verlust der aus Religion und Moral überlieferten Traditionen, Werte und Normen,
- Niedergang der ständischen Gesellschaft und **Durchsetzung des Bürgertums**, das als Träger der Industrialisierung Produktion, Handel und Finanzwelt dominierte (in den westeuropäischen Nationalstaaten gewann die bürgerliche Oberschicht frühzeitig politischen Einfluss, während sie in Mittel- und Osteuropa kaum Partizipationsmöglichkeiten hatte),
- Entstehung der **Arbeiterschaft** als neuer Schicht („Vierter Stand"), die vor allem in der Zeit der Frühindustrialisierung von Massenarmut und existentieller Not geprägt war,

- Entwicklung einer eigenen Kultur und eines Bewusstseins der eigenen Stärke dieses „Vierten Standes" im Laufe des 19. Jahrhunderts,
- als Folge der problematischen Lage des Industrieproletariats bestimmte **die soziale Frage** die innenpolitische Auseinandersetzung der gesamten Epoche (→ Seite 49 ff),
- radikale Veränderung des Landschaftsbilds ganzer Regionen, vor allem dort, wo Kohle und Eisen gefördert wurden (z. B. im mittelenglischen Industriegebiet, in Belgien und im Ruhrgebiet),
- allmähliche **Verwandlung der Lebensumwelt** auch außerhalb der Ballungszentren, sodass sich die technischen und sozialen Veränderungen allmählich auch auf dem Lande auswirkten,
- Entstehung der politischen Weltanschauungen des **Liberalismus** und des **Sozialismus**, die die Freiheit des Einzelnen (Liberalismus) und die Gleichberechtigung (Sozialismus) aller Menschen forderten,
- Herausbildung der modernen Parteien,
- Etablierung der pluralistischen Konkurrenzdemokratie mit Grund- und Menschenrechten, Gewaltenteilung und Volkssouveränität im Rahmen der bürgerlichen Gesellschaft,
- **Emanzipation benachteiligter Bevölkerungsgruppen** (Arbeiter und Unterschichten, dort vor allem Frauen und Kinder, Juden und Minderheiten) als Folge der Durchsetzung des liberaldemokratischen Prinzips.

Alle diese Strukturmerkmale lassen sich in der historischen Rückschau für die Entwicklung der modernen Industrienationen in Europa und in Nordamerika nachweisen. Da sich ähnliche Prozesse spätestens seit dem Zweiten Weltkrieg auch in den nicht von Europa bestimmten Kulturkreisen vollziehen, ist es besonders lohnend zu untersuchen, in welcher Weise sich die hier genannten sozialen und politischen Faktoren in den Schwellenländern und in der sogenannten „Dritten Welt" auswirken.

ZEITTAFEL ▪ Wichtige Ereignisse von 1815 bis 1848	
1815	Wiener Kongress zur Neuordnung Europas; Bildung der „Heiligen Allianz" zur Errichtung einer dauerhaften Friedensordnung und zur Abwehr umstürzlerischer Bestrebungen
1816–1821	Einführung von Verfassungen in verschiedenen deutschen Bundesstaaten, so 1818 in Bayern und Baden, wo die Verfassung am ehesten konstitutionellen Vorstellungen entspricht, sowie 1819 in Württemberg
1817	Wartburgfest von 500 nationalliberal gesinnten Burschenschaftlern
1819	Karlsbader Beschlüsse Metternichs: Verbot der Burschenschaften, Zensur, Überwachung von Universitäten und Professoren („Demagogenverfolgung"), Einrichtung einer zentralen polizeilichen Untersuchungskommission, Gesetz zum Eingreifen des Deutschen Bundes bei Unruhen in Einzelstaaten
1830	Erstarkung der liberalen Opposition im Deutschen Bund nach dem Sieg des liberalen Bürgertums und der Flucht des Königs in der französischen Julirevolution
1832	Hambacher Fest: Massenkundgebung süddeutscher Liberaler mit der Forderung nach einem freien einigen Deutschland und einem „konföderierten republikanischen Europa"
1833	Begründung des Deutschen Zollvereins unter Führung Preußens, in dem sich mit Ausnahme Österreichs die meisten deutschen Staaten wirtschaftlich zusammenschließen
1834	Verschärfung der Repressionsmaßnahmen Metternichs als Reaktion auf die erstarkende Opposition
1835	erste deutsche Eisenbahn von Nürnberg nach Fürth: Symbol für die beginnende Industrialisierung in Teilen Deutschlands
1837	erfolgloser Protest der → Göttinger Sieben gegen die Aufhebung der Verfassung durch den König von Hannover; Entlassung der sieben Professoren
1844	Scheitern des Aufstands der schlesischen Weber, wodurch die Ohnmacht der Armen deutlich wird
1845–1847	regionale soziale Unruhen aufgrund der Verschärfung der Wirtschafts- und Versorgungskrise durch Missernten und Bankenzusammenbrüche; Märzrevolution von 1848

2.3 Nationalliberale Freiheitsbewegung und Restauration (1807 – 1848)

Die französische Besatzungspolitik und die Fremdherrschaft Napoleons hatten für die deutschen Staaten gravierende und weitreichende Konsequenzen. Nachdem 1789 die Französische Revolution von Teilen der deutschen Intelligenz und dem aufgeklärten Bürgertum anfangs euphorisch begrüßt worden war, kehrte sich diese zunächst positive Haltung seit 1793 mehr und mehr um und führte seit 1807 zu wachsender Empörung, die schließlich die **„Befreiungskriege"** auslöste. Durch Napoleons Neuordnung Mitteleuropas hatten sich die territorialen Verhältnisse in Deutschland entscheidend geändert:

- → Säkularisation und → Mediatisierung zerstörten die zahllosen kleineren Territorien und fast sämtliche geistliche Herrschaften sowie die meisten Reichsstädte.
- Damit waren die Grundlagen der kaiserlichen Macht und das Haus Habsburg, wie von Napoleon intendiert, entscheidend geschwächt. Die endgültige **Auflösung des → Heiligen Römischen Reiches Deutscher Nation** 1806 war die zwangsläufige Folge dieser Politik.
- Im ebenfalls 1806 gegründeten → Rheinbund schlossen sich 16 süd- und westdeutsche Fürsten unter dem Protektorat Napoleons zusammen. 1811 umfasste der Rheinbund alle deutsche Staaten mit Ausnahme von Österreich und Preußen, gegen die er das von Napoleon erwünschte Gegengewicht bildete.
- Profiteure dieser Entwicklung waren vor allem die süddeutschen Mittelstaaten Baden, Württemberg und Bayern, deren Herrschaftsgebiete Napoleon immens vergrößerte.
- Deutschland war bis 1812/13 viergeteilt, da es neben Österreich, Preußen und den Rheinbundstaaten auch noch das 1801 an Frankreich abgetretene linksrheinische Gebiet gab. 1811 annektierte Frankreich zusätzlich die Hansestädte sowie Teile des bergischen Landes und Westfalens.

Ausgelöst durch die Fremdherrschaft, die als demütigend empfunden wurde, entstand auch in Deutschland ein rasch anwachsendes Nationalgefühl. Napoleon wurde dadurch, ohne es zu wollen, zum „Einiger des deutschen Volkes". Diese nationale Freiheitsbewegung hatte eine dezidiert antifranzösische Stoßrichtung und erstrebte den Sturz Napoleons. Zugleich forderte sie eine Neugestaltung der politischen Verhältnisse in den deutschen Staaten.

Diesem allgemeinen Bedürfnis nach Veränderung kam in Preußen eine **„Revolution von oben"** entgegen. Nach den vernichtenden militärischen Niederlagen von 1806 gegen das napoleonische Frankreich erkannten weitschauende preußische adlige Reformer um den Reichsfreiherrn vom und zum Stein und den späteren Staatskanzler Karl August von Hardenberg, dass die französische Bevormundung nur dann abzuschütteln war, wenn es gelang, die eigenen Untertanen und Bürger neu für den preußischen Staat zu begeistern. Deshalb wurden feudale und absolutistische Elemente entfernt, damit an die Stelle des Untertanen der mitverantwortliche Staatsbürger treten konnte.

MERKE ▪ Die Preußischen Reformen

- **Edikt zur Bauernbefreiung (1807): Abschaffung der Erbuntertänigkeit und Garantie der persönlichen Freiheit; Ablösung der Frondienste durch die Abgabe eines Drittels des Bauernlandes an die Grundherren im Regulierungsedikt (1811)**
- **Städteordnung (1808): Selbstverwaltung der Gemeinden durch gewählte Stadtverordnete; Aufhebung der mittelalterlichen Zünfte (1811) zur Ermöglichung der Gewerbefreiheit und Förderung von freiem Wettbewerb und Konkurrenz**
- **Verwaltungsreform (1808): Einrichtung von Fachministerien und Zentralisierung der Verwaltungsbehörden zur Erhöhung der Effizienz der preußischen Administration.**
- **Heeresreform (1808–1814): Grundlage für eine schlagkräftige Armee (Abschaffung entehrender Strafen, Öffnung der Offizierslaufbahn für Bürger und Einführung der allgemeinen Wehrpflicht)**
- **Bildungsreform (1810) unter Wilhelm von Humboldt: natürlichere Erziehung in den Volksschulen, Neugestaltung des Gymnasiums im Geiste des Neuhumanismus, Begründung der Berliner Universität mit dem Prinzip der Freiheit und Einheit von Forschung und Lehre**
- **Judenemanzipation (1812): Gleichberechtigung für die Juden**

Die Preußischen Reformen mit ihrem Bemühen, **„demokratische Grundsätze im monarchischen Staat"** zu verwirklichen, waren sehr erfolgreich, denn nach der Katastrophe der Großen Armee Napoleons in Russland 1812 ermöglichten sie die Befreiungskriege und damit das Ende der napoleonischen Fremdherrschaft.

Mit dem Wiener Kongress zur Neuordnung Europas (1814/15) begann allerdings bereits zwei Jahre später das **Zeitalter der Restauration**, in dem die Könige und Fürsten versuchten, die Zustände, wie sie vor der Französischen Revolution gewesen waren, wiederherzustellen. Damit sollte zugleich eine dauerhafte Friedensordnung für ganz Europa errichtet werden. Hierfür wurde die → Pentarchie der fünf europäischen Großmächte Großbritannien, Frankreich, Österreich, Preußen und Russland im Sinne der früheren Gleichgewichtspolitik von neuem etabliert.

ZEITGENÖSSISCHES ▪ **Freiheitslied aus der Zeit der Restauration**

Die Gedanken sind frei,
Wer kann sie erraten?
Sie eilen vorbei
Wie nächtliche Schatten.

Kein Mensch kann sie wissen,
Kein Jäger sie schießen.
Es bleibet dabei:
Die Gedanken sind frei.

Und sperrt man mich ein
In finsterem Kerker,
Das alles sind rein
Vergebliche Werke.

Denn meine Gedanken
Zerreißen die Schranken
Und Mauern entzwei:
Die Gedanken sind frei.

Unser fröhlicher Gesell. Ein Liederbuch für alle Tage, hrsg. von Heiner Wolf, Wolfenbüttel und Zürich 1964, S. 412

Um dieses Gleichgewicht der Mächte zu sichern, erhielt Preußen, das sich nun weit nach Westdeutschland ausdehnte, das Rheinland und Westfalen. Dagegen wuchs Österreich nach Ostmitteleuropa und erwarb überdies Oberitalien. Russland bekam weite Teile Ostpolens, während Frankreich dank einer geschickten Verhandlungsführung trotz der Niederlagen 1813–1815 seine Gebiete von 1792 behielt.

Deutschland selbst wurde 1815 in Form des → Deutschen Bundes als lockerer Staatenbund organisiert. Hierzu zählten insgesamt 35 Fürsten sowie vier Freie Reichsstädte. Österreich und Preußen waren mit Teilen ihres Staatsgebiets vertreten und dominierten den Bund, der in Frankfurt unter österreichischem Vorsitz tagte. Insgesamt blieb der **Deutsche Bund** weitgehend handlungsunfähig, da der → Partikularismus der Kleinstaaten und der preußisch-österreichische → Dualismus ein einheitliches Vorgehen sehr erschwerte. Allerdings gelang es dem österreichischen Staatskanzler Fürst Metternich, den Deutschen Bund im Sinne der von ihm angestrebten restaurativen Politik zu instrumentalisieren. So wurden alle liberalen und nationalen Bestrebungen unterdrückt. Sowohl hinsichtlich der Staatsform als auch in puncto Religion wollte Metternich die alten Zustände, wie sie vor 1789 bestanden hatten, wiederherstellen. Deshalb forderte er im Sinne einer „**Allianz von Thron und Altar**" die Respektierung des christlichen Glaubens und die Anerkennung des monarchischen Prinzips. Metternich ging es vor allem um die Aufrechterhaltung von Sicherheit und Ordnung. Kennzeichnend für die von ihm durchgesetzte Staatsform war die Furcht vor umstürzlerischen Bewegungen, die seiner Meinung nach in ganz Europa zu Unruhen und Revolutionen führen würden. Deshalb forderte er ein enges Bündnis aller Fürsten, um der Gefahr einer Revolution rechtzeitig entgegenzutreten.

Kennzeichen des Restaurations-Zeitalters

- Vorherrschaft des reaktionären „Systems Metternich", das mit polizeistaatlichen Methoden Sicherheit und Ordnung aufrechterhielt und mit repressiven Methoden gegen Oppositionelle vorging, ohne den Dialog zu suchen
- trotz Pressezensur und Verfolgung Erstarken der nationalliberalen Bewegung des → Vormärz, die in der Intelligenz und im Bürgertum ihren Rückhalt hatte
- langer wirtschaftlicher und technologischer Aufschwung, der seit etwa 1830 in den fortschrittlichen Gebieten des Deutschen Bundes zur Frühindustrialisierung führte und durch Frieden und Sicherheit ermöglicht wurde
- erhebliche Verschärfung der sozialen Spannungen in den 1840er-Jahren, hervorgerufen durch wachsende Armut und Proletarisierung der Unterschichten, was seinen Ursprung in Missernten und der beginnenden Industrialisierung hatte
- Lebensweise und Gedankenwelt im Stil des sogenannten → Biedermeier, in dem sich das Bürgertum mit eigener Wohnkultur, Literatur und Musik sowie zentralen Werten wie Häuslichkeit und Gemütlichkeit, Moral und Rechtschaffenheit wiederfand.

2.4 Die Revolution von 1848/49 und ihre Folgen

Die 1840er-Jahre hatten im Deutschen Bund ebenso wie in weiten Teilen Europas eine vorrevolutionäre Stimmung entstehen lassen, da die traditionellen politischen und sozialen Strukturen immer weniger den Anforderungen der Zeit und den Vorstellungen fortschrittlicher Menschen entsprachen. Diese gereizte Stimmung und die forcierte Industrialisierung führten zur politisch-ökonomischen „Doppelrevolution" zwischen 1845 und 1848/49 (Hans-Ulrich Wehler). Ihr Scheitern sollte für Deutschland und Europa weitreichende Folgen haben.

Gründe für die Revolution von 1848

- Das „System Metternich" mit seinen Polizeistaatsmethoden (Bevormundung, Überwachung und Pressezensur) war weithin verhasst.
- Die **nationalliberale Bewegung** mit ihren Forderungen nach Einheit und einer freiheitlichen Verfassung war aus den Repressionen gestärkt hervorgegangen: Sie bildete die Speerspitze der Revolution.
- Das Besitzbürgertum in Industrie und Wirtschaft verlangte nach einer marktwirtschaftlichen Ordnung und forderte eine umfassende Modernisierung.
- Die Missernten von 1842, 1845 und 1846 hatten Hungersnöte, Massenarbeitslosigkeit und Massenelend zur Folge.
- Diese neue Armut, der „Pauperismus", wurde von allen Kreisen des Bürgertums als großes Problem angesehen: Handwerker und Kleinbürgertum fürchteten den sozialen Abstieg, die Bourgeoisie hatte Angst vor einer Revolution der Unterschichten und sah die Gefahren, die sich aus der Bildung eines wachsenden Industrieproletariats ergaben.
- Die Wirtschafts- und Versorgungskrise hatte seit 1845 zu Produktionsrückgängen, Inflation sowie Massenarbeitslosigkeit geführt. Dadurch schwand das Vertrauen in das herrschende System weiter.
- Die Revolution von 1848 war ein gesamteuropäisches Phänomen, denn abgesehen von England und Russland kam es überall in Europa zu Aufständen und Umsturzbemühungen. Dabei hatten die revolutionären Vorgänge in Italien und besonders in Frankreich Signalwirkung für die Bundesstaaten in Deutschland.

Bereits im Vorfeld der Revolution gab es Anzeichen für den nahenden Umbruch. So verabschiedeten im badischen Heppenheim die südwestdeutschen Liberalen im Oktober 1847 ein Programm, in dem sie Forderungen nach nationaler Einheit und Parlamentarisierung erhoben. Im Februar 1848 veröffentlichten Karl Marx und Friedrich Engels in London das „Kommunistische Manifest", in dem sie eine proletarische Revolution ankündigten, die die Welt erschüttern werde.

Die revolutionäre Welle begann dann wiederum in Paris, wo am 24.2.1848 die **„Februarrevolution"** zum Sturz der Monarchie und zur Errichtung der Zweiten Republik führte. Nach dem Sieg in Frankreich griff die revolutionäre Bewegung rasch auf weite Teile Europas über. Sie erreichte innerhalb weniger Tage die Pfalz und Baden, wo am 27.2.1848 die Heidelberger Volksversammlung einen Aufruf zur Bildung eines „Vorparlaments" erließ.

Im März 1848 kam es dann in fast allen Staaten des Deutschen Bundes zu Erhebungen, die zunächst außergewöhnlich erfolgreich waren, denn die reaktionären Regierungen wurden auf Druck der Straße durch liberale „Märzminister" ersetzt, die den „Märzforderungen" der Revolution nachgaben.

MERKE ▪ Forderungen der Revolutionäre im März 1848

- **Pressefreiheit, Wegfall der Zensur und der Publikationsverbote**
- **Sicherung der Bürgerrechte, insbesondere der Versammlungsfreiheit und der Vereinsbildung**
- **Gesetzliche Sicherstellung des Einzelnen gegen willkürliche Verhaftung und Haussuchung**
- **Öffentlichkeit der Gerichtsverfahren mit Schwurgerichten**
- **Wahl eines gesamtdeutschen Parlaments zur Ausarbeitung einer Verfassung**
- **Verbesserung des Wahlgesetzes**
- **Verringerung des Heeres, Bildung von Bürgerwehren und Vereidigung des Militärs auf die Verfassung**
- **Herstellung der nationalen Einheit Deutschlands**
- **Veränderungen im Steuerwesen zugunsten von Mittel- und Unterschicht**

ZEITTAFEL ▪ Wichtige Ereignisse ab März 1848	
13.3.1848	Sturz, Rücktritt und Flucht Metternichs aus Wien
18.3.1848	Einlenken des preußischen Königs nach Barrikadenkämpfen in Berlin
20.3.1848	Abdankung des bayrischen Königs Ludwig I.
3.4.1848	Einigung des Vorparlaments in Frankfurt auf allgemeine freie Wahlen für ganz Deutschland
20.4.1848	Niederschlagung aufständischer Republikaner in Südbaden durch Regierungstruppen
1.5.1848	erste Wahlen zur deutschen Nationalversammlung
18.5.1848	nach den Wahlen Anfang Mai Eröffnung der verfassunggebenden Nationalversammlung in der Frankfurter Paulskirche
27.6.1848	Wahl Erzherzog Johanns zum Reichsverweser durch die Nationalversammlung, die seit dem 3. Juli vor allem über die Grundrechte berät
seit Juli 1848	rasches Wiedererstarken der reaktionären Kräfte in Österreich und in Preußen, wodurch mit militärischer Gewalt die Wende herbeigeführt wird
28.10.1848	Rückeroberung Wiens durch kaiserliche Truppen
9.11.1848	Hinrichtung des Kölners Robert Blum, eines führenden Abgeordneten der Frankfurter Paulskirche, in Wien; der Protest der Nationalversammlung bleibt ohne Wirkung
10.11.1848	Rückkehr des preußischen Militärs nach Berlin
Dezember 1848	endgültiger Sieg der Gegenrevolution in ganz Deutschland
21.12.1848	folgenlose Verabschiedung der Grundrechte durch die Frankfurter Nationalversammlung
28.3.1849	Verabschiedung der Reichsverfassung in Form der „kleindeutschen" Lösung (also ohne Österreich) durch die Nationalversammlung in der Paulskirche; Wahl des preußischen Königs Friedrich Wilhelm IV. zum Kaiser
3.4.1849	Scheitern der Revolution wegen der Ablehnung der Kaiserkrone durch Friedrich Wilhelm IV.
6.6.1849	Übersiedlung der machtlosen Nationalversammlung nach Stuttgart, wo das sogenannte „Rumpfparlament" auf Geheiß des württembergischen Königs am 18. Juni auseinandergetrieben wird
Sommer 1849	Sieg der Reaktion über die Revolution überall in Europa, zuletzt auch in Ungarn und Venedig

Gründe für das Scheitern der Revolution

- Die Doppelaufgabe der **Realisierung von Einheit und Freiheit** bedeutete für die veränderungsbereiten Kräfte innerhalb des Deutschen Bundes eine Überforderung. Die Bildung eines einheitlichen Nationalstaats und die gleichzeitige Schaffung einer liberalen Verfassung in einem gänzlich veränderten Staatswesen war damals nicht möglich. Der Historiker Thomas Nipperdey hat deshalb die Situation von 1848 als „tragisch" bezeichnet.
- Die **schwierige innere Situation** Deutschlands machte ein koordiniertes Vorgehen der Opposition fast unmöglich. Das Fehlen einer Hauptstadt und der weitverbreitete Partikularismus erschwerten ein gemeinsames Handeln der Revolutionäre erheblich.
- **Organisatorische Probleme** verschärften diese Schwierigkeiten erheblich. Die Revolution war kaum vorbereitet und entwickelte dann eine große Eigendynamik. Da es weder eine etablierte Organisation oder Partei gab, die den Revolutionären Rückhalt gab, noch ein eigentliches revolutionäres Zentrum, gelang es nicht, die oppositionellen Kräfte zu bündeln und zusammenzuhalten.
- Die **Spaltung der revolutionären Bewegung** in gemäßigte Liberale und radikale Demokraten schwächte die Stoßkraft der revolutionären Bewegung frühzeitig. So waren sich die Revolutionäre vor allem hinsichtlich der Frage der Abschaffung der Monarchie uneinig.
- In diesem Zusammenhang wirkte sich der frühzeitig gescheiterte bewaffnete Versuch von Radikaldemokraten um Friedrich Hecker und Gustav Struve im Großherzogtum Baden im Frühjahr 1848 eine Republik zu errichten (Heckeraufstand) verhängnisvoll aus, zumal sich fortan viele Besitzbürger von der Revolution abwandten, da sie eine Radikalisierung und Enteignungen fürchteten.
- Die Abgeordneten der Frankfurter Paulskirche waren **wenig entschlussfreudig**. Sie diskutierten zwar ausgiebig über Grundsatzfragen und die Verfassung, vernachlässigten darüber aber den Aufbau einer machtpolitisch starken Position gegenüber den Vertretern der alten Ordnung. So verfügte die Nationalversammlung weder über eine eigene Armee noch über eine geeignete Beamtenschaft.
- Es gab **keine charismatische Führungspersönlichkeit**, die es verstanden hätte, die unterschiedlichen Kräfte zusammenzufassen und zu strukturieren.

- Die **reaktionären Kräfte** erholten sich nach den beeindruckenden Anfangserfolgen der Revolutionäre im Frühjahr 1848 überraschend schnell. Vor allem Militär und Verwaltung standen weiter loyal hinter dem alten System. Im Gegensatz zu den Revolutionären gelang den Monarchen ein koordiniertes Vorgehen, wobei sie ihre überlegene militärische Gewalt geschickt und rücksichtslos einsetzten.
- In der Übergangslage von der Agrar- zur Industriegesellschaft gab es **kein wirklich „revolutionäres Subjekt"**. Zwar wollten im März 1848 verschiedene Schichten Veränderungen, doch das Bürgertum war nicht sonderlich entschieden, die Arbeiterschaft zahlenmäßig noch zu schwach, um die Entwicklung alleine voranzutreiben.

Bedeutung und Ergebnis der Revolution

Das Scheitern der Revolution von 1848/49 hatte für Europa und vor allem für Deutschland schwerwiegende Folgen. Eine Liberalisierung war so auf lange Zeit unmöglich geworden. Statt dessen setzten sich die reaktionären Kräfte durch, die schließlich 1871 die nationale Einigung in der Gründung des zweiten Deutschen Kaiserreichs realisierten. Auch wenn damit nicht zwangsläufig die fatale Entwicklung vorgegeben war, die in den Ersten Weltkrieg und in das „Dritte Reich" einmündete, waren doch bereits 1849 die Weichen so gestellt, dass eine allmähliche Demokratisierung, wie sie in den westlichen Staaten Europas gelang, in Mitteleuropa nicht möglich war.

Andererseits ließen sich nach 1850 auch im wiederhergestellten Deutschen Bund die Uhren nicht vollständig zurückdrehen. Vielmehr waren wichtige Teile der traditionellen Feudalordnung dauerhaft aufgehoben, und Verfassungsstaaten hatten das „System Metternich" ersetzt.

Schließlich sollte nicht vergessen werden, dass der zweite Teil der politisch-ökonomischen „Doppelrevolution" der Zeit von 1845 bis 1850 durchaus erfolgreich war, denn der technologische und wirtschaftliche Wandel setzte sich nach 1849 ungebremst fort und förderte den gesellschaftlichen Emanzipationsprozess insbesondere des Bürgertums. Damit war klar, dass die Durchsetzung der Menschenrechte und der Demokratisierung von Staat und Gesellschaft nur aufgeschoben waren.

2.5 Der Weg zur Reichsgründung (1850 – 1871)

Im 1850 wiederbegründeten Deutschen Bund blieb der Wunsch nach nationaler Einigung weiter lebendig. Allerdings zogen sich viele politisch enttäuschte Bürger resigniert ins Privatleben zurück. Andere emigrierten (Massenauswanderungen in die USA) oder wandten ihre ganze Energie dem Wirtschaftsleben zu, das in den 1850er-Jahren einen beispiellosen Aufschwung erfuhr. Der auch nach 1850 ohnmächtige Deutsche Bund war durch den sich steigernden preußisch-österreichischen **Dualismus** bestimmt. Der Gegensatz der beiden deutschen Großmächte hatte dazu geführt, dass die allgemein angestrebte Reichseinigung in zwei Varianten überlegt wurde: Zum einen diskutierte man die „großdeutsche" Lösung unter Einschluss Österreichs, das in diesem Falle auch dominieren sollte, zum anderen die „kleindeutsche" Alternative, die die Reichseinigung unter preußischer Führung bei gleichzeitigem Ausschluss Österreichs vorsah.

ZITAT ▪ **Bismarck charakterisierte kurz nach seinem Amtsantritt als preußischer Ministerpräsident vor den Abgeordneten der Budgetkommission seine Ziele und Methoden:**

„Nicht auf Preußens Liberalismus sieht Deutschland, sondern auf seine Macht (Erregter Widerspruch bei der Kommission) [...] Preußen muss seine Kraft zusammenfassen und zusammenhalten auf den günstigen Augenblick, der schon einige Male verpasst ist. Preußens Grenzen nach den Wiener Verträgen sind zu einem gesunden Staatsleben nicht günstig. [...] Nicht durch Reden und Majoritätsbeschlüsse werden die großen Fragen der Zeit entschieden ... das ist der Fehler von 1848/49 gewesen – sondern durch Eisen und Blut! (Entsetzen und Empörung in der Kommission)"

zitiert nach Wolfgang Venohr: Dokumente deutschen Daseins. 500 Jahre deutsche Nationalgeschichte, Königstein/Ts. 1980, S. 183

Innenpolitisch waren sich die beiden Kontrahenten indes mit den mittleren und kleineren Fürsten vollkommen einig: Sie wollten eine konservativ-bürokratische **Stabilisierung der Monarchie** und betrieben planmäßig eine Revision der Errungenschaften von 1848/49. Bei alledem spielte Otto Fürst von Bismarck eine zunehmend zentrale Rolle. Schon als preußischer Gesandter beim Bundestag in Frankfurt erstrebte er die Gleichberechtigung mit Österreich, während er als Ministerpräsident Preußens alles daran setzte, die kleindeutsche Lösung zu verwirklichen. Zugleich war er durch und durch konservativ und monarchistisch und betrieb von Anfang an eine gegen das Parlament gerichtete Politik, wobei er vor der Verfolgung und Einschüchterung von Oppositionellen nicht zurückschreckte.

Außenpolitisch verfolgte Bismarck eine kühl kalkulierte Machtpolitik, die binnen eines knappen Jahrzehnts die Reichseinigung unter Führung Preußens erzielte. Auch hier ging er mit der ihm eigenen Rücksichtslosigkeit vor und war bereit, drei allerdings zeitlich begrenzte Kriege zu führen, um seine Interessen durchzusetzen. Mit der 1871 vollzogenen Reichsgründung hatte sich dann die Mächtekonstellation in Europa gravierend verschoben, denn das Deutsche Reich sollte von da an die dominierende Großmacht auf dem europäischen Kontinent sein.

Motive für die Reichseinigung

- In allen Teilstaaten des Deutschen Bundes und in allen Kreisen der Bevölkerung war der Wunsch nach einem Nationalstaat weit verbreitet. Die Deutschen fühlten sich als „verspätete Nation", zumal 1861 auch in Italien ein einheitlicher Staat gegründet worden war.
- Viele Deutsche wollten endlich auch im Konzert der europäischen Mächte eine gewichtige Rolle spielen und eine an den eigenen Interessen orientierte Großmachtpolitik betreiben.
- Preußen wollte seine eigene Großmachtstellung ausbauen und sichern. Bismarck kam diesem **Hegemonialstreben** entgegen und benutzte es zugleich zielstrebig, um damit die Reichseinigung im Sinne Preußens herbeizuführen.
- Die Wirtschaft, insbesondere Handel und Großindustrie, hatte ein großes Interesse an einem einheitlichen **Binnenmarkt ohne Zölle** und Handelshemmnisse. Produzenten und Konsumenten verband der Wunsch nach Angleichung und Vereinheitlichung der nach wie vor von Land zu Land differierenden Währungen, Maße und Gewichte. Ebenso sinnvoll und notwendig erschien die Schaffung verbindlicher Industrienormen und einheitlicher Gesetze.
- Die Liberalen und die von der 1848er-Revolution enttäuschten Bürger hofften auf eine fortschrittliche Reichsverfassung mit verbürgten Grundrechten und einer Stärkung der Legislative.

ZEITTAFEL ▪ Wichtige Ereignisse von 1850 bis 1870	
bis 1862	Reaktionszeit: Die 1850er-Jahre sind geprägt von dem Bemühen der Monarchen, ihre Herrschaft neu zu festigen, und einem lang anhaltenden wirtschaftliche Aufschwung, vor allem in Preußen.
1851	Aufhebung der Verfassung und der Grundrechte durch den Bundestag in Frankfurt: In Österreich siegt die Restauration (Neoabsolutismus mit zentralistischer Bürokratie und starker Polizei).
1859	In den Feiern anlässlich des 100. Geburtstags Friedrich Schillers artikulieren sich die deutschen Einheitsbestrebungen, die während dieser Zeit auch in national-patriotischen Sänger-, Turner- und Schützenfesten ihren Ausdruck finden.
1862	Amtsantritt Bismarcks als preußischer Ministerpräsident („Eisen und Blut" als Motto seiner Regierungspolitik), Verfassungsstreit mit den Liberalen, gegen die er mit nicht vom Parlament genehmigten Haushalten regiert.
1864	Nach der Annexion Schleswigs durch Dänemark gewinnen die preußischen Truppen mit Unterstützung Österreichs den ersten der drei „Reichseinigungskriege", den deutsch-dänischen Krieg.
1866	Preußen siegt am 3. Juli bei Königgrätz im „Deutschen Krieg" über Österreich, das von den süddeutschen Staaten, Kurhessen und Hannover unterstützt wird. Damit scheidet die lange Zeit diskutierte „großdeutsche Lösung" als Möglichkeit für einen künftigen Nationalstaat aus. Der Deutsche Bund wird von Bismarck aufgelöst.
1866	Der preußische Landtag billigt nachträglich die verfassungswidrige Haushaltspolitik Bismarcks („Sündenfall der Liberalen").
1867	Preußen annektiert die gegnerischen Staaten nördlich der Mainlinie, u.a. Kurhessen und Hannover. Bismarck bildet sodann den von Preußen dominierten Norddeutschen Bund.
1870	Mithilfe der Emser Depesche führt Bismarck diplomatisch geschickt den Deutsch-Französischen Krieg herbei. Dadurch kommt es zu der von Frankreich nicht für möglich gehaltenen Solidarisierung der süddeutschen Staaten mit Preußen. Die Euphorie über die Siege der deutschen Truppen führt zu einem nationalen Freudentaumel und zur Gründung des Kaiserreiches in Versailles.

2.6 Das Deutsche Kaiserreich (1871 – 1914/18)

Die Epoche des Deutschen Reiches umfasst die mehr als vier friedlichen Jahrzehnte vor 1914 und die vier furchtbaren Jahre des Ersten Weltkriegs, an dessen Ende nach der militärischen Niederlage des Reiches die Monarchie zusammenbrach. Die **erste Phase** des Kaiserreichs hatte ganz **im Zeichen Bismarcks** gestanden, der als Reichskanzler eine maßvolle Außenpolitik und eine polarisierende Innenpolitik betrieb. Seine Entlassung 1890 bedeutete die entscheidende Zäsur in der Geschichte des Kaiserreichs, denn mit **Wilhelm II.** begann eine **expansive Außenpolitik**, während die Innenpolitik stärker von Integrationsbemühungen gekennzeichnet war. Das Streben des Reiches nach Weltgeltung, das einer der Hauptgründe für den Ausbruch des Ersten Weltkriegs war, war zugleich auch die Ursache für sein Ende.

Wirtschaftlich war die Zeit des Kaiserreichs durch die **fortschreitende Industrialisierung** gekennzeichnet, in deren Gefolge Deutschland zunächst zur führenden Wirtschaftsmacht auf dem Kontinent wurde, ehe es dann um 1900 auch Großbritannien in der Industrieproduktion überflügelte. Auch technologisch und wissenschaftlich war das Reich führend, und Produkte „Made in Germany" waren auf der ganzen Welt gefragt.

In gesellschaftlicher Hinsicht bedeutete das Wilhelminische Zeitalter den Übergang vom Agrar- zum Industriestaat, obwohl feudale Strukturen fortbestanden. Der Gegensatz von einer traditionsgebundenen adligen Elite zu einer zunehmend selbstbewussteren Arbeiterschaft machte die Dynamik des Kaiserreiches aus, barg aber auch viel Sprengstoff, denn die soziale Frage war in dieser gesamten Ära ein Dauerthema der Innenpolitik.

Die Versöhnung der gewaltigen sozialen Gegensätze gelang durch den **„Hurra-Patriotismus"** der meisten Deutschen und durch das allgegenwärtige Militär, das als Bindeglied zwischen den verschiedenen gesellschaftlichen Gruppen fungierte. Durch die stetig wachsende Vereinheitlichung des Reiches wurden die Hoheitsrechte der Länder in der politischen Wirklichkeit mehr und mehr bedeutungslos. Allerdings blieben die Länder in Fragen der Schul- und Hochschulpolitik sowie der inneren Sicherheit selbständig. Durch den Bundesrat waren die Länder auch an der Gesetzgebung beteiligt. Diese zweite Kammer war gegenüber dem Reichstag überlegen, da sie ihn auflösen konnte. Außerdem konnte der Bundesrat mit 14 von 58 Vertretern ein Veto einlegen. Da Preußen alleine 17 Mitglieder stellte, war seine Dominanz gesichert.

MERKE ▪ Die Reichsverfassung

Nach der Reichsverfassung von 1871 war das Deutsche Kaiserreich eine konstitutionelle, aber keine parlamentarische Monarchie. Der erbliche Kaiser hatte eine dominierende Stellung, weshalb die neue Staatsform von Historikern auch als „halbabsolutistisch" und „semikonstitutionell" bezeichnet wird.

Der Kaiser
- war in Personalunion König von Preußen und Deutscher Kaiser
- hatte den Oberbefehl über das Heer
- ernannte und entließ den Reichskanzler und die Minister
- hatte die Möglichkeit, den Reichstag aufzulösen

Der Reichskanzler
- war in der Regel in Personalunion auch preußischer Ministerpräsident
- führte den Vorsitz im von Preußen dominierten Bundesrat
- war direkter Vorgesetzter aller Staatssekretäre

Der Reichstag
- ging aus allgemeinen, gleichen, direkten und geheimen Wahlen hervor und war dadurch demokratisch legitimiert (kein Wahlrecht der Frauen)
- war mit dem Bundesrat an der Gesetzgebung beteiligt
- hatte dennoch nur begrenzte Macht, da er vom Reichskanzler und auch durch den Bundesrat aufgelöst werden konnte
- hatte kein Mitspracherecht bei der Ernennung des Reichskanzlers und konnte ihm auch nicht das Misstrauen aussprechen.

Zuständigkeiten des Reiches
- Zoll- und Handelsgesetzgebung
- Geldwesen und Währungsfragen
- Heer-, Marine- und Außenpolitik
- Rechtswesen (1871: einheitliches Strafgesetzbuch, 1900 Bürgerliches Gesetzbuch (BGB).

Mit der **Proklamation Wilhelms I. von Preußen zum Deutschen Kaiser** wurde am **18.1.1871** das zweite deutsche Kaiserreich begründet. Bismarck, der eigentliche Schöpfer des Reiches, bestimmte in den folgenden beiden Jahrzehnten die Geschicke des neuen Staatswesens beinahe nach Belieben. Er unterlag keiner parlamentarischen Kontrolle, sondern war nur vom Wohl des Kaisers abhängig.

Im 1871 begonnenen **„Kulturkampf"** suchte Bismarck die Auseinandersetzung des Reiches mit der katholischen Kirche, deren Machtstellung er untergraben wollte (Einführung der Zivilehe, staatliche Aufsicht auch über die kirchlichen Schulen, Auflösung der Orden, Eingriffe in die Ausbildung der Priester). Trotz aller Anstrengungen konnte sich Bismarck nicht durchsetzen. Vielmehr musste er nach 1878 die Kampfgesetze wieder zurücknehmen, sodass der Katholizismus und insbesondere dessen politische Kraft, das → Zentrum, aus dem Machtkampf mit dem Staat gestärkt hervorgingen. Allerdings blieben die Zivilehe und die staatliche Schulaufsicht bestehen.

Nach dem Scheitern im Kulturkampf fand Bismarck in der Arbeiterbewegung einen neuen Feind. Zwei Attentatsversuche auf den Kaiser wurden der SPD zu Unrecht angelastet und zum Vorwand für das **Sozialistengesetz** *„Gegen die gemeingefährlichen Bestrebungen der Sozialdemokratie"* genommen. Bis 1890 wurde dieses Ausnahmegesetz mehrmals verlängert. Es verbot sozialdemokratische und sozialistische Versammlungen, Zeitungen und Bücher. Die Zerschlagung der SPD gelang Bismarck dennoch nicht. Ganz im Gegenteil wurde so das Selbstbewusstsein der Arbeiterbewegung gekräftigt. Und die SPD, die trotz Verbots weiterhin im Reichstag vertreten war, ging aus jeder Wahl gestärkt hervor. Zur „positiven Bekämpfung" der SPD betrieb Bismarck seit 1883 eine für die damalige Zeit **beispielhafte Sozialpolitik**. Sozialgesetze zur Kranken- (1883), Unfall- (1884), Alters- und Invalidenversicherung (1889) sollten die Arbeiter wirksam schützen und zugleich die Sozialdemokratie eindämmen.

Die Ära Bismarck endete 1890 mit der Entlassung des Reichskanzlers durch den seit 1888 amtierenden jungen Kaiser Wilhelm II., der Arbeiterschaft und SPD für seine Pläne gewinnen wollte und deshalb noch 1890 das Sozialistengesetz außer Kraft setzte.

Innenpolitisch war die Entwicklung im Kaiserreich trotz des anhaltenden Wirtschaftsaufschwungs durch Stagnation gekennzeichnet: Die allgegenwärtige Militarisierung der Gesellschaft verhinderte die notwendige Demokratisierung und führte zu weitverbreiteter **Obrigkeitstreue und Untertanenmentalität**.

ZEITTAFEL ▪ Die Außenpolitik des Kaiserreichs	
1879	Zweibund Deutschlands mit Österreich-Ungarn
1882	Dreibund-Vertrag mit Österreich-Ungarn und Italien, wodurch es Bismarck gelingt, Frankreich weiter zu isolieren
1887	„Rückversicherungs-Vertrag" mit Russland, durch den sich Bismarck die Neutralität des Zarenreiches sichert
1890	Nach Bismarcks Entlassung Nichtverlängerung des „Rückversicherungs-Vertrags" mit Russland, das sich darauf Frankreich nähert
1894	französisch-russischer Zweibund
1904	französisch-englische Entente cordiale, die die noch bis 1898 offen verfeindeten beiden größten Kolonialmächte zusammenführt

Bereits mit dem französisch-russischen Zweibund war Bismarcks Bündnissystem zusammengebrochen. Danach bewirkten der Aufstieg des Deutschen Reiches zur stärksten Industrienation Europas, die expansiv betriebene Flottenpolitik des Kaisers und das Streben nach Weltgeltung (**„Platz an der Sonne"**) ein Bündnis Englands mit Frankreichs.

ZITAT ▪ **Dass das Kaiserreich nicht nur konservativ und halbfeudal war, macht folgendes Zitat des Historikers Michael Stürmer deutlich:**

„Rückwärtsgewandter Obrigkeitsstaat oder liberaler Reformstaat, pluralistischer Interessenverband oder Machtkartell von Rittergut und Hochofen, bürokratische Dauerintervention oder cäsaristische Entscheidung – die politische Kultur des Deutschen Reiches zeigte von 1870 bis 1918 viele und durchaus gegensätzliche Gesichter. Und die meisten Elemente, das gilt es gegen die viel wiederholte These von der Rückwärtsgewandtheit und Entwicklungsunfähigkeit festzuhalten, hielten im Vergleich mit Westeuropa durchaus stand."

Michael Stürmer: Das ruhelose Reich. Deutschland 1866 – 1918, Berlin 1983, S. 117 f.

Der Erste Weltkrieg, in dem das Deutsche Reich und Österreich-Ungarn Großbritannien, Frankreich und Russland sowie seit 1917 auch noch den USA gegenüberstanden, führte zum Zusammenbruch des Kaiserreichs und zur **Abdankung des Kaisers am 9. November 1918**.

2.7 Die soziale Frage

In der Phase der Frühindustrialisierung, als vor allem die Lage der Fabrikarbeiter katastrophal war und viele Menschen sich über **Not und Elend des „Vierten Standes"** empörten, entstand die soziale Frage. Sie hing eng mit der Industriellen Revolution zusammen, denn der zunehmende Einsatz von Maschinen und die fabrikmäßige Organisation der meist monotonen Arbeitsprozesse bewirkten, verstärkt durch einen fast überall unregulierten Kapitalismus, derart krasse Missstände, dass in den sich industrialisierenden Gesellschaften des 19. Jahrhunderts die Arbeiterfrage zum wichtigsten Thema der innenpolitischen Auseinandersetzung wurde.

Die Situation der Fabrikarbeiter

- Die tägliche **Arbeitszeit** betrug 12 bis 16 Stunden, die wöchentliche lag nicht selten bei knapp 100 (!), Urlaub gab es gar nicht.
- Die **Löhne** reichten in der Regel gerade für das Existenzminimum. Oft mussten aber auch **Frauen und Kinder** mitarbeiten, um den Lebensunterhalt zu sichern.
- Die **Arbeitsbedingungen** waren unsäglich: In den Fabrikhallen war es oft unerträglich warm und laut, Schutzbestimmungen gab es meist überhaupt nicht.
- Die Arbeit selbst war in der Regel **monoton** und uninteressant, da der einzelne Arbeiter nur ein Rädchen im Produktionsablauf war und keine Beziehung zu den von ihm hergestellten Produkten hatte (→ „Entfremdung").
- Vorsorge im Krankheitsfalle, bei Unfällen oder für das Alter gab es ebenso wenig wie eine Absicherung bei Arbeitslosigkeit.
- Die **Fabrikordnungen** waren hart und bestraften geringste Fehlhandlungen und kleine Verspätungen unerbittlich.
- Ein Zusammenschluss in **Gewerkschaften** war den Arbeitern strikt untersagt, Streiks waren strengstens verboten.
- Die **Wohnverhältnisse** der meisten Arbeiterfamilien waren erbärmlich, mussten sie doch häufig in engen und ungesunden Wohnungen leben: Zimmer, in denen sechs Personen wohnen und schlafen mussten, waren durchaus nicht ungewöhnlich.
- Auch die täglichen **Lebensumstände** waren unvorstellbar armselig und erbärmlich. Elend und ein steter Kampf ums Überleben prägten den Alltag vieler Menschen.

Infolge der raschen **Bevölkerungszunahme** und der Flucht vieler Landbewohner in die Städte entstanden in den wuchernden Ballungszentren wie dem Industriegebiet um Manchester in Mittelengland oder dem deutschen Ruhrgebiet dicht besiedelte Arbeitervororte und Slums. Durch das hohe Angebot an Arbeitskräften konnten die Löhne noch weiter gedrückt werden. Ausbeutung, entfremdete Arbeit und Massenarmut („Pauperismus") sind deshalb untrennbar mit der Lage der Arbeiter vor allem in der Zeit der Frühindustrialisierung verbunden.

ZITAT ▪ Karl Marx und Friedrich Engels im „Manifest der Kommunistischen Partei" von 1848:

„Mit der Entwicklung der großen Industrie wird also unter den Füßen der Bourgeoisie die Grundlage selbst weggezogen, worauf sie produziert und die Produkte sich aneignet. Sie produziert vor allem ihre eigenen Totengräber. Ihr Untergang und der Sieg des Proletariats sind gleich unvermeidlich."

Karl Marx und Friedrich Engels: Manifest der Kommunistischen Partei. Grundsätze des Kommunismus, Stuttgart 1969, S. 37.
Link/Internet-Hinweis: de.wikipedia.org/wiki/Kommunistisches_Manifest

Diese Missstände wurden von der sozialistischen Bewegung attackiert und harter **Kritik** unterworfen. In besonderer Weise taten dies Karl Marx und Friedrich Engels, die die kapitalistischen Produktionsverhältnisse und die Profitgier der Unternehmer für das allgemeine Elend verantwortlich machten. Mit dem 1848 erschienenen „Kommunistischen Manifest" hofften Marx und Engels ein Fanal für die Solidarisierung der Arbeiterschaft zu setzen. Die große sozialistische Revolution blieb zwar aus, doch bewirkte gerade die marxistische Kapitalismuskritik, dass die Notlage der arbeitenden Klasse und deren vermeintliche Ursachen in der Öffentlichkeit allgemeiner bewusst wurden. In der zweiten Hälfte des 19. Jahrhunderts gab es dann eine Vielzahl höchst unterschiedlicher **Ansätze zur Lösung der sozialen Frage**:

- So versuchten fortschrittliche **Unternehmer** wie Alfred Krupp und Robert Bosch, die Arbeits- und Lebensumstände ihrer Arbeiter zu bessern, indem sie Werkswohnungen, Konsumvereine und Betriebskrankenkassen einrichteten. Allerdings duldeten diese Firmenpatriarchen weder Mitbestimmung noch Gewerkschaften.
- In beiden **Kirchen** wurden aus dem Geiste der Nächstenliebe karitative Organisationen begründet, die das Los der Arbeiter milderten. Beispielhaft für diese Bestrebungen stehen auf katholischer Seite die Namen Adolf Kolping (Gesellenvereine) und Freiherr von Ketteler (Mitbegründer der katholischen Soziallehre), bei den Protestanten Pfarrer Johann Hinrich

Wichern (Eröffnung des „Rauhen Hauses" für verwahrloste Jugendliche) und Pastor Friedrich von Bodelschwingh (Krankenfürsorge, Arbeiterkolonien). In den 1880er-Jahren begründeten beide Kirchen in Deutschland eigene Arbeitervereine und Bildungsstätten für Arbeiter.

- Staatliche Sozialpolitik gab es im Zeichen des aufkommenden Kapitalismus noch nicht. Vielmehr legte der Wirtschaftsliberalismus dem Staat eine Laissez-faire-Politik der Nichteinmischung nahe. Ab etwa 1830 erkannten die Regierungen jedoch zunehmend die Notwendigkeit, zugunsten der Proletarier eingreifen zu müssen. Dies geschah durch Arbeiterschutzbestimmungen (Festlegung maximaler Arbeitszeiten, Verbot von Kinderarbeit, Erlaubnis von Gewerkschaften etc.) und durch konkrete **Maßnahmen staatlicher Sozialpolitik**, wie sie in den 1880er-Jahren beispielhaft in Belgien und im Deutschen Reich durchgeführt wurden (Kranken-, Unfall- und Invaliditätsversicherungen sowie Altersvorsorge durch Rentenkassen).
- Schließlich entstanden im 19. Jahrhundert die **Gewerkschaften und** die **Arbeiterparteien**. Sie waren von sozialistischen Gedanken inspiriert und forderten radikale Veränderungen in Wirtschaft und Gesellschaft. Diese Veränderungen wollten die Sozialisten und Kommunisten durch eine nötigenfalls auch gewaltsame Revolution erreichen, während die Sozialdemokraten, die sich im Deutschen Reich in der Sozialdemokratischen Arbeiterpartei (SPD) zusammenschlossen, den Weg allmählicher Reformen bevorzugten.

INSIDER-TIPP ▪ Prüfungsvorbereitung (1)

Wie bereite ich mich am besten auf eine Geschichtsklausur vor?
Auch wenn das kaum jemand wirklich schafft, versuchen sie es doch einmal, rechtzeitig mit dem Lernen zu beginnen. Es muss ja nicht immer auf den letzten Drücker sein, oder? Wenn man z. B. auch das Wochenende vor der Klausur wenigstens zum Teil zur gezielten Vorbereitung einbezieht, ist schon viel gewonnen. Dann sollte man immer darauf achten, dass man sich auf Wesentliches konzentriert.
Dies gilt in besonderem Maße für mündliche Prüfungen! Gerade in Geschichte kommt es in erster Linie nicht auf die Einzelheiten, sondern immer auf die „großen Zusammenhänge" an. Deshalb geht es in der letzten Phase vor einer Prüfung vor allem darum, das Wissen immer stärker zu komprimieren.

2.8 Der Aufstieg der USA zur Weltmacht (1800 – 1917)

Nach der Gründung der Vereinigten Staaten von Amerika und dem Sieg der Kolonisten im Unabhängigkeitskrieg erlebte das neue Staatswesen im 19. Jahrhundert einen raschen Aufstieg in den Kreis der Großmächte. Die **erfolgreiche Expansion nach Westen** und die von der Ostküste ausgehende Industrialisierung machten den ersten modernen Verfassungsstaat für viele Menschen der Alten Welt attraktiv, sodass die stürmische Entwicklung von einem starken Bevölkerungswachstum begleitet wurde. Außenpolitisch hielten sich die USA noch zurück und vermieden es, in europäische Konflikte verwickelt zu werden. Bis etwa 1850 nahm die Ausdehnung nach Westen die meisten Kräfte in Anspruch. Dabei bildete sich in dieser Zeit eine Pionierhaltung heraus (Frontier-Geist), die für die Identität der Amerikaner bis heute wichtig geblieben ist.

MERKE ▪ **The American Dream**

Die Vereinigten Staaten sind ohne ihren Gründungsmythos und ihre aus unbändiger Sehnsucht nach Freiheit und Selbstbestimmung erwachsene Identität nicht wirklich zu verstehen. Diese Wünsche und Werte werden als „American Way of Life" und als „American Dream" bezeichnet. Folgende Elemente sind konstitutiv für das amerikanische Selbstverständnis, das bis heute stark durch die puritanische Haltung und den → Calvinismus der ersten Siedler geprägt ist. Hierzu zählen:

- **der Geist der Selbstbestimmung und Unabhängigkeit in Politik und Privatleben**
- **der Drang nach Selbstbetätigung und Erfolg in Wirtschaft und Beruf**
- **der Wille zur Selbstbehauptung in der Natur und in der Gesellschaft**
- **der Wunsch nach Selbstvervollkommnung und Selbstverwirklichung**
- **ein starkes Sendungsbewusstsein, das wie selbstverständlich davon ausgeht, dass die eigenen Ideale auch für alle anderen Menschen und Völker erstrebenswert sind**

ZEITTAFEL • Wichtige Ereignisse von 1800 bis 1850	
1803	Durch den Kauf von „Louisiana" (Gebiete vom Mississippi bis zu den Rocky Mountains, für 15 Mio. Dollar von Napoleon erworben) verdoppelt sich die Staatsfläche der USA.
1808	Der Kongress beschließt, die Sklaveneinfuhr zu verbieten. Die Sklavenfrage wird zum Dauerthema der inneren Auseinandersetzung zwischen Nord- und Südstaaten.
1819	Spanien verkauft Florida für fünf Millionen Dollar an die USA.
1823	US-Präsident James Monroe fordert die strikte Nichteinmischung der europäischen Staaten in Angelegenheiten des amerikanischen Doppelkontinents. Zugleich erklärt er, dass die USA sich nicht an europäischen Kriegen beteiligen werden.
1829–1837	Unter Andrew Jackson setzt eine breite Demokratisierung der US-Gesellschaft und ihrer politischen Ordnung ein („Jacksonian Democracy"): Das allgemeine Wahlrecht wird eingeführt, es bilden sich Parteien gegen die Sklaverei, erste Gewerkschaften und Gruppen von Frauenrechtlerinnen entstehen.
1848	Mit der Einverleibung Kaliforniens erreichen die USA den Pazifik. Goldfunde in Sacramento locken Abenteurer aus aller Welt in den neuen, noch kaum besiedelten Bundesstaat.

Die stürmische Phase der territorialen Ausdehnung der Vereinigten Staaten stieß mit dem Erreichen der Pazifikküste in der Mitte des 19. Jahrhunderts auf ihre natürlichen Grenzen. Diese Expansion ging zu Lasten der **indianischen Urbevölkerung**, die immer wieder aus ihren ursprünglichen Siedlungsgebieten vertrieben und zwangsweise umgesiedelt wurde. Auf die erfolgreiche Erschließung des nordamerikanischen Kontinents folgte in der zweiten Hälfte des 19. Jahrhunderts eine Zeit der inneren Festigung und Bewährung. Im Mittelpunkt der Probleme der USA standen die **Konflikte um die Sklaverei**, die von den industrialisierten Nordstaaten abgelehnt wurde, während die durch Plantagenwirtschaft geprägten Südstaaten unbedingt daran festhalten wollten. Die Auseinandersetzungen um die Sklaverei führten schließlich zur Staatskrise und zum **Bürgerkrieg**.

ZEITTAFEL ▪ Wichtige Ereignisse von 1850 bis 1900	
1854	Aus Empörung über die Einführung der Sklaverei in den Weststaaten wird die Republikanische Partei gegründet.
1861–1865	Der republikanische Präsident Abraham Lincoln führt den Sezessionskrieg, in dem er um den Erhalt der Union und gegen die Sklaverei kämpft.
1861	Gegen Lincoln erklären elf Südstaaten wegen der sklavenfeindlichen Haltung der Nordstaaten die Sezession. Sie proklamieren die „Konföderierten Staaten von Amerika" mit eigener Verfassung und eigenen Truppen.
1861–1865	Im Bürgerkrieg kommt es zum Sieg der überlegenen Nordstaaten. So bleibt die Union erhalten. Nur dadurch ist der spätere Aufstieg zur Weltmacht möglich.
1865	Im 13. Verfassungszusatz wird die Sklaverei abgeschafft. 1866 erhalten die ehemaligen Sklaven die Bürgerrechte, 1869 werden Wahlrechtsbeschränkungen auf Grund von Rasse und Hautfarbe aufgehoben.
1867	Die USA kaufen dem russischen Zaren Alaska für 7,2 Mio. Dollar ab.
seit 1870	Beginn der Hochindustrialisierung, in deren Verlauf riesige Konzerne und Trusts entstehen („Big Business").
1873	Die Spekulation mit Eisenbahnaktien und die Überproduktion in Landwirtschaft und Industrie führen zum Börsencrash und einer lang anhaltenden Wirtschaftskrise.
1890	Der letzte Widerstand der Indianer wird in der Schlacht am Wounded Knee gebrochen; offizielle Schließung der „frontier". Im Sherman-Antitrust-Gesetz werden Firmenzusammenschlüsse und Preisabsprachen eingeschränkt.
1896	Im „Separate-but-equal-Urteil" legalisiert das oberste US-Gericht die Rassentrennung. Die Aufhebung dieser Gesetze erfolgt erst 1954 und 1964/65.
1898	Die USA siegen im Krieg gegen Spanien, das Kuba, Puerto Rico und die Philippinen abtreten muss.

Nach dem Sieg des Nordens über den Süden **1865** standen die folgenden Jahrzehnte im Zeichen der intensiven Besiedlung des ganzen Landes und der Hochindustrialisierung. Dank einer beispiellosen wirtschaftlichen und technologischen Revolution stiegen die USA nun endgültig in den Kreis der führenden Industriestaaten auf.

Nach ihrem Sieg über Spanien **1898** betrieben die USA eine mehr und mehr **imperialistische Außenpolitik**. Präsident Theodore Roosevelt (1901–1909) sah die Vereinigten Staaten als Polizeimacht für Mittel- und Südamerika, wo die eigenen Truppen wiederholt intervenierten („Big-Stick-Politik"). Ansonsten zogen es die USA vor, mithilfe ihrer gewaltigen Finanz- und Wirtschaftsmacht politischen Einfluss zu gewinnen („Dollarimperialismus"). Ferner war Roosevelt bestrebt, bei internationalen Konflikten außerhalb der amerikanischen Hemisphäre als Vermittler und Schiedsrichter aufzutreten.

In der **Zeit vor 1914** hatten die Vereinigten Staaten hinsichtlich ihrer Wirtschaftskraft und Industrieproduktion das Britische Empire längst überrundet und auch das Deutsche Reich weit hinter sich gelassen. Sie waren so zum führenden Industriestaat der Welt geworden.

Im Ersten Weltkrieg verhielten sich die USA unter Präsident Woodrow Wilson zunächst abwartend und blieben neutral. Als sie 1917 aufseiten der → Alliierten in den Krieg eintraten, war es nur eine Frage der Zeit, bis ihre wirtschaftliche und militärisch-technologische Überlegenheit den Ausschlag zuungunsten der → Mittelmächte geben musste.

ZITAT ▪ Der Prediger Josiah Strong 1885 in „Our Country" über die offenkundige Bestimmung der USA („Manifest Destiny"):

„Es ist nicht nötig, denen, für die ich schreibe, zu begründen, welches die beiden größten Bedürfnisse der Menschheit sind, deren Erfüllung alle Menschen in das Licht der höchsten christlichen Zivilisation versetzen würde: erstens ein reines verinnerlichtes Christentum und zweitens die bürgerliche Freiheit. Ohne Zweifel liegen hier die Kräfte, die in der Vergangenheit am meisten zur Erhebung der Menschheit beigetragen haben; und sie müssen auch in Zukunft die besten Wegweiser zum Fortschritt bleiben. Hieraus folgt, dass der Angelsachse – der Hauptrepräsentant dieser beiden Ideen und der Bewahrer dieser beiden größten Segnungen – in ganz besonderer Weise der Zukunft der Welt verbunden ist und im göttlichen Auftrag eine besondere Verantwortung für seine Mitmenschen trägt. Nimmt man dazu die Tatsache des rapiden Machtanstiegs in der Gegenwart, so ist das fast ein Beweis für den göttlichen Auftrag.

Für mich besteht kein Zweifel, dass der Angelsachse die Hauptrolle in der Zukunft spielen wird. Ist es offenkundig, dass der Angelsachse die Geschicke der Menschheit in den nächsten Jahrhunderten in der Hand hält? Ist es augenfällig, dass die Vereinigten Staaten die Heimat der Menschheit, der Hauptsitz ihrer Macht, das Zentrum seines Lebens und seines Einflusses sein sollen?"

Aus: Günter Moltmann: die Vereinigten Staaten von Amerika von der Kolonialzeit bis 1917, Paderborn 1980, S. 78.

2.9 Russlands Weg von der Autokratie bis zum Revolutionsjahr 1917

Seit der umfassenden Modernisierung Russlands unter Peter dem Großen (1689 – 1725) gehörte das Zarenreich zu den fünf europäischen Großmächten. Diesen Rang behauptete das riesige, aber rückständige Land auch im gesamten 18. Jahrhundert. Nach dem Scheitern und Untergang Napoleons in Russland im Winter 1812/13 galt der damalige Zar Alexander I. zeitweise sogar als „Befreier Europas".

Dieses positive Bild des russischen Herrschers hatte allerdings nicht lange Bestand, denn mit dem Friedensschluss des Wiener Kongresses von 1815 zeigte sich sehr bald, dass das Zarenhaus in keiner Weise gewillt war, liberalen Forderungen der Zeit entgegenzukommen. Ganz im Gegenteil: Alexander I. schmiedete maßgeblich mit Preußen und Österreich die „Heilige Allianz" der Restauration, die die Ära Metternich einleitete (→ S. 26).

Innenpolitisch bedeutete dies die **Stärkung des traditionellen Russland**, das in der fortschrittsfeindlichen Dreiheit von autokratischem Zarismus, orthodoxer Kirche und russisch-mystischem Volkstum verharrte. Unter Alexanders Nachfolger, seinem Bruder Nikolaus I. (1825 – 1855), verstärkten sich die reaktionären Tendenzen. Der „Gendarm Europas" bekämpfte mithilfe einer allgegenwärtigen Geheimpolizei die reformorientierten Kräfte. Zugleich förderte er den großrussischen Nationalismus, in dessen Gefolge der Panslawismus als Schutzbewegung aller slawischen Völker unter russischer Obhut entstand. Außerdem begann in den 1830er-Jahren in einigen westlichen Zentren Russlands eine von oben eingeleitete Industrialisierung, die zur Erschließung dieser Landesteile durch die Eisenbahn führte.

Nach der **Niederlage im Krim-Krieg** (1853 – 1856), die Russland gegen die mit dem Osmanischen Reich verbündeten Engländer und Franzosen erlitt, erkannte der neue Zar Alexander II., dass eine umfassende Modernisierung von Militär, Bürokratie und Wirtschaft unumgänglich war. Allerdings war er nicht bereit, das autokratische Regierungssystem infragezustellen. Deshalb begann er eine **„Revolution von oben"**, in der 1861 die Aufhebung der immer noch bestehenden Leibeigenschaft angeordnet und 1870 eine moderne Städteordnung eingeführt wurde.

Trotz dieser Reformen blieben die Probleme des Zarenreiches ungelöst, zumal immer wieder neue revolutionäre Gruppen von den Narodniki bis zu den

Nihilisten und Sozialisten die innere Ordnung erschütterten. Nach der Ermordung Alexanders II. durch eine Anarchistengruppe 1881 verschärften seine Nachfolger Alexander III. (1881 – 1894) und Nikolaus II. (1894 – 1917) die absolute Autokratie erneut. Das Zarentum stützte sich nun mehr denn je auf die ihr ergebenen Kräfte in Armee und Verwaltung. Außerdem wurde 1881 durch die neu gegründete politische Polizei (die sogenannte Ochrana) ein engmaschiges Spitzel- und Agentenwesen etabliert, das Hochschulen, Presse und Justiz überwachte.

Im Gegensatz zur reaktionären Innenpolitik stand in Russland die forcierte **Industrialisierung**, deren Motor der Eisenbahnbau war. Dadurch wurde der Aufbau der Schwerindustrie und des Kohlebergbaus vorangetrieben. Dank der Errichtung der 1891 begonnenen und 1916 fertiggestellten transsibirischen Eisenbahn konnten weite Gebiete Mittelasiens und Sibiriens erschlossen und enger an die russischen Zentren angebunden werden. Damit wurden zugleich strategische Ziele verfolgt, denn der zaristische Expansionswille blieb trotz der großen innenpolitischen Spannungen ungebrochen.

MERKE ▪ Kennzeichen der russischen Gesellschaft

- **Autokratische Herrschaft des Zaren**
- **Dominanz des russisch-othodoxen Glaubens**
- **Hohe Wertschätzung des Bauerntums**
- **weitenteils noch agrarisch-ländlich geprägt**
- **trotz einsetzender Industrialisierung rückschrittlich**
- **Dauerauseinandersetzung zwischen „Westlern" und Slawophilen**
- **expansiver Imperialismus Richtung Innerasien und Südosteuropa**
- **seit 1894 Bündnis mit Frankreich**
- **Versuch einer „Revolution von oben" ohne Demokratisierung**

Allerdings verschärfte die Industrialisierung die sozialen Gegensätze weiter, denn mit der Entstehung eines rasch anwachsenden Industrieproletariats nahm auch das Protestpotenzial zu. Die Konfliktfähigkeit der Fabrikarbeiter vergrößerte sich dadurch, dass sie sich in wenigen industriellen Zentren konzentrierten und dass sie durch sozialistische Parteien eine weltanschauliche Fundierung und eine straffe Organisation erhielten.

Dadurch entstand eine immer aufgeheiztere Stimmung, die sich 1905 in Streiks und revolutionären Unruhen entlud. Im selben Jahr erlitt Russland im Krieg gegen Japan eine vernichtende Niederlage, sodass sich der Zar zu ersten Reformen genötigt sah. Deshalb wurden die bürgerlichen Freiheiten, das allgemeine Wahlrecht und mit einem Parlament (der sogenannten Duma) die Errichtung einer Legislative versprochen. Allerdings behielt sich der Zar das Veto vor und hatte das Recht, die Duma aufzulösen, was er auch mehrmals tat, weshalb diese letzte Phase seiner faktischen Alleinherrschaft als „**Scheinkonstitutionalismus**" bezeichnet wird.

Gründe für Russlands Rückständigkeit

- Das Zarenreich hatte weder Renaissance noch Reformation noch Aufklärung erlebt, wodurch sich ein absolutistisches Herrschaftssystem erhalten konnte, das im Verbund mit der traditionalistischen russisch-orthodoxen Kirche abweichende Meinungen gar nicht aufkommen ließ.
- Da der Zar auch oberster Glaubensherr war („Cäsaropapismus"), gab es keine Spannungen zwischen Kirche und Staat.
- Russland blieb bis ins 20. Jahrhundert allen Industrialisierungsbemühungen zum Trotz ein weitgehend agrarisch bestimmter Staat, in dem die einfache Lebensweise der Bauern gerne mystisch verklärt wurde.
- Die Mentalität insbesondere des Bauernstandes war durch eine religiös verankerte Glaubenshaltung geprägt, in der die diesseitige Welt meist hinter der geistigen zurücktrat. Wie in der Kunst der Ikonenmalerei war auch die gesamte Kultur statisch. Starke Beharrungskräfte erstickten daher häufig Innovationen und Veränderungen.
- **Ein einflussreiches Bürgertum fehlte in Russland** ebenso wie eine wirkliche Stadtkultur. Die bis auf Moskau und Petersburg relativ kleinen Städte bestanden eher aus loyalen Beamten und unpolitischen Gewerbetreibenden als aus kritischen Bürgern.
- Das weitgehende Fehlen einer breiten Schicht von tatkräftigen Unternehmern und ausgebildeten Fachleuten wirkte ebenfalls entwicklungshemmend; die kleine Schicht der Gebildeten war zwar oft extrem staatskritisch, dafür fand sie in der Bevölkerung auf dem Lande meist kein Gehör.
- Die immense Ausdehnung des Landes machte seine Erschließung besonders schwierig. Neue Entwicklungen brauchten deshalb sehr lange, bis sie die Außenposten des Riesenreiches erreichten.

Auch in den Jahren nach der Niederlage im russisch-japanischen Krieg betrieb das Zarenreich eine **expansive Außenpolitik**, die sich nun aber stärker auf den Balkan richtete. Seit der Kündigung des Rückversicherungsvertrags durch Deutschland 1890 hatte sich Russland stetig Frankreich angenähert, mit dem es seit 1894 verbündet war.

Dadurch fühlte sich das Zarenreich auch für den Ersten Weltkrieg gerüstet und begann den Kampf gegen die Mittelmächte an der Seite Frankreichs und Großbritanniens. Indes zeigten die wiederholten militärischen Niederlagen gegen Deutschland rasch die begrenzte Schlagkraft des Riesenreiches auf. Dadurch wurde das zaristische Herrschaftssystem endgültig zerrüttet, sodass sein Zusammenbruch nur noch eine Frage der Zeit war. Die **Revolutionen des Jahres 1917** waren daher die unweigerliche **Konsequenz der autokratischen Regierungsform**, die sich längst überlebt hatte.

2.10 Das Zeitalter des Imperialismus

Auch wenn es das Streben nach Überlegenheit des eigenen Staatswesens über andere Völker seit jeher gab, bezeichnet man doch die Zeit **von etwa 1880 bis zum Ausbruch des Ersten Weltkriegs** als das eigentliche Zeitalter des Imperialismus, da diese Epoche ganz im Zeichen des wachsenden Gegensatzes der europäischen Großmächte stand, die um Einflusssphären auf Kosten der nichtweißen Bevölkerungen außerhalb Europas stritten.
Mit den USA und Japan waren auch zwei nichteuropäische Staaten an diesem Verteilungskampf beteiligt. In Europa waren es vor allem die Großmächte Großbritannien, Frankreich, Russland und das Deutsche Reich, die versuchten, die eigene Herrschaft auszudehnen. Dazu kamen Staaten wie Italien, Belgien und die Niederlande, die imperialistische Zielsetzungen in Übersee verfolgten. Außerdem betrieb Österreich-Ungarn auf dem Balkan eine imperialistische Politik.
Im Laufe dieser Ära vollzog sich die **faktische Aufteilung der gesamten Erde** unter den genannten Staaten. Dabei betrachteten die USA die Karibik sowie Mittel- und Südamerika als ihre Hemisphäre (ihren „Hinterhof"), in dem sie keine fremde Einmischung zuließen. Die europäischen Großmächte mussten sich deshalb auf Afrika und Asien konzentrieren, wo allerdings der Spielraum für neue Kolonien gegen Ende des 19. Jahrhunderts zunehmend erschöpft war, weil bereits fast alle Gebiete usurpiert waren. Deshalb kam es um 1900 überall dort, wo die eroberten Gebiete aneinanderstießen, mehr und mehr zu Auseinandersetzungen zwischen den Großmächten. Dies galt zunächst in Afrika, wo französische und britische Interessen kollidierten, dann in Mittel- und Ostasien, wo die russische Expansion erst die Gegnerschaft Englands, später die Japans hervorrief.

MERKE ▪ Imperialismus
Imperialismus bedeutet zunächst das Bestreben, die eigene Herrschaft auf andere Völker auszudehnen mit dem Ziel, diese politisch, militärisch, ökonomisch und auch kulturell zu beeinflussen. Dem Imperialisten geht es also um Unterwerfung und Beherrschung, zugleich aber auch um Ausbeutung und Ausnutzung der kolonialisierten Gebiete. Der Wunsch, sich so wirtschaftliche Vorteile zu sichern, ist dabei ebenso groß wie das Streben, den eigenen Herrschaftsbereich zu sichern und sich gegen andere Mächte zu behaupten.

Aus diesem Gegensatz der Großmächte resultierten **wachsende internationale Spannungen**, die eine friedliche Konfliktbewältigung immer unwahrscheinlicher werden ließen. Deshalb bedeutete der Erste Weltkrieg die unheilvolle, aber auch zwangsläufige Konsequenz des weltweiten Expansionismus.

Motive der Großmächte im Zeitalter des Imperialismus

- Erschließung und Förderung von Rohstoffen für die eigene weiterverarbeitende Industrie
- Gewinnung von neuen Absatzmärkten für im eigenen Land hergestellte Waren
- Suche nach billigen Arbeitskräften
- Erwerb von neuen Siedlungsgebieten für den Bevölkerungsüberschuss im eigenen Land
- Ablenkung von inneren Schwierigkeiten durch außenpolitische Eroberungen
- Kampf um Einflusszonen im weltweiten Mächtepoker
- Prestigedenken
- Sendungsbewusstsein, verbunden mit einem immensen Überlegenheitsgefühl, das zu dem missionarischen Drang führte, die Errungenschaften der eigenen Zivilisation möglichst weltweit zu verbreiten

Das Erstaunliche der imperialistischen Bestrebungen der Zeit um 1900 besteht bei allen Rivalitäten zwischen den Großmächten darin, dass sich Motive und Vorgehensweisen frappierend ähnelten, auch wenn die Parolen und proklamierten Zielsetzungen stark differierten. So unterschied sich die Kolonialpolitik des immerhin republikanischen Frankreich nicht qualitativ von der des deutschen Kaiserreiches, und die Einflussnahme des liberalen Großbritannien hatte manches gemeinsam mit derjenigen des zaristischen

Russland. Einzig der amerikanische Imperialismus hatte ein eigenes Gepräge, da er sich damit begnügte, die beherrschten Gebiete zwar wirtschaftlich und politisch abhängig zu machen, ohne sie aber direkt zu erobern („Dollarimperialismus").

Rund hundert Jahre nach dem Zeitalter des Imperialismus stellt sich die Frage, ob die **gegenwärtige Globalisierung** wirklich so ganz anders ist oder ob sie nicht eine Fortführung in verändertem Gewande bedeutet. In mehr als einer Hinsicht dominieren jedenfalls die damals bestimmenden Mächte auch heute noch weltweit. Allen Veränderungen des 20. Jahrhunderts zum Trotz sind es nach wie vor die europäischen Staaten, die USA und auch Japan, die die Weltpolitik und die Weltwirtschaft bestimmen. Allerdings haben sich die Formen der Einflussnahme verändert, und es scheint fast so, als ob sich hier das ursprünglich amerikanische Modell durchgesetzt hat.

ÜBERBLICK ▪ Wer besaß vor 1914 wo Kolonien?

Großbritannien	in Afrika unter anderem Nigeria, Teile Südafrikas, Rhodesien, Kenia, den Sudan und Ägypten; Britisch-Indien mit Pakistan, Ceylon, dem heutigen Bangladesch und Teilen Burmas; Malaysia mit Singapur; Hongkong; Australien und Neuseeland; Kanada, ein Teil Guayanas (in Südamerika)
Frankreich	Algerien und Tunesien, fast ganz Westafrika, Teile des Kongo, Madagaskar; Bahrain; Indochina; ein Teil Guayanas
Deutschland	Togo, Kamerun, Südwestafrika, Ostafrika (heute: Tansania); Kiautschou in China; Teile Neuguineas und mehrere Inselgruppen im Pazifik („Südseekolonien")
Niederlande	Indonesien; ein Teil Guayanas
Belgien	fast der gesamte Kongo
Spanien	Spanisch-Marokko
Portugal	Angola, Mosambik, Macao (Südchina)
Italien	Libyen, Eritrea, Teile Somalias
USA	Puerto Rico, der Panamakanal, Hawaii, die Philippinen
Japan	Korea, Port Arthur, die Süd-Mandschurei sowie Taiwan

CHECKLISTE

2 Das 19. Jahrhundert

Welche Schlüsselereignisse verbinden Sie mit den folgenden Jahreszahlen?

- 1815
- 1819
- 1832
- 1848/49
- 1861 – 1865
- 1866
- 1870/71
- 1890
- 1904

Können Sie die folgenden Schlüsselbegriffe erklären?
Falls nicht, schlagen Sie noch einmal hinten im Glossar nach!
Übrigens: Erkennen Sie in der Aufeinanderfolge der hier verzeichneten Begriffe einen inneren Zusammenhang?

- Wiener Kongress
- Biedermeier
- Restauration
- Vormärz
- Deutscher Bund
- Karlsbader Beschlüsse
- Februarrevolution
- Frankfurter Nationalversammlung
- Paulskirche
- Liberalismus
- Sozialismus
- Marxismus
- Kolonialismus
- Imperialismus
- Sozialdarwinismus
- Gründerjahre
- Bismarcks Bündnissystem
- Entente cordiale

Fragen zum Nachdenken:

- Beschreiben Sie wesentliche Kennzeichen der Epoche der Restauration und grenzen Sie sie zeitlich ein.
- Nennen und gewichten Sie wichtige Gründe für das Scheitern der Revolution von 1848/49 in Deutschland.
- Skizzieren Sie die entscheidenden Ereignisse, die bis 1871 zur deutschen Reichseinigung führten.
- Überlegen Sie, warum das 19. Jahrhundert als Zeitalter der „Europäisierung der Erde" bezeichnet wird

3 Das Zeitalter der Weltkriege

Die Jahre von 1914 bis 1945 werden von vielen Historikern als eine gemeinsame Epoche betrachtet. Danach bildete die 21-jährige Friedenszeit von 1918 bis 1939 nur eine Unterbrechung eines doppelten weltweiten Flächenbrands, der alle Staaten mehr oder weniger betroffen hat. Erst die Katastrophe eines zweiten Weltkriegs führte dann mit der Europäischen Integration zu einem nachhaltigen Umdenken.

1914 endete die lange Friedenszeit, die Europa in den vorhergehenden Jahrzehnten erlebt hatte und die schon bald danach als „gute alte Zeit" verklärt wurde. Mit dem Ausbruch des Ersten Weltkriegs, der „**Urkatastrophe des 20. Jahrhunderts**", begann abrupt eine neue Epoche, die man auch als das „Zeitalter der Weltkriege" bezeichnet. Diese etwas mehr als dreißigjährige Periode von 1914 bis 1945 stand in Europa und Nordamerika vor allem im Zeichen der Auseinandersetzung des Deutschen Reiches mit den Westmächten, die das deutsche → Hegemonialstreben nicht zulassen wollten.

Die Versuche Kaiser Wilhelms II. und Hitlers, eine Weltmachtposition zu erlangen, trafen auf den erbitterten Widerstand der Franzosen und Engländer, die darin in beiden Weltkriegen von den Amerikanern unterstützt wurden. Am Ende dieser Epoche stand die bedingungslose Kapitulation des Deutschen Reiches im Frühjahr 1945. Diese „**Stunde Null**" war Zusammenbruch und Neubeginn zugleich. Sie ist außerdem die große Zäsur des 20. Jahrhunderts, das von da an durch den Ost-West-Konflikt bestimmt wurde.

Das für die gesamte weitere Entwicklung des 20. Jahrhunderts entscheidende Jahr war das **„Epochenjahr" 1917**: Der Kriegseintritt der USA und die erfolgreiche Revolution der → Bolschewisten in Russland markierten den Beginn des politischen, wirtschaftlichen und gesellschaftlichen Gegensatzes zwischen dem westlichen System des Kapitalismus und dem östlichen des Kommunismus. Dieser Gegensatz führte sehr bald nach 1945 zum → Kalten Krieg, der erst durch den Zusammenbruch des Ostblocks und der Sowjetunion in den Jahren 1989 bis 1991 beendet werden konnte.

3.1 Der Erste Weltkrieg

Der unerbittliche Macht- und Verteilungskampf der Großmächte um Einflusszonen und Ressourcen hatte im Zeitalter des Imperialismus zu einer in der Geschichte beispiellosen Expansion geführt. Als diese Ausdehnung an ihre natürlichen Grenzen stieß, war eine Konfrontation der Großmächte unvermeidlich, zumal in allen Staaten nationalistische und → sozialdarwinistische Mentalitäten dominierten, die das eigene Streben nach Weltgeltung legitimierten und verbrämten. Dabei schien den Kolonialmächten die Überlegenheit der weißen Rasse ebenso evident wie die Unterjochung aller Völker anderer Hautfarbe gerechtfertigt.
Wenn der Krieg dennoch seinen Ausgangspunkt in Europa und nicht in Übersee fand, so deshalb, weil sich in Europa seit 1890 eine Bündniskonstellation herausbildete, in der sich die bestimmenden imperialistischen Mächte Großbritannien, Frankreich und Russland zusammenschlossen. Ihnen gegenüber standen die „Mittelmächte" Deutschland und Österreich-Ungarn, die mit Italien und dem Osmanischen Reich verbündet waren.

Im Vorfeld des Jahres 1914 gab es zwar mehrere Krisen zwischen den beiden Machtblöcken um Marokko und den Balkan, die aber friedlich gelöst werden konnten. Als jedoch am 28. Juni 1914 der österreichische Thronfolger Franz Ferdinand in Sarajewo einem Attentat zum Opfer fiel, gelang es nicht mehr, die sich ausweitende Julikrise einzudämmen. Statt dessen ergab sich ein **unheilvoller Bündnismechanismus**, der innerhalb von fünf Wochen zum Ausbruch des Ersten Weltkrieges führte: Auf die Kriegserklärung Österreichs an Serbien antwortete dessen Verbündeter Russland mit der Mobilmachung. Daraufhin erklärte Deutschland Anfang August erst Russland und dann Frankreich den Krieg. Nach dem Überfall des Deutschen Reiches auf das neutrale Belgien folgte die englische Kriegserklärung an das Deutsche Reich.

Gleich in den ersten Wochen des Krieges scheiterte der → **Schlieffenplan** des deutschen Generalstabs. Danach sollten die deutschen Truppen in kurzer Zeit Frankreich besiegen, um anschließend die russische Armee zu attackieren. Dieser Plan misslang jedoch vollständig, da der deutsche Vorstoß in Nordwestfrankreich ins Stocken geriet. Zur gleichen Zeit fielen russische Truppen in Ostpreußen ein, wo ihnen nur schwache deutsche Regimenter gegenüberstanden, die jedoch trotz zahlenmäßiger Unterlegenheit unter der Führung der Generäle Hindenburg und Ludendorff siegreich blieben. Insbesondere die gewonnene Schlacht von Tannenberg im August 1914 begründete den Mythos der Genialität der beiden Generäle, die dadurch auch in der Weimarer Republik eine wichtige Rolle spielen sollten.

Nach dem Scheitern des Schlieffenplans erstarrte die gesamte Frontlinie im **Westen**. Der Bewegungskrieg wurde zum **Stellungskrieg**, in dem beide Seiten verbissen um geringfügige Geländegewinne kämpften, ohne dass es in den nächsten vier Jahren irgendwo zu einem entscheidenden Durchbruch kam. Dabei wurden in gewaltigen **Materialschlachten** Millionen Soldaten geopfert und immer neue verbesserte Waffen und Waffensysteme eingesetzt, doch trotz aller Anstrengungen ereignete sich „Im Westen nichts Neues" (so der Titel des 1929 erschienenen Antikriegsromans von Erich Maria Remarque).

Auch an der **Ostfront** gab es nach ersten Erfolgen der Mittelmächte im Herbst 1914 zunächst keine großen Veränderungen mehr, obwohl die russische Armee zunehmend kriegsmüde wurde. **Zur See** fand lediglich 1916 eine große Schlacht zwischen der britischen und der deutschen Flotte statt, die unentschieden verlief. Die englische Seeblockade, die die Engländer seit 1914 errichtet hatten, um Deutschland von seinen Zufuhren abzuschneiden, blieb so ungebrochen. Dies führte zu ernsthaften Versorgungsengpässen vor allem in der Zivilbevölkerung. 1915 wechselte das anfangs mit den Mittelmächten verbündete Italien zu den Alliierten, worauf eine **Südfront** entstand, die wichtige österreichische Truppenteile band. So hatte sich eine **Pattsituation** ergeben, in der das Jahr 1917 kriegsentscheidend werden sollte. Anfangs waren die Mittelmächte sogar im Vorteil, weil Russland infolge der dortigen Revolutionen im Februar und im Oktober mehr und mehr als Gegner ausschied.

ZITAT ▪ Der britische Historiker F. S. Northedge über die Stärke des Deutschen Reiches im vierten Kriegsjahr:

„Ohne beträchtliche Unterstützung von seinen Verbündeten hielt es den Rest der Welt in Schach, hatte Russland geschlagen, hatte Frankreich – mehr als zwei Jahrhunderte lang der militärische Koloss Europas – soweit getrieben, dass es am Ende seiner Kräfte war, und hätte Großbritannien 1917 um ein Haar durch Aushungern zur Kapitulation gezwungen."

F. S. Northedge: The Troubled Giant: Britain Among the Powers, London 1966, S. 623

Erst durch den **Kriegseintritt der Vereinigten Staaten**, die damit auf den uneingeschränkten U-Bootkrieg der deutschen OHL (Oberste Heeresleitung unter Hindenburg und Ludendorff) reagierten, änderte sich die Situation grundlegend. Auch wenn die USA über zwölf Monate brauchten, ehe sie ihre personellen und materiellen Ressourcen wirksam mobilisieren konnten, gab die nun von Monat zu Monat stärkere Überlegenheit der Alliierten 1918 den Ausschlag für den Ausgang des Krieges. Auf die erschöpften deutschen Soldaten trafen jetzt frische alliierte Truppen, die dank der 1918 effektiv funktionierenden US-Kriegswirtschaft zudem noch sehr gut ausgerüstet und ernährt waren. Außerdem machte sich nun die waffentechnische Überlegenheit der Alliierten (bei Flugzeugen ebenso wie bei den „Tanks", den Vorläufern der Panzer) immer stärker bemerkbar.

Nach dem „Schwarzen Tag des deutschen Heeres" am 8. August 1918, als ein britischer Angriff mit Tanks einen nachhaltigen Durchbruch an der Westfront erzielte, war deutlich geworden, dass das Deutsche Reich den Krieg nicht mehr gewinnen konnte. Deshalb bemühte sich Berlin seit dem Oktober um einen baldigen Waffenstillstand. Um den USA entgegenzukommen, erfolgte am **28. Oktober** eine **Änderung der Verfassung des Reiches**, das damit zu einer parlamentarischen Monarchie geworden war. Doch dies bedeutete nur eine kurze Zwischenlösung, denn in den Tagen danach meuterten die deutschen Matrosen, die sich weigerten, zum befohlenen Gefecht auszulaufen. Darauf kam es Anfang November 1918 zum Umschwung, der am **9. November** auch in Berlin zur **Revolution** führte: Der Kaiser wurde abgesetzt und die Republik ausgerufen.

Am 11. November 1918 schwiegen dann an allen Fronten die Waffen, und der Erste Weltkrieg hatte dank der durch die USA bewirkten materiellen Überlegenheit mit dem Zusammenbruch der Mittelmächte und dem Sieg der Alliierten geendet. Durch das Ausbluten aller europäischen Großmächte und den Zusammenbruch der traditionellen politischen Ordnung auf dem alten Kontinent gab es allerdings nur einen wirklichen Gewinner: die Vereinigten Staaten.

INSIDER-TIPP ▪ Militärisches

Muss man eigentlich immer noch besonders viel über Schlachten und Kriegsverläufe wissen? Nein, zum Glück sind diese Zeiten vorbei! Aber es schadet auch nicht, wenn man wenigstens in ganz groben Zügen z. B. über den Verlauf des Ersten Weltkriegs informiert ist.
Wichtiger ist es allerdings, über Ursachen und Folgen Bescheid zu wissen (Gründe des Krieges; Konsequenzen für Sieger und Verlierer).

3.2 Die Russische Revolution von 1917 und die Gründung der UdSSR

Die allgemeine russische Kriegsmüdigkeit führte in der **Februarrevolution 1917** zum Sturz des Zaren und zur Errichtung einer großbürgerlichen **Provisorischen Regierung**, die sich die politische Macht aber mit den **Sowjets**, den Arbeiter- und Soldatenräten, teilen musste. Diese eigenartige „**Doppelherrschaft**" wurde zunehmend unpopulär, da die Regierung unter Ministerpräsident Kerenski den Krieg gegen den wachsenden Unmut der Bevölkerung um jeden Preis weiterführen wollte.

So konnten am 7. November 1917 die **Bolschewiki**, die radikale Kaderpartei unter den Sozialisten, unter Führung Wladimir I. Lenins und Leo D. Trotzkis mit ihrem populären Programm („Frieden, Landverteilung und Brot") die Revolution wagen (nach dem damaligen russischen Kalender fand der Umsturz am 24. Oktober statt, weshalb dieser Staatsstreich bis heute als „**Oktoberrevolution**" bezeichnet wird). Nachdem die gut vorbereiteten Bolschewisten die frei gewählte bürgerliche Regierung Kerenski gestürzt hatten, konnten sie sich innerhalb weniger Tage in den Zentren Russlands durchsetzen. Mit der Errichtung einer gänzlich neuen politischen, ökonomischen und gesellschaftlichen Ordnung war damit eine welthistorische Wende eingetreten, die den Verlauf des gesamten 20. Jahrhunderts maßgeblich bestimmen sollte.

ZITAT ▪ **Rosa Luxemburgs Urteil 1918 über die Russische Revolution:**

Gewiss, jede demokratische Institution hat ihre Schranken und Mängel, was sie wohl mit sämtlichen menschlichen Institutionen teilt. Nur ist das Heilmittel, das Trotzki und Lenin gefunden: die Beseitigung der Demokratie überhaupt, noch schlimmer als das Übel, dem es steuern soll: es verschüttet nämlich den lebendigen Quell selbst, aus dem heraus alle angeborenen Unzulänglichkeiten der sozialen Institutionen allein korrigiert werden können. Das aktive, ungehemmte, energische politische Leben der breitesten Volksmassen. [...]

Freiheit nur für Anhänger der Regierung, nur für Mitglieder einer Partei – mögen sie noch so zahlreich sein – ist keine Freiheit. Freiheit ist immer nur Freiheit des anders Denkenden. Nicht wegen des Fanatismus der ‚Gerechtigkeit', sondern weil all das Belebende, Heilsame und Reinigende der politischen Freiheit an diesem Wesen hängt und seine Wirkung versagt, wenn die ‚Freiheit' zum Privilegium wird. [...]

Rosa Luxemburg: Die Russische Revolution, hrsg. von Bernhard Krauß, Hameln o. J., S. 72 ff.

Im März 1918 beendete Lenin im **Frieden von Brest-Litowsk** den Krieg mit den Mittelmächten und war dafür bereit, sehr harte Bedingungen zu akzeptieren (große Gebietsverluste, eine hohe Kriegsentschädigung). Lenin hoffte, durch diese Atempause Zeit zu gewinnen, um die bolschewistische Herrschaft zu festigen und gegen die „Weißen Armeen" des gegenrevolutionären Lagers zu behaupten. Im ungemein blutigen **Russischen Bürgerkrieg** (1918–1920) konnte sich die von Leo Trotzki organisierte Rote Armee schließlich durchsetzten und alle Gegner niederringen.

1922 wurde dann aus der Russischen, Ukrainischen, Weißrussischen und der Transkaukasischen Sowjetrepublik die „**Union der sozialistischen Sowjetrepubliken**" (UdSSR) gebildet. Damit war der Grundstein für eine riesige Territorialmacht gelegt, die sich als Heimat aller Arbeiter und Werktätigen verstand. Von der Sowjetunion aus sollte nun die „Weltrevolution" beginnen, die nach der Überzeugung des → Marxismus-Leninismus in der ganzen Welt zum Umsturz der bestehenden Ordnung und zur Errichtung sozialistischer Gesellschaften führen würde.

INSIDER-TIPP ▪ Prüfungsvorbereitung (2)

Was soll man eigentlich am Tag vor einer Prüfung machen? Nicht zu viel! Wenn man rechtzeitig mit der Vorbereitung begonnen hat, kann man den Tag unmittelbar vor der Prüfung ruhig etwas lockerer angehen! Häufig ist es sogar kontraproduktiv, am Tag davor besonders viel zu tun. Besser ist es, es so zu machen wie Sportler vor dem Wettkampf, die sich vorher ja auch bewusst schonen. Fast nichts ist im Sport gefährlicher als ein Übertraining, das zu Muskelkater führt, fast nichts kann den Prüfungserfolg so sehr gefährden, wie spätes Lernen bis zum Umfallen. Denn wer sich wegen Übermüdung kaum noch konzentrieren kann, dem wird auch der klare Blick fehlen, um die Aufgaben richtig zu verstehen und zielführend zu bearbeiten.
Was macht man am Tag der Prüfung selbst? Da kann man ruhig richtig loslegen und alles noch einmal zügig durchgehen und verinnerlichen. Es ist erstaunlich, wie viel man im Kurzzeitgedächtnis behalten kann! Diesen Effekt sollte man unbedingt nutzen, um sich morgens vor allem Fakten und Daten zu merken. Übrigens schadet es nichts, wenn man vor der Prüfung früh aufsteht und dann den Morgen konsequent nutzt. Ähnlich wie im Sport sollte man sich also vorher erst einmal gut „aufwärmen".

3.3 Entwicklungen zwischen den Weltkriegen

Als es nach der Niederlage Deutschlands 1918/19 darum ging, eine neue Ordnung zu schaffen, waren sich die westlichen Demokratien einig, dass das Deutsche Reich und seine Verbündeten nachhaltig geschwächt werden mussten, um die Gefahr eines neuerlichen Krieges zu vermeiden.
Mit den Pariser Friedensverträgen des Jahres 1919 versuchten die Alliierten, eine dauerhafte **Friedensordnung** zu etablieren. Dieser Versuch gelang aber nicht. So wurde der **Versailler Vertrag** in Deutschland durchweg abgelehnt und führte zu einer allgemeinen Antistimmung gegenüber den Siegermächten. Auch die Neuordnung Ostmitteleuropas erwies sich als fragwürdig, weil die neu geschaffenen Nationalstaaten weder politisch noch wirtschaftlich gefestigt und überdies durch fortdauernde Konflikte mit nationalen Minderheiten geschwächt waren.

Dass die 1919 errichtete Ordnung von Anfang an brüchig und keineswegs die von vielen erhoffte Weltfriedensordnung war, zeigte sich schon daran, dass die Friedensverhandlungen unter Ausschluss von Vertretern der besiegten Mittelmächte und des inzwischen bolschewistischen Russlands stattfanden. Dadurch wurden die Interessen der Verlierer kaum berücksichtigt, weshalb sich die Menschen in den unterlegenen Staaten von vornherein bevormundet und benachteiligt fühlten. Obwohl den demokratisch legitimierten Politikern der → Weimarer Koalition in Deutschland nichts anderes übrig blieb, als den Versailler Vertrag zu unterzeichnen (bei einer Nichtunterzeichnung hätte die Gefahr einer Besetzung Deutschlands bestanden), wurden sie fortan von der nationalistischen Rechten als Vaterlandsverräter und „Novemberverbrecher" diffamiert.

Den Alliierten gelang 1919 die angestrebte Schwächung Deutschlands und seiner Bündnispartner. Zugleich eröffneten die → Pariser Vorortverträge durchaus auch Möglichkeiten für eine demokratische Entwicklung und ein friedliches Miteinander der Staaten Europas. Außerdem wurde mit dem 1919 gegründeten Völkerbund erstmals in der Weltgeschichte eine internationale Organisation geschaffen, die zum Ziel hatte, Frieden und Sicherheit innerhalb der Staatengemeinschaft zu gewährleisten. Mit dem Haager Ständigen Internationalen Gerichtshof wurde sogar eine Schiedsstelle eingerichtet, die bei zwischenstaatlichen Konflikten vermitteln und eingreifen durfte.
Trotz solcher positiver Ansätze zur Friedenssicherung durch eine „Gesellschaft der Nationen" gelang es nicht, das internationale politische System nachhal-

tig zu stabilisieren. Deshalb ist die Geschichte nach dem Ersten Weltkrieg immer auch als Vorgeschichte des Zweiten Weltkrieges zu sehen.

Wieso war das internationale System nach 1919 so instabil?

- Die meisten Besiegten erkannten die Nachkriegsordnung nicht wirklich an, sondern sahen in der Revision der Vertragsbedingungen das Hauptziel ihrer außenpolitischen Bemühungen.
- Der **Völkerbund** war von Anfang an geschwächt, da die USA nicht beigetreten waren, während Deutschland (bis 1926) und die UdSSR (bis 1934) ausgeschlossen blieben. Mit dem Austritt Japans und Hitler-Deutschlands aus dem Völkerbund 1933 wurde dieser weitgehend ohnmächtig.
- Die **Konsolidierung der bolschewistischen Herrschaft** in Russland und der Ausbau der sowjetischen Herrschaft in der 1922 gegründeten UdSSR bedeuteten eine permanente Bedrohung für die anderen Staaten, die ein Übergreifen der angekündigten „Weltrevolution" befürchteten.
- Als Reaktion auf die „bolschewistische Gefahr" entstanden vor allem in Mitteleuropa rechtsradikale Gruppierungen, die die ohnehin noch nicht gefestigten Demokratien weiter schwächten.
- Der **Sieg der Faschisten** unter ihrem „Duce" Benito Mussolini führte in Italien seit 1922 zur Errichtung einer faschistischen Diktatur.
- Seit 1931 betrieb Japan eine zunehmend expansive Außenpolitik in Ostasien und im Pazifik, die vor allem von den USA als existenzielle Bedrohung aufgefasst wurde.
- Mit der **„Machtergreifung" der Nationalsozialisten** unter Hitler wurde auch Deutschland zu einer totalitären Einparteiendiktatur, deren Expansionsstreben die Friedensordnung von Jahr zu Jahr mehr erschütterte.
- Zu alledem kamen noch **andauernde Konflikte in Ostmitteleuropa**, die aus den nationalen Gegensätzen und der Behandlung der jeweiligen Minderheiten resultierten.

Die hier genannten Belastungsfaktoren wirkten sich allerdings erst in den 1930er-Jahren massiv aus. Bis dahin schien es so, als ob sich die Nachkriegsordnung vielleicht doch stabilisieren würde. Dies lag vor allem daran, dass die wirtschaftliche Entwicklung bis 1929 insgesamt positiv verlief. Insbesondere in den USA hatte es seit etwa 1916 einen lang anhaltenden Wirtschaftsaufschwung gegeben, der breiten Schichten einen bescheidenen Wohlstand ermöglichte. Massenkonsum, neue Technologien wie das Auto, das Radio, das Kino und das Telefon sowie sehr dynamische kulturelle Entwicklungen („Roaring Twenties" mit Jazz, Tango und starken Emanzipationstendenzen) schufen in den USA das Empfinden allgemeiner Zufriedenheit und Überlegenheit („There is no way like the American way of life").

Auch in Europa setzte sich seit etwa 1924 ein optimistisches Gefühl durch, das von der Hoffnung begleitet war, das Schlimmste überstanden zu haben („Die goldenen Zwanzigerjahre"). Umso mehr erschütterte die 1929/30 von den USA ausgehende **Weltwirtschaftskrise** die Menschen. Nach einem noch nie da gewesenen Crash an der Leitbörse der Welt, der New Yorker Wall Street, am 25. Oktober 1929 (dem sogenannten „**Black Friday**") begann ein Teufelskreislauf, in dem sich Konkurse, wachsende Arbeitslosigkeit und deflationäre Entwicklungen wechselseitig verstärkten. Das plötzlich in den USA und in den von ihr abhängigen Industrienationen auftretende Massenelend führte zur allgemeinen wirtschaftlichen Depression, die sich in den ungefestigten Demokratien fatal auswirkte, da sie ein idealer Nährboden für rechtsradikale und antirepublikanische Strömungen und Parteien war.

In den **USA** bewirkte die Weltwirtschaftskrise die Wahl Franklin D. Roosevelts zum Präsidenten. Mit seinem wirtschaftlich-sozialen Reformprogramm des → „**New Deal**" begann 1933 eine Erholung des Wirtschaftslebens. Dank einer antizyklischen Politik wurde die Arbeitslosigkeit deutlich reduziert, die Wirtschaftskrise konnte aber erst nach 1940 endgültig überwunden werden.

Unberührt von der Weltwirtschaftskrise blieb nur die **UdSSR**, in der unter Stalin als Nachfolger Lenins mit aller Macht die **Industrialisierung** (Primat der Rüstungs- und Schwerindustrie) und **Kollektivierung** betrieben wurden. Zugleich wurde die **totalitäre Einparteiendiktatur** der KPdSU ausgebaut. Die Gewaltherrschaft des → Stalinismus führte zum Aufbau eines die ganze Sowjetunion überziehenden Systems von Arbeits- und Konzentrationslagen (Archipel → Gulag). Eine allgegenwärtige → Geheimpolizei unterdrückte jede Opposition und ließ Millionen Menschen als „Feinde des Sozialismus" in den Lagern verschwinden.

In **Deutschland** wurde im Gefolge der Weltwirtschaftskrise die „Krise der Demokratien" besonders offenkundig, da mit der Ernennung Hitlers zum Reichskanzler die Weimarer Republik beseitigt war. Mit der Durchsetzung der NS-Herrschaft in Deutschland und der von den Alliierten hingenommenen schrittweisen Revision des Versailler Vertrags durch Hitler war der Weg in den Zweiten Weltkrieg vorbereitet und die Chance einer friedlichen Konfliktbewältigung auf lange Zeit vertan.

3.4 Die Weimarer Republik (1918/19 – 1933)

Die Weimarer Republik, die nach dem Zusammenbruch des Deutschen Reiches 1918/19 aus der Novemberrevolution und den nachfolgenden Wirren hervorging, war **das erste liberaldemokratische Staatswesen auf deutschem Boden**. Der im Sommer 1919 von der Nationalversammlung begründete Verfassungsstaat, der sich an westlichen Vorbildern orientierte, bedeutete die Realisierung zahlreicher Träume der Revolutionäre von 1848/49. Andererseits waren aber viele Revolutionäre der Jahre 1918/19 über den Kompromiss-Charakter der neuen Staatsordnung enttäuscht.

So enthielt die **Weimarer Reichsverfassung** neben der parlamentarischen Komponente und plebiszitären Elementen eine sehr starke Position des Präsidenten, der diktatorische Vollmachten für nicht näher definierte Notzeiten hatte. Dagegen war das Parlament geschwächt, und das reine Verhältniswahlrecht begünstigte die Tendenz zu Splitterparteien und erschwerte dadurch die Bildung stabiler Regierungskoalitionen sehr. In ihrer Zeit galt die neue Verfassung dennoch als fortschrittlich und wegweisend. Ihre Schwachstellen sollten erst in der Spätphase der Weimarer Republik deutlich werden.

Grundzüge der Weimarer Verfassung

- dominierende Stellung des auf sieben Jahre direkt vom Volk gewählten Reichspräsidenten, der als Staatsoberhaupt („gewählter Ersatzkaiser") den Reichskanzler ernannte und ihn auch entlassen konnte
- Reichskanzler und Reichsregierung vom Wohlwollen des Reichspräsidenten und vom Vertrauen des Reichstags (Möglichkeit des destruktiven → Misstrauensvotums) abhängig
- allgemeines, gleiches und geheimes Wahlrecht, erstmals auch für die Frauen
- Sitzverteilung im Reichstag nach dem Verhältniswahlrecht, was die Gefahr der Parteienzersplitterung in sich barg
- Recht des Reichspräsidenten zur Auflösung des Reichstags (Art. 25)
- **Möglichkeit des „Regierens ohne Parlament"** mithilfe von Notverordnungen (**Art. 48**), was dem Reichspräsidenten in Krisenzeiten beinahe diktatorische Vollmachten gab
- Möglichkeit von Volksbegehren und Volksentscheiden
- Stärkung der Zentralgewalt gegenüber den Ländern, unter denen Preußen (mehr als 60 % der Bevölkerung) übermächtig war

- Verankerung sozialer Rechte und der Grundrechte, die aber am Ende der Verfassung standen und nicht einklagbar waren.

Wenn die Republik trotz der neuen Verfassung bei den meisten Deutschen von Anfang an eher auf verhaltene **Skepsis** als auf jubelnde Zustimmung stieß, lag dies nicht zuletzt an den unheilvollen Umständen ihrer Entstehungsgeschichte. Denn der Beginn der Republik, die nach der thüringischen Stadt Weimar als dem ersten Tagungsort der verfassunggebenden Nationalversammlung benannt wurde, fiel zusammen mit der Kapitulation Deutschlands und der Beseitigung der althergebrachten gewohnten politisch-gesellschaftlichen Ordnung. An die Stelle der Monarchie, die vermeintlich Ruhe und Ordnung garantiert hatte, traten eine unruhige Gegenwart und eine ungewisse Zukunft.

Die Krisenjahre der Republik

Da nach dem Abtritt der Vertreter der alten Ordnung demokratische Politiker die Regierungsgeschäfte übernahmen, waren sie es, die, wie von General Ludendorff geplant, „die Suppe auslöffeln" mussten, die ihnen von den Militärs eingebrockt worden war. Doch nicht genug damit, wurden die Regierenden fortan von der nationalkonservativen Rechten auch noch für die Niederlage im Krieg und für die harten Bedingungen des Versailler Vertrags verantwortlich gemacht. Ausgerechnet die Generäle Hindenburg und Ludendorff, die für die Kriegführung zumindest ab 1916 fast alleine verantwortlich waren, verbreiteten die sogenannte **Dolchstoßlegende**. Sie besagte, Liberale, Sozialdemokraten, Gewerkschaftler und Pazifisten seien dem unbesiegten Frontheer in den Rücken gefallen und hätten es quasi von hinten erdolcht.

Die **Diffamierung demokratischer Politiker** wurde nach der Unterzeichnung des Versailler Vertrags am 28. Juni 1919 verschärft. Obwohl selbst die Reichswehr Widerstand gegen das „Versailler Diktat" für aussichtslos erklärt hatte und der „Schandvertrag" quer durch alle Parteien abgelehnt wurde, gelang es der Rechten später, die Sozialdemokraten und die bürgerlichen Parteien für die Annahme des Vertrags verantwortlich zu machen. Neben den Gebietsabtretungen und den hohen Reparationszahlungen, die dem Reich auferlegt wurden, spielte die Kriegsschuldfrage bei den Diskussionen um den Versailler Vertrag eine besondere Rolle. Das Reich musste nämlich mit seinen Verbündeten die **Alleinschuld** für den Ausbruch des Ersten Weltkrieges anerkennen. Diese moralische Verurteilung traf das deutsche Selbstwertgefühl besonders hart: Sie führte zu einer gefährlichen Mischung aus Empörung, verletztem Ehrgefühl, Frustration und Rachegedanken. Die Chancen für eine friedliche Neuordnung, die der Versailler Vertrag durchaus auch bot, wurden in Deutschland kaum wahrgenommen. Dies wirkte sich für die weitere Entwicklung der Weimarer Republik fatal aus, da die Hypothek des Vertrags der Demokratie angelastet wurde.

MERKE ▪ Bestimmungen des Versailler Vertrags

- **erhebliche Gebietsabtretungen (vor allem Elsass-Lothringen, Westpreußen, Posen, Danzig und Oberschlesien), Verlust der Kolonien**
- **Entmilitarisierung der linksrheinischen Gebiete und einer Zone 50 Kilometer östlich des Rheins**
- **weitgehende Abrüstung von Flotte und Armee, Beschränkung des Heeres auf 100 000 Soldaten**
- **Entrichtung noch nicht genau festgelegter Reparationszahlungen**
- **Anerkennung der deutschen Alleinschuld für den Kriegsausbruch (Art. 231)**

Auch sonst waren die ersten Nachkriegsjahre in vielerlei Hinsicht schwierig und belastend. So hatte die Finanzierung der Rüstungsausgaben durch Kriegsanleihen eine erst schleichende, dann galoppierende **Inflation** zur Folge. Die finanziellen Nöte des Reiches wurden durch die sehr hohen Reparationen, die Deutschland durch den Versailler Vertrag auferlegt worden waren, noch gesteigert. Neben den zerrütteten Staatsfinanzen gab es immense **Probleme im Wirtschaftsleben**, das von Kriegsproduktion auf Friedenswirtschaft umgestellt werden musste.

Weiter erschütterten **bürgerkriegsähnliche Zustände** die junge Republik, deren Existenz bis 1923 gefährdet war. Immer wieder gab es in den ersten fünf Jahre Umsturzversuche von rechts und von links, die aber alle scheiterten. Separatisten im Rheinland und in Bayern, kommunistische Revolutionäre im Ruhrgebiet und in Sachsen sowie diverse rechtsradikale Gruppierungen gefährdeten die öffentliche Ordnung erheblich. Eine besondere Bedeutung hatte der Kapp-Lüttwitz-Putsch rechtsnationaler Kreise vom März 1920, der aber am entschiedenen Widerstand von Arbeiterschaft und Staatsführung scheiterte. Das Ende der Weimarer Krisenjahre markierte der rechtsradikale

Hitler-Ludendorff-Putsch im November 1923, der – als „Marsch auf Berlin“ deklariert – bereits in München gestoppt wurde.

Das Jahr **1923** war auch wirtschaftlich und finanziell der Höhe- und Wendepunkt der Krisenjahre. Nach der Besetzung des Ruhrgebiets durch französische und belgische Truppen verschärfte sich die Geldentwertung zur **Hyperinflation**, die unvorstellbare Größenordnungen erreichte. Am 15.11.1923 konnte die Inflation durch die Ausgabe einer neuen Währung, der „Rentenmark“, von einem Tage zum anderen beendet und nachhaltig überwunden werden.

ZEITTAFEL ▪ Die Weimarer Republik bis 1923	
seit 29.10.1918	Aufstände der meuternden Matrosen in Kiel und Wilhelmshaven greifen im Nu auf andere Städte über und führen im ganzen Reich zur Novemberrevolution.
9.11.1918	Abdankung des Kaisers und Ausrufung der deutschen Republik in Berlin durch Philipp Scheidemann (SPD), zwei Stunden später Proklamation einer freien sozialistischen Republik durch Karl Liebknecht (linker Flügel der USPD). Reichskanzler wird Friedrich Ebert (SPD), der zur Aufrechterhaltung der Ordnung mit dem Reichswehrgeneral Wilhelm Groener ein Geheimabkommen schließt.
11.11.1918	bedingungslose Kapitulation des Deutschen Reiches
19.1.1919	Sieg der „Weimarer Koalition“ (SPD, DDP und Zentrum), die bei den Wahlen zur Nationalversammlung eine Dreiviertelmehrheit erreicht.
6.2.1919	Eröffnung der verfassunggebenden Nationalversammlung in Weimar, wo am 11.2.1919 Friedrich Ebert zum Reichspräsidenten gewählt wird.
Februar bis Mai 1919	Aufstände und Streiks im gesamten Reich, die blutig niedergeschlagen werden. In München herrscht im April eine Räterepublik, die am 2. Mai scheitert.
28.6.1919	Unterzeichnung des Versailler Vertrags im Spiegelsaal des dortigen Schlosses durch das Deutsche Reich
31.7.1919	Annahme der Reichsverfassung durch die Nationalversammlung in Weimar
1921	„Londoner Ultimatum“, in dem mit der Besetzung des Ruhrgebiets gedroht wird, falls Deutschland die Reparationen nicht anerkennt. Die zu zahlende Reparationssumme wird von ursprünglich 269 auf 132 Milliarden Goldmark reduziert.
9.11.1923	Scheitern des Hitler-Ludendorff-Putschs in München

Die Phase der relativen Konsolidierung

Angesichts so vieler und vielfältiger Belastungen erscheint es im Nachhinein beinahe wie ein Wunder, dass das neue demokratische Staatswesen diese ersten Jahre überhaupt überstand. Nach den Krisenjahren (1918–1923) setzte sogar eine Phase relativer Stabilisierung ein, in der innere Ruhe, wirtschaftlicher Aufschwung und wachsende internationale Anerkennung die Weimarer Republik nach innen und außen festigten.

In der Zeit von 1924 bis 1929 gelang dem damaligen Außenminister Gustav Stresemann eine **Annäherung an Frankreich**. Im Vertrag von Locarno erkannte Deutschland die Unverletzlichkeit der Westgrenze an. Diese friedliche Regelung trug wesentlich zur Entspannung mit Frankreich und Belgien bei. Stresemanns Verständigungsbemühungen wurden 1926 mit der Aufnahme Deutschlands in den Völkerbund belohnt. Damit durfte sich Deutschland in der internationalen Politik wieder als gleichberechtigter Partner ansehen. Zu der allgemeinen Erholung trug auch die **Neuregelung der Reparationszahlungen** bei, die 1924 im Dawes-Plan und 1929 im Young-Plan deutlich reduziert wurden.

ZEITTAFEL • Wichtige Ereignisse von 1924 bis 1929	
26.4.1925	Wahl des früheren Generalfeldmarschalls Paul von Hindenburg zum Reichspräsidenten als Nachfolger des verstorbenen Friedrich Ebert
16.10.1925	Vertrag von Locarno
24.4.1926	Berliner Vertrag mit der UdSSR; Stresemann signalisiert damit, dass er bestrebt ist, eine Politik des Gleichgewichts zwischen Ost und West zu führen
8.9.1926	einstimmige Aufnahme Deutschlands in den Völkerbund, wo es einen ständigen Ratssitz erhält
20.5.1928	deutliche Gewinne der SPD bei den Reichstagswahlen, dagegen erhebliche Stimmeneinbußen der DNVP
27.8.1928	Ächtung des Krieges im Briand-Kellogg-Pakt durch 15 Staaten, darunter Deutschland, die USA, Großbritannien, Frankreich, Polen und Japan
25.10.1929	Börsencrash des „Schwarzen Freitag" an der Wall Street in New York

Die Auflösung der Weimarer Republik

In den Jahren um 1928 konnte man den Eindruck gewinnen, als ob die Weimarer Republik nach schwersten Geburtswehen und langwierigen Kinderkrankheiten allmählich erwachsen würde, und es schien, als ob sich aus Deutschland nun ein ganz „normaler" demokratischer Staat entwickelte. Doch innerhalb von weniger als fünf Jahren wurde die Republik zu Grabe getragen, und an ihre Stelle trat die nationalsozialistische Diktatur des Dritten Reiches, die für Europa und die ganze Welt noch schlimmere Folgen heraufbeschwören sollte als das Kaiserreich.

Wie kam es dazu? Der Zusammenbruch der New Yorker Börse Ende Oktober 1929 führte zu enormen Kursverlusten und ab 1930 zur **Weltwirtschaftskrise**. Hiervon war das Deutsche Reich besonders hart betroffen, da die USA ihre kurzfristigen Kredite zurückforderten. Die Weltwirtschaftskrise hatte für Deutschland verheerende Folgen, zumal die Deflationspolitik der Regierung Brüning krisenverschärfend wirkte. So stieg die **Arbeitslosigkeit** 1932 auf etwa sechs Millionen Menschen (rund 25 % der Arbeitsfähigen). Die Massenarbeitslosigkeit verschärfte die Krise des politischen Systems. Die **radikalen Parteien** hatten starken Zulauf, und das „**Regieren ohne Parlament**" (→ Präsidialkabinette) wurde üblich, da die Reichskanzler keine Mehrheit mehr im Reichstag hatten.

Nachdem am 27.3.1930 die große Koalition aufgrund von Auseinandersetzungen zwischen SPD und DVP zerbrochen war, wurde Heinrich **Brüning** (Zentrum) zum Reichskanzler eines Präsidialkabinetts ernannt. Brüning regierte vor allem mithilfe von Notverordnungen, die vom Reichspräsidenten nach Artikel 48 der Verfassung unterzeichnet wurden. Damit setzte ein schleichender Verfassungswandel ein, denn die legislative Gewalt des Reichstags wurde immer stärker auf die Reichsregierung verlagert. Diese wurde allerdings auf Grund fehlender Mehrheiten im Reichstag zunehmend vom Wohlwollen des Reichspräsidenten abhängig, weil ohne seine Zustimmung keine Notverordnungen erlassen werden konnten.

ZEITTAFEL ▪ Der Aufstieg der NSDAP	
1920	Umbenennung der 1919 gegründeten DAP (Deutsche Arbeiterpartei) in NSDAP
1921	Hitler wird Parteivorsitzender
9.11.1923	missglückter Hitler-Ludendorff-Putsch in München
1924	Hitler wird zu Festungshaft verurteilt, wo er „Mein Kampf" schreibt.
1925	Neuaufbau und straffe Organisation der Partei
bis 1929	Stabilisierung und Ausdehnung der NSDAP auf das ganze Reich
14.9.1930	bei den Reichstagswahlen Erdrutschsieg der NSDAP, deren Stimmenanteil versiebenfacht sich auf über 18 %
11.10.1931	Bildung der „Harzburger Front", in der sich NSDAP, DNVP und Stahlhelm mit anderen rechtsgerichteten Gruppierungen zu einem Bündnis zusammenschließen
10.4.1932	Hitler unterliegt in der Reichspräsidentenwahl gegen Hindenburg, der in seinem Amt bestätigt wird.
31.7.1932	Die NSDAP gewinnt bei den Reichstagswahlen 37 % der Stimmen und wird stärkste Fraktion.
6.11.1932	In den erneuten Reichstagswahlen erleidet die NSDAP einen empfindlichen Rückschlag (33 %).
Dezember 1932	schwere innere Krise der NSDAP, als Reichskanzler Schleicher versucht, die Partei zu spalten; Hitler gelingt es jedoch, seine innerparteilichen Gegner zu isolieren
Neujahr 1933	Für viele Beobachter scheint die NSDAP ihren Zenit überschritten zu haben, zumal die Parteikasse leer ist.
4.1.1933	Geheimtreffen Papens mit Hitler in Köln, bei dem Hitler die Kanzlerschaft angetragen wird
30.1.1933	Nach langem Zögern ernennt Hindenburg Hitler widerstrebend zum Reichskanzler, was von den Nationalsozialisten als „**Machtergreifung**" gefeiert wird.

Seit dem Oktober 1930 leitete die Regierung Brüning eine entschiedene Deflationspolitik mit Steuererhöhungen sowie Ausgaben- und Lohnkürzungen ein. Auf diese Art sollte die Streichung der Reparationen und eine Aktivierung der Handelsbilanz erreicht werden. Im Sommer 1931 belastete eine internationale Finanzkrise das deutsche Bankensystem schwer und verschlimmerte die allgemeine Lage weiter.

So stieg die Arbeitslosigkeit 1932 auf über sechs Millionen, wodurch Brünings Politik noch unpopulärer wurde. Am 30. Mai 1932 wurde er durch Reichspräsident Hindenburg entlassen. Brünings Nachfolger Franz von Papen blieb nur wenige Monate im Amt und scheiterte, als nur noch eine verschwindende Minderheit der Reichstagsabgeordneten hinter ihm stand.

Danach wurde am 2. Dezember 1932 General von Schleicher Reichskanzler. Auch er blieb ohne Erfolg, obwohl es erste Anzeichen einer wirtschaftlichen Erholung gab. Mit Schleichers Entlassung am 28. Januar 1933 war der Weg frei für die Ernennung Hitlers zum Reichskanzler, zu dem es nun keine Alternative mehr zu geben schien.

MERKE ▪ Woran scheiterte die Weimarer Republik?

- **Folgen der Weltwirtschaftskrise: Sinkende Produktion, Firmenzusammenbrüche und Bankenpleiten**
- **Hohe Arbeitslosigkeit, gegen die sich die Politik als wehrlos erweist**
- **unpopuläre und innenpolitisch erfolglose Deflationspolitik der Regierung Brüning**
- **autoritäre Regierungspraxis der Präsidialkabinette, die den Reichstag zunehmend übergingen („Regieren ohne Parlament")**
- **zusätzlich wachsende Handlungsunfähigkeit des Reichstags, der 1932 durch die „negative Mehrheit" von NSDAP und KPD beschlussunfähig wird**
- **Radikalisierung des öffentlichen Lebens mit Straßen- und Saalschlachten**
- **schwindendes Vertrauen in die Kompetenz der demokratischen Parteien und ihrer Politiker**
- **weitverbreitete Sehnsucht nach einem „starken Mann", antidemokratische Mentalitäten und obrigkeitsstaatliches Denken („Republik ohne Republikaner")**
- **Republikfeindlichkeit weiter Kreise der Bevölkerung, von Militär und Beamtenschaft**
- **geschickte Propaganda Hitlers und der Nationalsozialisten**

3.5 Das „Dritte Reich"

Innenpolitik

Mit der Ernennung Hitlers zum Reichskanzler am 30. Januar 1933 begann für Deutschland die dunkelste Zeit seiner gesamten Geschichte. Dies ahnten damals allerdings nur wenige Menschen. Viele Oppositionelle hofften zu Beginn noch, dass Hitlers Herrschaft schon bald wie ein böser Spuk vorbeigehen werde. Ein großer Teil der Bevölkerung verband mit den neuen Machthabern aber auch die Hoffnung auf eine bessere Zukunft. Die Nationalsozialisten griffen diese Sehnsüchte gezielt auf und inszenierten noch am Tag der von ihnen so apostrophierten „**Machtergreifung**" nächtliche Fackelzüge und Aufmärsche, um das rasch gebildete „Kabinett der nationalen Erhebung" gebührend zu feiern. Gleichzeitig zeigte die neue Regierung ihr wahres Gesicht, denn allerorten wurden Parteigegner und Gewerkschaftler inhaftiert und in „Schutzhaft" genommen. Damit begann die Politik der „**Gleichschaltung**", in der binnen weniger Monate alle anderen Parteien und Verbände ausgeschaltet und die staatlichen Institutionen in den neuen Herrschaftsapparat eingespannt wurden. So entstand bereits bis zum Sommer 1933 ein totalitärer Einparteienstaat, der nach dem Motto „Ein Volk, ein Reich, ein Führer" ganz auf die Person Hitlers zugeschnitten wurde.

MERKE ▪ Die NS-Ideologie

- **Rassismus und Arierkult**
- **ins mörderische gesteigerter Antisemitismus/Judenhass**
- **Sozialdarwinistischer Glaube an einen Kampf ums Dasein der verschiedenen Rassen**
- **Aggressiver Nationalismus und Expansionismus**
- **„Lebensraum im Osten" als Hauptziel der Außenpolitik**
- **Antiindividualismus und Führerkult mit bedingungsloser Unterwerfung des Einzelnen**
- **Antiparlamentarismus und Antiliberalismus**
- **Aufbau einer „Volksgemeinschaft" mit scheinbar sozialistischen Elementen**

ZEITTAFEL ▪ Wichtige Ereignisse 1933	
30.1.	Hitler wird zum Reichskanzler ernannt und bildet mit der DNVP das „Kabinett der nationalen Erhebung"
1.2.	Auflösung des Reichstags durch Hitler
27.2.	Reichstagsbrand dient als Vorwand zur Verfolgung der KPD
28.2.	Mit der „Notverordnung zum Schutz von Volk und Staat", die wichtige Grundrechte außer Kraft setzt, wird der permanente Ausnahmezustand erklärt.
5.3.	Bei den Reichstagswahlen erlangt die NSDAP mit 44 % der Stimmen keine absolute Mehrheit. Sie ist deshalb weiterhin auf eine Koalition mit der DNVP angewiesen.
21.3.	Am „Tag von Potsdam" wird die Verbindung Preußens mit dem Nationalsozialismus in einem feierlichen Staatsakt inszeniert.
23.3.	Durch das „Ermächtigungsgesetz" stimmt der Reichstag der eigenen Entmachtung mit Zweidrittelmehrheit zu. Damit ist die Gewaltenteilung aufgehoben.
31.3.–7.4.	Gleichschaltung der Länder
2.5.1933	Zerschlagung der Gewerkschaften
Juni/Juli	Selbstauflösung der bürgerlichen Parteien, Verbot der SPD am 22.6.1933
14.7.	Gesetz gegen die Neubildung von Parteien, NSDAP ist jetzt die einzige Partei
1.12.	„Gesetz zur Sicherung der Einheit von Partei und Staat", die NSDAP ist nun Staatspartei

Mit dem Tod Hindenburgs am 2.8.1934 gingen auch die Befugnisse des Reichspräsidenten auf den „Führer und Reichskanzler Adolf Hitler" über. Hitlers Herrschaft war damit uneingeschränkt, sein Wille quasi Gesetz. Da er die Soldaten auf sich vereidigte, band er die gesamte Armee unmittelbar an seine Person.

Mit der Festigung der NS-Herrschaft setzte dank kreditfinanzierter öffentlicher Beschäftigungsprogramme eine **wirtschaftliche Erholung** ein, die zum überraschend schnellen **Abbau der Arbeitslosigkeit** führte. Diese wirtschaftspolitischen Erfolge beeindruckten die meisten Menschen ungemein, zumal sie von der **NS-Propaganda** sehr wirkungsvoll herausgestellt wurden. Dass diese Erfolge nur durch eine hemmungslose Schuldenpolitik erkauft waren und vorwiegend Rüstungszwecken dienten, sahen nur wenige.

Dank der inneren Konsolidierung des Reiches konnte Hitler nun daran gehen, seine **Rassenideologie** umzusetzen und eine Außenpolitik der zunehmenden Stärke zu betreiben. Im September 1935 wurden die antisemitischen **Nürn-**

berger Gesetze „zum Schutz des deutschen Blutes und der deutschen Ehre" erlassen, mit denen die leidvolle Entrechtung der deutschen Juden begann.

1936, im Jahr der **Olympischen Spiele** (Winterspiele in Garmisch-Partenkirchen, Sommerolympiade in Berlin), die zu einem großen Propaganda-Erfolg des Nationalsozialismus im In- und Ausland wurden, hielten sich die Machthaber mit antisemitischen Übergriffen bewusst zurück. Ihr wahres Gesicht zeigten sie dagegen nach der Nacht vom 9. auf den 10. November 1938, als sie die systematischen Ausschreitungen der SA gegen die Juden und die Zerstörung ihrer Synagogen und Geschäfte im beschönigend „**Reichskristallnacht**" genannten Pogrom billigten und unterstützten.

Außenpolitik bis 1939 – der Weg in den Krieg

Außenpolitisch betrieb Hitler eine Politik der **Revision des Versailler Vertrags**, die von den Alliierten stillschweigend akzeptiert wurde. Nach der forcierten Aufrüstung und zahlenmäßigen Ausdehnung der Wehrmacht (Wiedereinführung der allgemeinen Wehrpflicht 1935) ging Hitler 1938 zur **Politik der Annexionen** über. Auch hier war er sehr erfolgreich, gelang ihm doch mit dem „Anschluss" Österreichs und der Angliederung des Sudetenlandes die Schaffung eines großdeutschen Reiches, das territorial das Bismarckreich weit übertraf.

So war Hitler-Deutschland zur dominierenden Großmacht auf dem Kontinent geworden. Der Machthunger des „Dritten Reiches" war damit allerdings keineswegs gestillt. Vielmehr ging Hitler 1939 von der Annexionspolitik zur unverhüllten **Aggression** über. Jetzt wollte er sein eigentliches Ziel, die Eroberung von → „Lebensraum im Osten", realisieren. Er hoffte dabei auf ein Bündnis mit England, das ihn bis dahin im Rahmen der unter Premierminister Chamberlain betriebenen Beschwichtigungspolitik („Appeasement") hatte gewähren lassen.

Mit der **Besetzung Prags** hatte Hitler jedoch das internationale Vertrauen zerstört, weil er sein Versprechen, die 1938 in München vereinbarten Grenzen zu respektieren, offensichtlich gebrochen hatte. Damit war auch die Appeasement-Politik Englands und Frankreichs gescheitert. Die Folge war ein entschiedener **Kurswechsel der britischen Außenpolitik**, die nun die drohende Kriegsgefahr erkannte und deshalb Polen für den Fall eines deutschen Angriffs Unterstützung zusagte.

Da Hitler nun nicht mehr auf England als Bündnispartner hoffen konnte, wandte er sich im Sommer 1939 seinem bolschewistischen Erzfeind Stalin zu. Als es mit diesem am 23. August 1939 zum **Hitler-Stalin-Pakt** kam, war das Schicksal Polens besiegelt und der Weg in den von Hitler gewollten Zweiten Weltkrieg nicht mehr aufzuhalten. In einem geheimen Zusatzprotokoll wurde die **Aufteilung Ostmitteleuropas** in eine deutsche und in eine sowjetische Interessensphäre festgelegt. Deutschland sollte West- und Zentralpolen erhalten, die UdSSR die baltischen Staaten sowie Ostpolen.

ZITAT ▪ Der Bonner Historiker für Neuere Geschichte Klaus Hildebrand über Hitlers Außenpolitik bis 1939:

„Es waren im Prinzip vier weltpolitisch wirksame Faktoren, die in den dreißiger Jahren wesentlich dazu beitrugen, dass Hitler seine revisionistisch erscheinende Expansionspolitik für lange Zeit zweifellos erfolgreich und vergleichsweise ungestört verfolgen konnte:

1. Die Aufmerksamkeit der Mächte, insbesondere Großbritanniens und der Vereinigten Staaten wurde immer wieder auf die ostasiatische Dauerkrise gelenkt. [...]
2. Der Mittelmeerraum war durch den Krieg Italiens gegen Abessinien (Oktober 1935–Juli 1936) und durch den [...] Spanischen Bürgerkrieg (Juli 1936–März 1939) zu einem weltpolitischen Krisenzentrum geworden, das [...] Englands Engagement stets beanspruchte.
3. In den dreißiger Jahren erwies sich zunehmend, in welchem Maße sich das Pariser Friedenswerk (1919/1920) problematisch und „künstlich" ausnahm [...]
4. Der britisch-sowjetische Weltgegensatz, der sich in Ostasien, im Mittelmeerraum und in Kontinentaleuropa auswirkte, begünstigte die revisionistische und expansionistische Politik des deutschen Diktators für eine geraume Zeit. [...] Unter Ausnutzung und im Windschatten dieser Spannungen, Krisen und Kriege verfolgte das Dritte Reich in den Jahren von 1936 bis 1939 zielstrebig und elastisch zugleich die programmatische Politik seines Diktators."

Klaus Hildebrand: Das Dritte Reich, München 1987, S. 24

ZEITTAFEL • Die Außenpolitik des Dritten Reiches bis 1939	
3.2.1933	Hitler kündigt in einem Geheimtreffen mit Reichswehrgenerälen den Kampf gegen den Versailler Vertrag und die Aufrüstung der Reichswehr an.
14.10.1933	Austritt Deutschlands aus dem Völkerbund
26.1.1934	Nichtangriffspakt mit Polen
16.3.1935	Wiedereinführung der allgemeinen Wehrpflicht, Aufbau der Wehrmacht
18.6.1935	Flottenabkommen Deutschlands mit Großbritannien
7.3.1936	Kündigung des Locarno-Vertrags durch das Deutsche Reich und den Versailler Vertrag verletzende Besetzung des entmilitarisierten Rheinlands
25.7.1936	deutsches Eingreifen in den Spanischen Bürgerkrieg
25.10.1936	deutsch-italienischer Vertrag zwischen Hitler und Mussolini („Achse Berlin-Rom") mit anschließendem gemeinsamen Vorgehen im Spanischen Bürgerkrieg
5.11.1937	Hitler enthüllt vor hohen Generälen seine Kriegspläne („Hoßbach-Protokoll").
13.3.1938	„Anschluss" Österreichs an das Deutsche Reich
30.5.1938	Hitlers Weisung an die Wehrmacht zur Zerschlagung der Tschechoslowakei
26.9.1938	Versicherung Hitlers, die Abtretung des Sudetenlandes sei seine letzte territoriale Forderung
29.9.1938	Im Münchner Abkommen beschließen Deutschland, Italien, Großbritannien und Frankreich die Abtretung des Sudetenlandes an Deutschland.
1.10.1938	Einmarsch der Wehrmacht in das Sudetenland
15.3.1939	Einmarsch deutscher Truppen in die Tschechoslowakei und Besetzung Prags
16.3.1939	Errichtung des „Reichsprotektorats Böhmen und Mähren"
31.3.1939	englisch-französische Garantieerklärung für Polen
23.8.1939	deutsch-sowjetischer Nichtangriffspakt (Hitler-Stalin-Pakt)
25.8.1939	britisch-polnischer Bündnisvertrag
1.9.1939	Überfall auf Polen, Beginn des Zweiten Weltkriegs
3.9.1939	Kriegserklärungen Großbritanniens und Frankreichs an das Deutsche Reich

Die Vernichtung der Juden (Holocaust/Shoa) und Verbrechen gegen andere Gruppen

Mit dem Beginn des Krieges und seiner Ausdehnung konnten Hitler und die Nationalsozialisten daran gehen, die lange von ihnen geplante rassistische Vernichtungspolitik in die Tat umzusetzen. Durch die bis 1942 errungene Vorherrschaft über fast ganz Kontinentaleuropa waren dieser Politik der gezielten Auslöschung der jüdischen Bevölkerung und anderer missliebiger Gruppen kaum noch Grenzen gesetzt, da die Befehlshaber des Dritten Reiches und ihre Schergen in den eroberten Gebieten völlig unkontrolliert und willkürlich operieren konnten.

Damit begann das düsterste Kapitel der deutschen Geschichte, das zur Ermordung Millionen Unschuldiger in den Konzentrations- und Vernichtungslagern führte. In erster Linie betrieben die Nazis im Sinne ihres gnadenlosen Antisemitismus einen systematischen Völkermord an den Juden, die in ganz Europa aufgegriffen, deportiert und umgebracht wurden. Dieser in der Geschichte beispiellose → **Holocaust** wurde vorwiegend von der SS in den Ostgebieten durchgeführt. Das dabei praktizierte Vernichtungsprogramm umfasste neben der sofortigen Ermordung durch Vergasung der Opfer auch perfide medizinische Experimente an den Inhaftierten und ihre Einweisung in Arbeitslager, die nur die wenigsten überlebten.

Neben den Juden gab es zahlreiche **weitere Gruppen**, die von den Nationalsozialisten verfolgt, deportiert, erniedrigt und getötet wurden. Hierzu zählten vor allem die Sinti und Roma, sowjetrussische Kriegsgefangene, Oppositionelle und Regimegegner wie vor allem Kommunisten und Sozialdemokraten, Widerstandskämpfer und Wehrdienstverweigerer, Homosexuelle, Anhänger von Sekten und Glaubensgemeinschaften wie die Zeugen Jehovas sowie behinderte Menschen und Geisteskranke, die als „unwertes Leben" im Rahmen des sogenannten → Euthanasie-Programms umgebracht wurden.

Neben den furchtbaren Gräueln in den Vernichtungslagern gab es auch noch die namenlosen Verbrechen an dem Heer von zeitweise bis zu sieben Millionen **Zwangsarbeitern**, die zumeist slawische Kriegsgefangene waren und die vor allem in der Rüstungsindustrie eingesetzt wurden.

Angesichts der auch im Nachhinein unfassbaren Ausrottungspolitik des Dritten Reiches bleiben die Fragen nach der vor allem von den Alliierten nach 1945 behaupteten **Kollektivschuld aller Deutschen** und der Verantwortung der Menschen, die dies alles billigend oder doch stillschweigend in Kauf genommen hatten. Dabei sollte jedoch nicht vergessen werden, wie perfekt der **Unterdrückungsapparat** der → Gestapo funktionierte und wie schwierig es damals war, verlässliche Informationen über die grauenhaften Untaten zu erhalten. Außerdem gab es eine weit verbreitete diffuse Angst, die es vielen Menschen als ratsam erscheinen ließ, lieber die Augen zu verschließen und den Mund zu halten, anstatt zu protestieren. Andererseits darf nicht vergessen werden, wie zahlreich die Zustimmung und wie groß die Bewunderung für Hitler und sein Herrschaftssystem war.

Neben teils entschuldigenden Faktoren muss ebenso berücksichtigt werden, dass eine große Zahl der Deutschen in der Zeit des Dritten Reiches auch die rassistischen und die antisemitischen Vorstellungen Hitlers mehr oder weniger teilten und dass es genügend Menschen im Dritten Reich gab, die bereit waren, die von ihm gewollten Vernichtungsprogramme umzusetzen. Die hiermit zusammenhängenden Fragen wurden im Anschluss an das Buch des US-Historikers Daniel Goldhagen über „Hitlers willige Vollstrecker" (1996) intensiv diskutiert. Dabei wurde deutlich, dass man zwar nicht von einer Kollektivschuld der Deutschen sprechen sollte, dass aber die Mittäterschaft und die Mitwisserschaft vieler Deutscher in einem neuen Licht gesehen werden muss.

ZITAT ▪ Der Historiker Eberhard Jäckel, 1980 über die Beziehung zwischen Hitler und den Deutschen

„Das Verhältnis der Deutschen zu Hitler beruhte weithin auf Täuschung, auf bewusster Täuschung von seiner und auf Selbsttäuschung von ihrer Seite. Er verheimlichte ihnen seine Pläne, obwohl er genau wusste, was er wollte, und sie erkannten ihn nicht einmal dann als den Urheber, wenn er seine Absichten in die Tat umsetzte. Sie vergalten ihm seine Täuschung mit Vertrauen und vertrauten selbst im Schlimmsten noch darauf, nicht sie würden getäuscht, sondern er. [...] Unzweifelhaft ist, dass die Deutschen ihm die Herrschaft nicht zur Durchführung seines Programms übertrugen. [...] Dies wiederum kann nun freilich nicht heißen, dass die Deutschen ganz ahnungslos waren. Dass mit der pluralistischen Parteiendemokratie Schluss sein und an ihre Stelle eine straffe Alleinherrschaft treten würde, das wussten die Deutschen nicht nur, das wollten diejenigen auch, die für ihn stimmten. Und dass er ein Feind der Juden war, das wussten sie auch und nahmen es zumindest in Kauf, wenn sie es nicht geradezu billigten."

Eberhard Jäckel: Hitler und die Deutschen, in: Bracher/Funke/Jacobsen: Nationalsozialistische Diktatur. Eine Bilanz, Schriftenreihe der Bundeszentrale für politische Bildung, Bonn 1983, S. 708.

Der Widerstand gegen die NS-Herrschaft

In diesem Zusammenhang stellt sich auch die Frage nach Umfang und Bedeutung des Widerstands gegen die NS-Herrschaft. In der totalitären Einparteiendiktatur des Dritten Reiches war schon Kritik an den Machthabern gefährlich, Widerstand aber lebensbedrohlich, da das Regime gegen Oppositionelle mit brutaler Härte vorging und dabei keinerlei rechtsstaatliche Grundsätze respektierte.

ZITAT ▪ Martin Niemöller

„Als die Nazis die Kommunisten holten,
habe ich geschwiegen.
Ich war ja kein Kommunist.

Als sie die Sozialdemokraten einsperrten,
habe ich geschwiegen.
Ich war ja kein Sozialdemokrat.

Als sie die Katholiken holten,
habe ich nicht protestiert.
Ich war ja kein Katholik.

Als sie mich holten,
gab es keinen mehr, der protestieren konnte."

Martin Niemöller Ostern 1976 in einem Gespräch in Kaiserslautern. Niemöller war evangelischer Theologe, Pfarrer und Mitglied „der → Bekennenden Kirche". Von 1938 bis 1945 war er selbst in einem Konzentrationslager (KZ) inhaftiert.
Link/Internettipp: www.martin-niemoeller-stiftung.de/4/daszitat/a46_print

In einem Herrschaftssystem, in dem schon eine ironische Bemerkung über die Machthaber oder der Besitz eines regimekritischen Manuskripts „**Schutzhaft**", Inhaftierung und Deportation zur Folge haben konnte, erforderte offener oder versteckter Widerstand Todesmut und die Bereitschaft zu ertragen, dass bei einer jederzeit zu befürchtenden Aufdeckung nicht nur das eigene Leben, sondern auch das Wohl von Angehörigen und Freunden gefährdet waren („Sippenhaft").

Angesichts der steten Bedrohung, der jeder Oppositionelle tagtäglich ausgesetzt war, ist es erstaunlich, dass es dennoch im Dritten Reich eine **vielfältige Widerstandsbewegung** gab. Widerstand gab es in allen Bevölkerungsschichten und in den verschiedensten politischen und weltanschaulichen Gruppen. Dabei differierten die Formen, in denen Menschen sich widersetzten, erheblich. Sie reichten vom **passiven Widerstand** (Dienst nach Vorschrift, versteckte Kritik, Einschränkung der Zusammenarbeit, Obstruktionspolitik, Sabotage) und der inneren Emigration über die Verweigerung der Mitarbeit in NS-Organisationen und des Gehorsams in der Wehrmacht bis hin zum **aktiven Widerstand**, der den Sturz Hitlers (durch Denkschriften, anonyme Flugblätter oder sogar durch Attentate) verfolgte.

Dass der Widerstand gegen das NS-Regime insgesamt so **wenig erfolgreich** war, hatte viele Gründe. So führten die obrigkeitstreue Haltung der meisten Deutschen und ihr naiver Glaube an den „Führer" dazu, dass Oppositionelle in der Regel wenig Rückhalt in der Bevölkerung fanden. Ferner erschwerten das durchorganisierte Überwachungssystem der → Gestapo und die allgegenwärtigen **Spitzel** (vom Blockwart bis zum Hitlerjungen) konspirative Aktivitäten jedweder Art. Weitere Gründe waren die mangelhafte Unterstützung aus dem Ausland, der geringe Organisationsgrad der meisten Gruppen und die vor allem anfangs nur begrenzte Bereitschaft zur Zusammenarbeit mit Oppositionellen anderer Weltanschauungen. Außerdem verliefen sämtliche Attentatsversuche für die Widerständler unglücklich, da Hitler oft wie durch ein Wunder überlebte.

Wer leistete Widerstand gegen den NS-Staat?

- **Teile der Arbeiterbewegung** (KPD, SPD und Gewerkschaften), wobei viele Kommunisten, z. B. die „Rote Kapelle", aktiven Widerstand leisteten, während die SPD-Mitglieder ihre Opposition vor allem durch eine gegen das Regime gerichtete Öffentlichkeitsarbeit ausübten
- **Nationalkonservative und hohe Militärs** (wie die Organisatoren des Attentats vom 20. Juli 1944 um Graf Schenk von Stauffenberg und den früheren Leipziger Oberbürgermeister Carl Friedrich Goerdeler), die vor allem nach der Kriegswende 1942/43 einen Staatsstreich planten
- **beide christliche Kirchen**, wobei auf evangelischer Seite beispielsweise Dietrich Bonhoeffer sowie die „Bekennende Kirche" um Pastor Martin Niemöller und auf katholischer der Bischof von Münster, Graf von Galen, und der Priester Max Josef Metzger zu nennen sind
- **Jugendliche und studentische Gruppen** wie die Münchner „Weiße Rose" um die Geschwister Scholl und die Kölner „Edelweißpiraten"
- **Gesprächsgruppen** wie der Kreisauer Kreis, in denen sich oppositionelle bürgerliche Politiker, Geistliche, Offiziere, Gelehrte etc. trafen, um über Formen des Widerstands zu diskutieren
- **mutige Einzelne** wie Georg Elser, der 1939 Hitler durch ein Bombenattentat töten wollte, und der Industrielle Oswald Schindler, der Tausende

von Zwangsarbeitern und Juden rettete, sowie die vielen Unbekannten, die mutig genug waren, Verfolgte bei sich zu verstecken

Beim Thema des Widerstands gegen den NS-Staat sollte nicht vergessen werden, dass es im Zweiten Weltkrieg in allen von der Wehrmacht **besetzten Ländern** erheblichen Widerstand gegen die deutsche Fremdherrschaft gab. Er reichte von der französischen Résistance und polnischen Emigranten bis zu den serbischen Partisanen und umfasste Widerstandsgruppen in West- und Nordeuropa ebenso wie in Ostmitteleuropa, der Sowjetunion und Italien.

Auch im von Deutschland unterdrückten Ausland gehörten Menschen höchst unterschiedlicher Couleur dem Widerstand an. Sozialdemokraten standen neben Kommunisten, Demokraten neben Militärs und Geistliche neben Freidenkern. Zu den Aktionsformen zählten in den unterdrückten Ländern außer den oben genannten Methoden vor allem die **Sabotage** gegen militärische Einrichtungen und die **subversive Arbeit** gegen die NS-Herrschaft, die sich in den meisten besetzten Gebieten im Gegensatz zu Deutschland des Rückhalts der Bevölkerung sicher sein konnte.

Obwohl auch der ausländische Widerstand gegen die Wehrmacht und den NS-Staat insgesamt wenig sichtbare Erfolge hatte, erschwerte er doch die praktische Durchführung und die Aufrechterhaltung der Besatzungsherrschaft oft erheblich und beschleunigte in den letzten Kriegsjahren den Untergang des Dritten Reiches.

INSIDER-TIPP ▪ Politische Richtungen

Wie kann man sich am besten all die verschiedenen politischen Gruppierungen und Richtungen merken? Am besten, indem man sie den wichtigen gesellschaftspolitischen Weltanschauungen zuzuordnen sucht! Hiervon gibt es im Wesentlichen fünf verschiedene:

- **den Liberalismus**
- **den Konservativismus**
- **den Sozialismus**
- **den Nationalismus**
- **den Katholizismus (und andere religiös begründete Ideologien).**

Schlagen Sie diese Schlüsselbegriffe unbedingt im Glossar nach und erschließen Sie sie ganz exakt, damit Sie sie auf keinen Fall wieder vergessen!

3.6 Der Zweite Weltkrieg

Angesichts der Schwäche der westlichen Alliierten im Gefolge der Weltwirtschaftskrise hofften die Länder, die sich in der Nachkriegsordnung seit 1919 benachteiligt glaubten, den eigenen Machtbereich ausdehnen und neue Gebiete erobern zu können. Dies galt zunächst für Japan, das von 1931 an in Ostasien expandierte und 1937 China überfiel. In Europa waren es Italien und Hitler-Deutschland, die eine Revision der Machtverhältnisse anstrebten. Seit 1938 agierte das Deutsche Reich offen expansiv. Nach der erfolgreichen Revision des Versailler Vertrags war Hitler keineswegs zufrieden, sondern fühlte sich vielmehr ermuntert, seine Expansionspolitik fortzusetzen. Getrieben von seiner „Lebensraum-Ideologie" richteten sich seine Begehrlichkeiten vor allem auf Osteuropa. Da er die Demokratien für schwächlich hielt, schien ihm das Risiko eines neuen Weltkriegs begrenzt.

Dennoch befand er sich bei Kriegsausbruch in einer von ihm so nicht intendierten Situation. Da Großbritannien nicht, wie von ihm erwartet, bereit war, die Rolle eines Juniorpartners des Deutschen Reiches einzunehmen, schloss er völlig überraschend ein Bündnis mit seinem Todfeind Stalin. Damit hatte Hitler eine außenpolitische Konstellation erreicht, die für ihn günstig erschien, um Polen zu überfallen.

Die damit beginnende erste Phase des Zweiten Weltkriegs, die auch als europäischer Krieg bezeichnet wird, war für das „Dritte Reich" ungemein erfolgreich, da in rascher Folge „Blitzkriege" gegen kleinere und mittlere Staaten geführt und gewonnen wurden. So beherrschte Hitler-Deutschland bis zum Juni 1941 weite Teile des europäischen Kontinents direkt oder indirekt mithilfe von Vasallenstaaten und Bündnispartnern. Hierbei wurde allerdings übersehen, dass alle diese Siege gegen weit unterlegene und wenig kampfbereite Gegner errungen worden waren. Wirklich beeindruckend war allein der rasche Sieg über Frankreich, an dem der deutsche Vormarsch im Ersten Weltkrieg vier Jahre lang gescheitert war. Dagegen zeigte sich bereits im Luftkampf gegen England (1940/41), dass die Wehrmacht gegen einen gut gerüsteten und entschlossenen Gegner keinesfalls so leicht gewinnen konnte.

ZEITTAFEL ▪ Wichtige Ereignisse von September 1939 bis Juni 1941	
1.9.1939	deutscher Überfall auf Polen, das bis zum 28.9. vollständig besiegt und besetzt wird
3.9.1939	Kriegserklärungen Frankreichs und Großbritanniens, womit Hitler nicht gerechnet hatte; dennoch zunächst keine Kampfhandlungen an der Westfront
9.4.1940	kampflose Besetzung Dänemarks und Beginn der Eroberung Norwegens, das am 10.6. kapituliert
10.5.1940	deutscher Angriff im Westen, Niederlande und Belgien kapitulieren bis Ende Mai
10.5.1940	Winston Churchill erklärt als neuer Premierminister die unbedingte Kampfbereitschaft Großbritanniens.
14.6.1940	Paris wird kampflos von der Wehrmacht besetzt. Damit ist Frankreich besiegt.
ab Sommer 1940	deutsche Luftangriffe auf Großbritannien sollen die Invasion vorbereiten („Luftschlacht um England")
6.4.1941	Beginn des deutschen Krieges gegen Jugoslawien und Griechenland, die schnell besiegt werden

In der Zeit von Juni bis Dezember 1941 weitete sich der Krieg zum Weltkrieg aus, da die Kriege Hitler-Deutschlands in Europa und Japans in Ostasien „zusammenwuchsen". Dies geschah zum einen durch den Überfall der Wehrmacht auf die Sowjetunion am 22. Juni 1941, zum anderen durch den Angriff der Japaner auf Pearl Harbor am 7. Dezember desselben Jahres. Dadurch waren nun auch endgültig die UdSSR und die USA zu kriegführenden Parteien geworden. Da beide Mächte sich mit Großbritannien zusammenschlossen, verschoben sich die Kräfteverhältnisse jetzt entscheidend zugunsten der Alliierten.

ZITAT ▪ Winston Churchill erklärte nach dem Zweiten Weltkrieg, was er bereits Ende 1941 nach dem Kriegseintritt der USA öffentlich ausgesprochen hatte:

„Hitlers Schicksal war damit besiegelt. Mussolinis Schicksal war besiegelt. Was die Japaner anbetraf, sie würden zu Pulver zermalmt werden. Der Rest war lediglich die richtige Anwendung überwältigender Stärke."

zitiert nach: Paul Kennedy: Aufstieg und Fall der großen Mächte. Ökonomischer Wandel und militärischer Konflikt von 1500 bis 2000, Frankfurt a. M. 1991, S. 519.

Hitler hatte zwar mit dem Angriff auf die Sowjetunion den Krieg erreicht, den er aufgrund seiner „Lebensraum-im-Osten-Ideologie" unbedingt führen wollte, doch war dies mit einer deutlichen Verschlechterung der Gesamtsituation teuer erkauft. Nach dem Angriff auf Pearl Harbor erklärten am

8.12.1941 die USA und Großbritannien Japan den Krieg. Mit den Kriegserklärungen Hitler-Deutschlands und Italiens an die USA am 11.12.1941 hatte Hitler den Zenit seiner militärischen Macht überschritten, zumal in derselben Woche der Vormarsch der deutschen Truppen in Russland wegen des einbrechenden Winters zum Erliegen kam. Von nun an begann für die sieggewohnten deutschen Truppen ein verzweifelter Abwehrkampf, in dem die zunehmende Überlegenheit der Alliierten dazu führte, dass die Wehrmacht an allen Fronten massiv zurückgedrängt wurde.

ZEITTAFEL ▪ Wichtige Ereignisse von 1941 bis 1945	
22.6.1941	deutscher Überfall auf die UdSSR mit raschem Vordringen der Wehrmacht bis Leningrad und Moskau
14.8.1941	Atlantik-Charta Roosevelts und Churchills: Ziele/Grundsätze der Kriegspolitik der USA und Großbritanniens
7.12.1941	Überfall Japans auf die US-Flotte in Pearl Harbor
3.–7.6.1942	Japan erleidet in der See- und Luftschlacht bei den Midway-Inseln die entscheidende Niederlage.
Winter 1942/43	Schlacht um Stalingrad bringt die kriegsentscheidende Wende in Europa. Bis zum 2.2.1943 kapituliert die gesamte 6. deutsche Armee in Stalingrad.
10.7.1943	Landung der Amerikaner und Briten in Sizilien, von dort allmähliches Zurückdrängen der deutschen Truppen aus Italien
6.6.1944	Mit der Landung alliierter Truppen in der Normandie beginnt die schrittweise Rückeroberung Frankreichs.
20.7.1944	Ein gut vorbereitetes Attentat führender deutscher Offiziere auf Hitler misslingt, Putschversuch scheitert.
25.8.1944	Die Amerikaner und französische Truppen unter Charles de Gaulle gewinnen Paris.
Februar 1945	Konferenz von Jalta, auf der die „Großen Drei" (Roosevelt, Stalin und Churchill) die Nachkriegsordnung und die Aufteilung Deutschlands beschließen.
10.3.1945	Die Amerikaner erobern Köln und die Rheingrenze.
30.4.1945	Selbstmord Hitlers
8.5.1945	bedingungslose Kapitulation des Deutschen Reiches und „Stunde Null" für Deutschland
15.8.1945	nach den Atombombenabwürfen der USA auf Hiroshima und Nagasaki bedingungslose Kapitulation Japans

CHECKLISTE

3 Das Zeitalter der Weltkriege

Welche Schlüsselereignisse verbinden Sie mit den folgenden Jahreszahlen?

- 1914
- 1917
- 1918
- 1919
- 1923
- 1929
- 1933
- 1935
- 1938
- 1939
- 1941
- 1942
- 1945

Können Sie die folgenden Schlüsselbegriffe erklären?
Falls nicht, schlagen Sie noch einmal hinten im Glossar nach!

- Bolschewismus
- Novemberrevolution
- Kriegsschuldfrage
- Dolchstoßlegende
- Versailler Vertrag
- Weimarer Republik
- Notverordnung
- Inflation/Deflation
- Weltwirtschaftskrise
- Faschismus
- Nationalsozialismus
- Drittes Reich
- Gleichschaltung
- Ermächtigungsgesetz
- Totalitarismus
- Rassismus
- Arier
- Antisemitismus
- Nürnberger Gesetze
- Appeasement
- Münchener Abkommen
- Hitler-Stalin-Pakt
- Jalta-Konferenz

Fragen zum Nachdenken:

- Skizzieren Sie Grundzüge der drei Phasen der Weimarer Republik und zeigen Sie, inwiefern die Jahre 1923 und 1930 Wendepunkte gewesen sind.
- Erörtern Sie die These, dass das Scheitern der Weimarer Republik schon durch den Versailler Vertrag zwangsläufig bedingt war.
- Beschreiben Sie, mit welchen Mitteln und in welchen Schritten Hitler und die Nationalsozialisten 1933 ihre Macht durchsetzten.
- Erklären Sie, warum die verschiedenen Widerstandsgruppen im Dritten Reich so wenig Erfolg hatten.

4 Von der „Stunde Null" zum Zusammenbruch des Ostblocks

Die Zeit von 1945 bis 1989 bildet eine in sich geschlossene Einheit. Sie ist das Zeitalter des Ost-West-Gegensatzes zwischen dem von den USA geführten Westen und dem von der UdSSR dominierten Ostblock. Diese Ära war nach dem raschen Zerfall der Anti-Hitler-Koalition durch die Konfrontation zwischen den beiden Supermächten und durch den Wettstreit ihrer beiden gegensätzlichen Gesellschaftssysteme gekennzeichnet. Allerdings waren die gut vier Jahrzehnte nach dem Zweiten Weltkrieg keine Zeit der unveränderlichen Positionen. Vielmehr wechselten Phasen eines nicht erklärten „Kalten Krieges" mit Perioden ernsthafter Entspannungsbemühungen ab.

Das Ende dieses Zeitalters wurde durch Michail Gorbatschows entschiedenen Kurswechsel eingeläutet. Seine Reform- und Abrüstungsbestrebungen bewirkten schließlich den Zusammenbruch des Ostblocks und den Zerfall der bis dahin so übermächtigen Sowjetunion.

Die deutsche Geschichte dieser Zeit stand im Zeichen der 1949 erfolgten Teilung, die auch noch Ende der 1980er-Jahre fest zementiert schien. Die Veränderungen in Osteuropa ermöglichten dann aber überraschend und unerwartet die Chance der Wiedervereinigung.

Weniger im Rampenlicht der Öffentlichkeit, aber für die Zukunft von enormer Bedeutung war die erfolgreiche Entwicklung der Europäischen Integration, die in der EG bis 1990 zu einer vor allem wirtschaftlich verbundenen Staatengemeinschaft geführt hatte, der bis dahin insgesamt zwölf Länder West-, Süd- und Mitteleuropas angehörten.

4.1 Nachkriegszeit in Deutschland 1945 – 1949

Das Ende des Zweiten Weltkriegs bedeutete für das Deutsche Reich mit der bedingungslosen Kapitulation den vollständigen Zusammenbruch und die Besatzung durch die Alliierten. Für die Menschen in Deutschland war dies aber zugleich die Befreiung von der nationalsozialistischen Herrschaft und die Erlösung von den gerade in den vorhergehenden Monaten für sie so grauenhaften Kriegshandlungen und Bombenangriffen. Das Deutsche Reich, das noch zweieinhalb Jahre zuvor fast ganz Europa beherrscht und unterdrückt hatte, war nun ein vollständig besetztes Land, das als Staat aufgehört hatte zu existieren.

> ZITAT ▪ **Bereits im Herbst 1945 sah der spätere erste Bundeskanzler Konrad Adenauer einen Ost-West-Konflikt als unausweichlich an:**
>
> „Russland hält in Händen: die östliche Hälfte Deutschlands, Polen, den Balkan, anscheinend Ungarn, einen Teil Österreichs. Russland entzieht sich immer mehr der Zusammenarbeit mit den anderen Großmächten und schaltet in den von ihm beherrschten Gebieten völlig nach eigenem Gutdünken. In den von ihm beherrschten Ländern herrschen schon jetzt ganz andere wirtschaftliche und politische Grundsätze als in dem übrigen Teil Europas. Damit ist eine Trennung in Osteuropa, das russische Gebiet, und Westeuropa eine Tatsache.
>
> In Westeuropa sind die führenden Großmächte England und Frankreich. Der nicht von Russland besetzte Teil Deutschlands ist ein integrierender Teil Westeuropas. [...]
>
> Dem Verlangen Frankreichs und Belgiens nach Sicherheit kann auf die Dauer nur durch wirtschaftliche Verflechtung von Westdeutschland, Frankreich, Belgien, Luxemburg, Holland wirklich Genüge geschehen. [...]
>
> Zum staatsrechtlichen Gefüge des nicht von Russland besetzten Teiles Deutschlands: Ein vernünftiges staatsrechtliches Gefüge besteht zur Zeit überhaupt nicht, es muss wiederhergestellt werden. Die Schaffung eines zentralisierten Einheitsstaates wird nicht möglich, auch nicht wünschenswert sein, der staatsrechtliche Zusammenhang kann lockerer sein als früher, etwa in der Form eines bundesstaatlichen Verhältnisses."
>
> **Konrad Adenauer: Briefe 1945 – 1947, bearb. von H. P. Mensing, Berlin 1983, S. 130 ff.**

In dieser „**Stunde Null**" war Deutschland in weiten Teilen zerstört, die Infrastruktur, vor allem im Verkehrswesen und in der Energieversorgung, zusammengebrochen, die weitere Zukunft gänzlich ungewiss. Dazu kamen Flucht und Vertreibung aus den Ostgebieten, wo insgesamt mehr als 13 Millionen Menschen unter katastrophalen Bedingungen ihre Heimat verlassen mussten.

Wegweisend für die Nachkriegsordnung wurde die Potsdamer Konferenz vom 17. Juli bis zum 2. August, auf der die Siegermächte folgende Beschlüsse fassten:

- **Demokratisierung** des öffentlichen Lebens in Deutschland unter Aufsicht der Alliierten, zunächst auf der Ebene der Städte und Gemeinden, dann auf der der Länder
- **Demilitarisierung**, also vollständige Entwaffnung und Auflösung sämtlicher deutscher Streitkräfte
- **Dezentralisierung** der Wirtschaft, vor allem Zerschlagung der Großkonzerne („Dekartellisierung")
- **Denazifizierung** und Umerziehung zu demokratiefähigen Bürgern
- **Demontagen** zur Erfüllung der Reparationsforderungen
- Festlegung der vier **Besatzungszonen** und der **Oder-Neiße-Linie** als Westgrenze Polens

Als oberstes Organ wurde in Potsdam der Alliierte Kontrollrat eingesetzt, der mit der gemeinschaftlichen Verwaltung Deutschlands betraut wurde und fortan die Regierungsgewalt in den Besatzungszonen ausübte.

Bereits während der Potsdamer Konferenz zeichneten sich allerdings erste Spannungen zwischen den drei westlichen Verbündeten auf der einen Seite und der Sowjetunion auf der anderen ab. Der **Systemgegensatz** zwischen dem Westen (liberaldemokratische Ordnung und Marktwirtschaft) und dem Osten (sozialistische Einparteiendiktatur und Planwirtschaft) führte schon sehr bald zu immer größeren Differenzen innerhalb der Siegerkoalition. Aus dem Kriegsbündnis der „Anti-Hitler-Koalition" der Jahre 1941 bis 1945, das trotz großer ideologischer Differenzen geschmiedet worden war, entwickelte sich der **Ost-West-Gegensatz**, der von da an die Weltpolitik bestimmte.
Im Rahmen des **Kalten Krieges** veränderte sich auch das politische und wirtschaftliche Leben in den Besatzungszonen: Da jede Besatzungsmacht bestrebt war, in der von ihr regierten Zone ihr eigenes Gesellschaftssystem durchzusetzen, verlor der Alliierte Kontrollrat bald an Einfluss, sodass sich die vier Besatzungszonen sehr unterschiedlich entwickelten.

Bereits 1946 erzwang die Sowjetunion in ihrer Zone die Vereinigung von SPD und KPD zur „Sozialistischen Einheitspartei Deutschlands" (SED). Damit zeigte die UdSSR, dass sie nicht gewillt war, einen Mehrparteienstaat nach westlichem Vorbild zuzulassen. In den Westzonen bildete sich hingegen neben der SPD eine neue Volkspartei, die 1945 gegründete CDU (Christlich-Demokratische Union) mit der CSU als Schwesterpartei in Bayern. In wirtschaftlicher Hinsicht schlossen sich bereits 1947 die amerikanische und die britische Zone zur Bizone zusammen, die am 1.1.1949 durch die Vereinigung mit der französischen Zone zur Trizone wurde.

So wurden bereits 1946 bis 1948 die Weichen für die weitere Zukunft Deutschlands gestellt. Während die drei Westzonen Marshallplangelder erhielten, lehnte die Sowjetunion diese Hilfe für die von ihr besetzten Gebiete ab. Mit der **Währungsreform** am 21. Juni 1948, durch die im Westen die D-Mark eingeführt wurde, war die spätere Spaltung schon vorweggenommen, denn in der sowjetischen Besatzungszone (SBZ) erfolgte drei Tage später mit der Ostmark die Einführung einer anderen Währung. Damit war die **Trennung in zwei Wirtschaftsgebiete** mit den gegensätzlichen Wirtschaftsordnungen von Plan- und Marktwirtschaft verbunden.

ZITAT ▪ **Der Kölner Wirtschaftsprofessor Alfred Müller-Armack im Mai 1948 zur Begründung des Konzepts der sozialen Marktwirtschaft:**

„Alle Erfahrungen mit wirtschaftlichen Lenkungssystemen verschiedenster Schattierungen haben erwiesen, dass sie unvermeidlich zu einer mehr oder weniger weitgehenden Vernichtung der Wirtschaftsfreiheit des Einzelnen führen, also mit demokratischen Grundsätzen unvereinbar sind, und zweitens mangels zuverlässiger Maßstäbe infolge der Aufhebung des Preismechanismus nicht in der Lage sind, die verschiedenen Knappheitsgrade zuverlässig zu erkennen. Jede Lenkungswirtschaft hat daher in der Praxis am volkswirtschaftlichen Bedarf „vorbeigelenkt". [...] Die angestrebte moderne Marktwirtschaft soll betont sozial ausgerichtet sein. Ihr sozialer Charakter liegt in der Tatsache begründet, dass sie in der Lage ist, eine mannigfaltige Gütermenge zu Preisen anzubieten, die der Konsument durch seine Nachfrage entscheidend mitbestimmt und dadurch eine größere Befriedigung der menschlichen Bedürfnisse erlaubt."

Alfred Müller-Armack: Vorschläge zur Verwirklichung der Sozialen Marktwirtschaft, in: ders., Genealogie der Sozialen Marktwirtschaft, Bern 1974, S. 194 f.

QUELLENTEXT ▪ **Aus dem Grundgesetz der Bundesrepublik Deutschland vom 23. Mai 1949:**

Artikel 1

(1) Die Würde des Menschen ist unantastbar. Sie zu achten und zu schützen ist Verpflichtung aller staatlichen Gewalt.

(3) Die nachfolgenden Grundrechte binden Gesetzgebung, Verwaltung und Rechtsprechung als unmittelbar geltendes Recht.

Artikel 2

(1) Jeder hat das Recht auf die freie Entfaltung seiner Persönlichkeit, soweit er nicht die Rechte anderer verletzt und nicht gegen die verfassungsmäßige Ordnung oder das Sittengesetz verstößt.

(2) Jeder hat das Recht auf Leben und körperliche Unversehrtheit. Die Freiheit der Person ist unverletzlich. In diese Rechte darf nur auf Grund eines Gesetzes eingegriffen werden.

Artikel 3

(1) Alle Menschen sind vor dem Gesetz gleich.

(2) Männer und Frauen sind gleichberechtigt. Der Staat fördert die tatsächliche Durchsetzung der Gleichberechtigung von Frauen und Männern und wirkt auf die Beseitigung bestehender Nachteile hin.

(3) Niemand darf wegen seines Geschlechtes, seiner Abstammung, seiner Rasse, seiner Sprache, seiner Heimat und Herkunft, seines Glaubens, seiner religiösen oder politischen Anschauungen benachteiligt oder bevorzugt werden. Niemand darf wegen seiner Behinderung benachteiligt werden.

Artikel 20

(1) Die Bundesrepublik Deutschland ist ein demokratischer und sozialer Bundesstaat.

(2) Alle Staatsgewalt geht vom Volker aus. Sie wird vom Volke in Wahlen und Abstimmungen und durch besondere Organe der Gesetzgebung, der vollziehenden Gewalt und der Rechtsprechung ausgeübt.

(4) Gegen jeden, der es unternimmt, diese Ordnung zu beseitigen, haben alle Deutschen das Recht zum Widerstand, wenn andere Abhilfe nicht möglich ist.

Weblinks/Internettipps zum Grundgesetz: de.wikipedia.org/wiki/Grundgesetz
Grundgesetz zum Download:
http://www.bundestag.de/parlament/funktion/gesetze/gg_jan2007.pdf

Ebenfalls in das Jahr 1948 fiel die Grundsatzentscheidung über die künftige politische Ordnung. In den Westzonen beauftragten die dortigen Alliierten einen eigens hierfür gebildeten Parlamentarischen Rat damit, eine **Verfassung** für die elf Länder der späteren Bundesrepublik Deutschland zu erarbeiten. In derselben Zeit erhielt in der SBZ ein „Volkskongress" die Aufgabe, für den von der Sowjetunion kontrollierten Teil Deutschlands eine Verfassung zu erstellen.

So waren die Weichen für die Gründung **zweier deutscher Staaten** im Jahre 1949 gestellt: Mit der Verabschiedung des Bonner Grundgesetzes am 23. Mai und der Bestätigung der Verfassung der DDR am 30. Mai wurde dieser Schritt dann endgültig vollzogen.

Ebenfalls 1949 wurde die **NATO** als westliches Verteidigungsbündnis zum Schutz gegen den Ostblock gegründet. Damit hatte endgültig das Zeitalter des Kalten Krieges begonnen.

ZEITTAFEL ▪ Wichtige Ereignisse von 1945 bis 1949	
1945	nach dem Waffenstillstand am 8. Mai „Stunde Null“ in Deutschland und Europa: ▪ Potsdamer Abkommen der Siegermächte über die Besatzungspolitik und die Aufteilung Deutschlands ▪ Gründung der UNO in San Francisco mit Sitz in New York
1945/46	Nürnberger Prozesse mit Verkündung der Urteile am 1.10.1946
1946	SPD und KPD werden in der SBZ zur SED zwangsvereinigt
1947	Die Truman-Doktrin der Eindämmungspolitik gegenüber der UdSSR sowie die Marshallplangelder für den Wiederaufbau Europas und für die Abwehr kommunistischen Einflusses markieren den Beginn des Kalten Krieges. Bildung der Bizone in Westdeutschland
1948	Nach Einführung der D-Mark am 20. Juni verhängt die Sowjetunion die Blockade Westberlins, das durch eine amerikanisch-britische Luftbrücke versorgt werden konnte.
1948/49	Die Arbeit des Parlamentarischen Rates führt zum Grundgesetz und zur Gründung der Bundesrepublik Deutschland, die Arbeit des Volkskongresses zur Gründung der Deutschen Demokratischen Republik.

4.2 Die Welt im Zeitalter des Kalten Krieges

Trotz gemeinsamer Bemühungen im Jahre 1945, die zum → Potsdamer Abkommen und zur Gründung der UNO führten, zerfiel die Siegerkoalition zwischen den westlichen Alliierten und der Sowjetunion in den folgenden Monaten sehr schnell.

Bereits 1946 sprach Winston Churchill von einem **„Eisernen Vorhang“**, der die von der UdSSR kontrollierten Gebiete Ostmitteleuropas vom Westen trenne – und kaum jemand wisse, was dort eigentlich geschehe. Das Misstrauen der westlichen Verbündeten wurde dadurch verstärkt, dass in diesen Ländern kommunistische Regimes eingesetzt wurden, die eine demokratische Entwicklung verhinderten.

So kam es, dass US-Präsident Harry S. Truman im März 1947 die nach ihm benannte Doktrin entwickelte, wonach die USA „freien“ Völkern, die sich vom Kommunismus bedroht fühlten, wirtschaftliche und militärische Hilfe zusicherten. Die **Truman-Doktrin** war Ausdruck der Politik der „Eindämmung“

(engl.: *containment*), mit der die USA versuchen wollten, dem als aggressiv und bedrohlich eingeschätzten sowjetrussischen Expansionsstreben mit Entschiedenheit entgegenzutreten. Wirtschaftliches Pendant der veränderten außenpolitischen Leitlinie der USA war der **Marshall-Plan**, der zum Wiederaufbau des zerstörten Europa gedacht war. Im Rahmen dieses „European Recovery Program", kurz: ERP, flossen ab 1948 beträchtliche finanzielle Mittel nach Europa. Allerdings untersagte die Sowjetunion den von ihr besetzten Gebieten die Annahme von Fördergeldern aus der Marshallplanhilfe.

1948/49 eskalierten die Spannungen zwischen den beiden sich abzeichnenden Blöcken weiter. Die auf Initiative der USA veranlasste Einführung einer neuen deutschen Währung in den drei Westzonen beantwortete die UdSSR mit der **Berliner Blockade**, worauf die Amerikaner und Engländer die Westsektoren der eingeschlossenen früheren Reichshauptstadt aus der Luft versorgten. Frankreich beteiligte sich nicht direkt, da die Armée de l'air sich im Indochinakrieg in Einsatz befand.

Die 1949 vollzogene Bildung zweier deutscher Staaten machte dann die **Blockbildung** ebenso sichtbar wie die im selben Jahr erfolgte Gründung der **NATO**, die als nordatlantisches Verteidigungsbündnis ein Gegengewicht zur militärischen Macht der UdSSR und ihrer Satellitenstaaten werden sollte.

Welche Gründe führten zum Kalten Krieg?

Die Frage nach den Ursachen, Auslösern und Verantwortlichen des Kalten Krieges wird bis heute von Historikern und Politikwissenschaftlern kontrovers diskutiert. Folgende Faktoren sind unstrittig:

- Auf beiden Seiten gab es ein gegenseitiges Misstrauen und gegenseitige Schuldzuweisungen, eine aggressive und imperialistische Expansionspolitik zu betreiben.
- Ebenso massiv waren die wechselseitigen Bedrohungsvorstellungen und -ängste vor einem militärischen Angriff der Gegenseite.
- Die Systemgegensätze schienen sowohl ideologisch und politisch (konträres Demokratieverständnis) als auch ökonomisch (hier freie Markt-, dort zentral gesteuerte Planwirtschaft) unüberbrückbar.
- Die auf die Durchsetzung eigener Interessen ausgerichtete Machtpolitik beider Supermächte musste zwangsläufig kollidieren und zu Spannungen führen.

- Die Einflussnahme der Sowjetunion und das Agieren der Roten Armee in Ostmitteleuropa hatten die vom Westen gewünschte Demokratisierung unmöglich gemacht und führten dort zu Ärger und Misstrauen.
- Umgekehrt fühlte sich die UdSSR durch die nukleare Überlegenheit der USA (anfängliches Atombombenmonopol) bedroht.
- Die Amerikaner wiederum nahmen die von den Kommunisten immer wieder beschworene „Weltrevolution" sehr ernst und befürchteten eine stete Ausdehnung des sowjetrussischen Einflusses durch kommunistische Parteien, vor allem in Südeuropa und in der Türkei.
- Die UdSSR sah dagegen in den USA einen gefährlichen Imperialismus am Werk, der die ganze Menschheit vereinnahmen wollte.
- Eine wichtige Rolle spielten auch eigendynamische Effekte, da sich die verschiedenen Einflussfaktoren gegenseitig verstärkten, sodass eine Eskalation fast zwangsläufig wurde.

1949 war die Herausbildung der beiden feindlichen Blöcke, die von einer jeweils übermächtigen Führungsmacht dominiert wurden, weitgehend abgeschlossen. Der Dualismus der beiden Lager verschärfte sich gleich zu Beginn der 1950er-Jahren infolge des **Korea-Krieges** (1950–1953), in dem UN-Truppen unter amerikanischem Oberbefehl die nordkoreanische Armee wieder aus dem von ihr zuvor okkupierten Südteil des Landes vertrieben. Da die USA davon ausgingen, dass der Angriff Nordkoreas von der UdSSR unterstützt wurde, war die Gefahr einer bewaffneten Auseinandersetzung in den Jahren des Korea-Krieges besonders groß.

In dieser Zeit veränderte die US-Regierung denn auch ihre Militärdoktrin von der eher defensiv ausgerichteten Politik des Containment zum deutlich aggressiveren Konzept des „**Roll back**". Ziel dieser neuen Außenpolitik der 1950er-Jahre war die Zurückdrängung sowjetrussischen Einflusses in Europa und Asien. Innenpolitisch entsprach dem „Roll back" ein strikter **Antikommunismus**, der in den USA unter Senator McCarthy zeitweise hysterische Ausmaße annahm und zu wilden Verdächtigungen gegen viele Linksliberale führte.

ZEITTAFEL • Wichtige Ereignisse von 1950 bis 1962	
1950–1953	Korea-Krieg und Verschärfung des Ost-West-Konflikts
1952	Nach dem Beitritt der Bundesrepublik zur Europäischen Verteidigungsgemeinschaft (EVG) unterbreitet die UdSSR die „Stalin-Note" (Angebot zur Wiedervereinigung Deutschlands unter der Bedingung der Neutralisierung).
1953	Tod Stalins und beginnendes „Tauwetter" in der UdSSR
1955	Aufgrund des NATO-Beitritts der BRD wird im Ostblock der Warschauer Pakt unter Einschluss der DDR gegründet.
1956	Niederschlagung des ungarischen Volksaufstands durch die Rote Armee
1957	„Sputnick-Schock" für die USA durch den erfolgreichen Start der Raumfahrt der UdSSR
1958	Die Forderung der Sowjetunion nach einer entmilitarisierten „freien Stadt West-Berlin" („Berlin-Ultimatum") wird von den Westalliierten entschieden zurückgewiesen.
1961	Der erste Mensch im Weltraum ist der Sowjetrusse Jurij Gagarin, was in den USA zu einem neuerlichen Schock und zur Gründung der NASA führt. Bau der Berliner Mauer am 13. August
1962	Die Kuba-Krise bringt die Menschheit an den Rand eines Atomkriegs.

Nachdem sich in den 1950er-Jahren die Blockbildung verfestigt und die ideologischen Gegensätze verschärft hatten, führten die 1960er-Jahre zu einer deutlichen Entspannung. Dies wurde vor allem durch die **Kuba-Krise** bewirkt. Der Aufbau sowjetischer Basen für Mittelstreckenraketen auf der Karibikinsel im „Hinterhof" der USA brachte die Welt dreizehn Tage lang an den Abgrund eines nuklearen Vernichtungskriegs. Die entschiedene amerikanische Haltung unter Präsident Kennedy, der eine Seeblockade gegen Schiffe der UdSSR verhängte, die beiderseitige Gesprächsbereitschaft und schließlich der Abzug der sowjetrussischen Raketen verhinderten jedoch ein Inferno.

ZITAT • John F. Kennedy, 1963 in seiner Washingtoner „Friedensrede"

„Wir [die USA und die UdSSR] werfen beide für gigantische Waffen riesige Beträge aus – Beträge, die besser für den Kampf gegen Unwissenheit, Armut und Krankheit aufgewandt werden sollten. Wir sind beide in einem unheilvollen und gefährlichen Kreislauf gefangen, in dem Argwohn auf der einen Seite Argwohn auf der anderen auslöst und in dem neue Waffen zu wieder neuen Abwehrwaffen führen. Kurz gesagt: Beide, die Vereinigten Staaten und ihre Verbündeten sowie die Sowjetunion und ihre Verbündeten, haben ein gemeinsames tiefes Interesse an einem gerechten und wirklichen Frieden und einer Einstellung des Wettrüstens."

John F. Kennedy, „Friedensrede" in der American University in Washington am 10. Juni 1963, in: Europa-Archiv, Jahrgang 1963, S. 193

Die Erfahrungen in der Kuba-Krise führten auf beiden Seiten zu einer generellen Umorientierung: In der UdSSR wurde das schon seit 1956 entwickelte **Prinzip der „friedlichen Koexistenz"**, also des Nebeneinanders der beiden verfeindeten Blöcke, zur Maxime der Außenpolitik, während die USA und die NATO mit der „Flexible Response" eine grundlegend veränderte Strategie begründeten, die auf Verhandlungen aus einer Position der Stärke setzte („Zwei-Säulen-Theorie", nach der die Sicherheit der NATO-Staaten gleichermaßen auf Verteidigungsbereitschaft und Entspannung beruhen soll).

Damit begann die **Epoche der Entspannung**, die vom beiderseitigen Bemühen gekennzeichnet war, ein geregeltes Nebeneinander zu ermöglichen und dem weiterhin befürchteten eventuellen Angriff der Gegenseite durch einen rechtzeitigen atomaren Vergeltungsschlag („Zweitschlagsfähigkeit") begegnen zu können. Aufgrund dieser Bedrohungsängste gab es trotz aller Gespräche eine Fortsetzung des Rüstungswettlaufs, der zur Entwicklung immer ausgeklügelterer Raketensysteme und vielfacher Overkillkapazitäten führte.
Ansonsten wurde der „Wettkampf der Systeme" vor allem im Sport (bei Olympischen Spielen und Weltmeisterschaften) sowie im Weltall ausgetragen. Dabei gelang den Amerikanern dank einer außerordentlichen Kraftanstrengung 1969 die erste Mondlandung, sodass sie in der ungemein prestigeträchtigen Weltraumfahrt doch noch die Sowjetunion überrundet hatten.

Im Rahmen der allgemeinen **Entspannungspolitik** ergab sich auch zwischen den beiden deutschen Staaten eine Annäherung, die vor allem durch die engagierte **„Neue Ostpolitik" der Regierung Brandt** ermöglicht wurde. Höhepunkt dieser Epoche war 1975 in Helsinki die „Konferenz für Sicherheit und Zusammenarbeit in Europa" (**KSZE**), bei der auch die USA und Kanada vertreten waren. In der **Schlussakte von Helsinki** wurden die Achtung der Menschenrechte, Erleichterungen im Handel, die Unverletzlichkeit der bestehenden Grenzen und der Grundsatz der Nichteinmischung in innere Angelegenheiten festgeschrieben. Auch wenn die Garantierung der Grundfreiheiten sich in den Ländern des Ostblocks kaum unmittelbar bemerkbar machte, stärkte sie doch die dortigen Oppositionsbewegungen wie etwa die Gruppe der „Charta 77" um den tschechischen Schriftsteller Vaclav Havel.

Trotz der Fortschritte von Helsinki, die von Abrüstungsverhandlungen begleitet waren, kam es Ende der 1970er-Jahre jäh zu einer erneuten Verschärfung des Ost-West-Gegensatzes, als die Sowjetunion in Afghanistan

einmarschierte. Schon vorher hatte die UdSSR ihre Aufrüstung vor allem im Bereich der Mittelstreckenraketen ungeachtet aller Zusicherungen vorangetrieben. Deshalb fasste die NATO 1979 den sogenannten **„Doppelbeschluss"**: Für den Fall, dass der Warschauer Pakt nicht einlenkte, drohte sie mit einer gezielten Nachrüstung.
Da die Führung der Sowjetunion nicht bereit war, die Raketenbasen, die sie in Mittelosteuropa errichtet hatte, wieder abzubauen, begann der Westen 1982/83 mit der **Aufstellung eigener Abwehrraketen in Mitteleuropa**. Damit schien der Kalte Krieg zurückgekehrt zu sein, zumal der neue US-Präsident, der konservative Ronald Reagan, die UdSSR öffentlich als „Reich des Bösen" bezeichnete und eine Aufrüstung sondergleichen einleitete.

Dass es trotz alledem nicht zu einer weiteren Eskalation kam, lag in erster Linie an der Wahl **Michail Gorbatschows** zum Generalsekretär der KPdSU. Dieser Machtwechsel führte in Moskau seit 1985 zu einer **grundlegenden Wende in der Innen- und Außenpolitik**, die den Westen immer wieder neu erstaunte und unter Zugzwang setzte. Gorbatschow wollte als Vertreter einer neuen Generation innenpolitische Reformen und eine allmähliche Liberalisierung der erstarrten Sowjetgesellschaft. Dabei war ihm klar, dass sich die UdSSR ein weiteres Wettrüsten nicht mehr leisten konnte. Auch deshalb machte er der NATO immer wieder neue **Abrüstungsofferten** und veranlasste 1989 den Abzug der sowjetrussischen Truppen aus **Afghanistan**.

ZITAT ▪ Michail Gorbatschow, 1987
über die Notwendigkeit des „Neuen Denkens"

„Von gegenseitigem Misstrauen und gegenseitiger Feindseligkeit zu gegenseitigem Vertrauen zu gelangen, von einem „Gleichgewicht des Schreckens" zu einem Gleichgewicht der Vernunft und des Wohlwollens, von engstirnigem nationalem Egoismus zur gegenseitigen Zusammenarbeit – darauf dringen wir. [...]
Die Umgestaltung ist ein Muss für eine Welt, die überflutet wird von Atomwaffen, ein Muss für eine Welt, die von ernsten wirtschaftlichen und ökologischen Problemen heimgesucht wird, ein Muss für eine Welt, in der noch immer Armut, Rückständigkeit und Krankheit herrschen [...]"

Michail Gorbatschow: Perestroika. Die zweite russische Revolution. Eine neue Politik für Europa und die Welt, 1987, S. 354

Gorbatschows „Neues Denken" eröffnete die Möglichkeiten einer qualitativ veränderten Form von Entspannungspolitik. Dies griffen die westlichen Regierungschefs nach einigem Zögern auf. Damit begann eine noch kurz zuvor nicht für mögliche gehaltene **Wende in den Ost-West-Beziehungen**. 1989 gab Gorbatschow die → Breschnew-Doktrin auf und hob damit das bis dahin in den Staaten des Warschauer Pakts geltende Interventionsrecht der UdSSR auf. Mit Verzicht auf den Moskauer Führungsanspruch gab er den Weg frei für eine **selbständige Entwicklung der bisherigen Satellitenstaaten**, die so aus ihrer Abhängigkeit befreit wurden.

Der dadurch ausgelöste epochale Wandel führte innerhalb von nur zwei Jahren zum **Sturz der kommunistischen Regierungen** überall in Ostmitteleuropa und zur **Auflösung der UdSSR**. Damit war der von der Sowjetunion dominierte Ostblock zusammengebrochen. Auch das Zeitalter des Kalten Krieges war so überraschend schnell und noch dazu gänzlich unblutig zu Ende gegangen.

ZEITTAFEL ▪ Wichtige Ereignisse von 1963 bis 1989	
1963	Einrichtung des „heißen Drahts" zwischen Washington und Moskau; Atomteststoppvertrag zwischen den beiden Supermächten
1964	militärische Intervention der USA in Vietnam, die zum Vietnamkrieg führt, der bis 1975 andauert
1968	Studentenunruhen und Proteste gegen den Vietnamkrieg der USA überall in der westlichen Welt Truppen des Warschauer Pakts besetzen im Sinne der Breschnew-Doktrin die Tschechoslowakei und ersticken damit die Liberalisierungsbemühungen des „Prager Frühlings".
1969	erfolgreiche Mondlandung der USA: Neil A. Armstrong betritt als erster Mensch den Mond
1972	SALT-I-Vertrag zur Begrenzung strategischer Nuklearwaffen
1973–1975	Abzug aller US-Truppen aus Südvietnam, das von dem kommunistischen Nordvietnam besiegt und besetzt wird
1974	Rücktritt des US-Präsidenten Richard M. Nixon wegen der Watergate-Affäre (Einbruch in das Wahlhauptquartier der gegnerischen Demokratischen Partei)
1975	KSZE-Konferenz in Helsinki
1979	Besetzung Afghanistans durch die Rote Armee (bis 1989)
1985	Gorbatschow wird Generalsekretär der KPdSU
1989	friedliche Revolution in Osteuropa

4.3 Die Entwicklung der Bundesrepublik Deutschland bis 1989

Als 1949 aus den drei westlichen Besatzungszonen die Bundesrepublik Deutschland (BRD) hervorging, glaubte man allgemein, dass das neue Staatswesen nur ein Provisorium sei, und hoffte auf eine Wiedervereinigung mit der ebenfalls 1949 gegründeten DDR innerhalb weniger Jahre. So wurde auch das Grundgesetz nur als vorläufig betrachtet, da es später einer dauerhaften Verfassung eines wiedervereinigten Deutschland weichen sollte.

Schon in den 1950er-Jahren und erst recht nach dem Bau der Berliner Mauer 1961 gewöhnte man sich aber in beiden Teilen Deutschlands an die Zweistaatlichkeit. Nach dem Grundlagenvertrag von 1972 war die DDR auch staatsrechtlich von der Bundesrepublik endgültig anerkannt. Eine Normalisierung der deutschdeutschen Beziehungen lag im beiderseitigen Interesse. Als 1987 DDR-Regierungschef Erich Honecker in Westdeutschland einen Staatsbesuch mit allen protokollarischen Ehren machte, schien die Teilung auf unabsehbare Zeit fixiert.

Umso überraschender waren deshalb für die Menschen in Ost und West die Ereignisse der Jahre 1989/90, die innerhalb von zwölf Monaten zur Auflösung der DDR und zur Wiedervereinigung führten.

Die innere und äußere Entwicklung der Bundesrepublik ist – gerade im Vergleich zu den unruhigen Verhältnissen in der Weimarer Republik – durch eine ausgesprochene Kontinuität und Stabilität gekennzeichnet. Die Grundlagen des neuen Staates wurden in der Ära Adenauer (1949–1963) gelegt: Der Festigung der jungen Demokratie unter dem Zepter des ersten Bundeskanzlers Konrad Adenauer („Kanzlerdemokratie") entsprachen ein beispielloser Wirtschaftsaufschwung und die erfolgreich betriebene Westintegration. Dadurch gelang es Adenauer, die Bundesrepublik nachhaltig innerhalb der westlichen Demokratien zu verankern und zu den früheren Gegnern freundschaftliche Beziehungen zu begründen.

Adenauer hoffte, über eine Politik der konsequenten Westintegration und des zielführenden Aufbaus eines vereinten Europa für die Bundesrepublik die Souveränität zurückzugewinnen. Nur aus einer Position der Stärke wollte er dann die Wiedervereinigung erreichen. Er war sich sicher, dass die Bundesrepublik nicht zuletzt dank ihrer großen Wirtschaftskraft der DDR überlegen und deshalb für die dortige Bevölkerung sehr attraktiv sein würde. Adenauers simpler Grundsatz lautete daher: Westintegration geht vor Wiedervereinigung, oder: Erst die Freiheit, dann Friede und Ausgleich.

Infolge des Korea-Krieges (1950–1953) verbesserte sich Adenauers Verhandlungsposition außerordentlich. Jetzt war den Westalliierten die Möglichkeit einer Wiederbewaffnung Westdeutschlands sehr willkommen, und Adenauer konnte so bis 1955 für die Bundesrepublik tatsächlich die Souveränität erzielen.

ZEITTAFEL ▪ Die Westintegration der Bundesrepublik Deutschland	
22.11.1949	Petersberger Abkommen mit den Westalliierten als erste Lockerung des Besatzungsstatuts, zugleich Aufnahme der BRD in die Internationale Ruhrbehörde
18.4.1951	Beitritt zur Montan-Union (auch: EGKS, Europäische Gemeinschaft für Kohle und Stahl), der auch Frankreich, Italien und die Beneluxländer angehören
2.5.1951	Mitglied des Europarats
10.3.1952	Adenauers Ablehnung der Stalin-Note, die das Angebot der Wiedervereinigung in einem neutralen Deutschland beinhaltet
27.5.1952	Vertrag über die Europäische Verteidigungsgemeinschaft (EVG), den Frankreich aber 1954 wieder ablehnte
6.5.1954	Beitritt zur Westeuropäischen Union (WEU)
5.5.1955	Aufhebung des Besatzungsstatuts und damit Wiedererlangung der Souveränität
9.5.1955	NATO-Beitritt
25.3.1957	Gründung der Europäischen Wirtschaftsgemeinschaft (EWG) und von EURATOM durch die sechs Mitglieder der Montan-Union in den Römischen Verträgen
22.1.1963	deutsch-französischer Freundschaftsvertrag

Die Ära Adenauer ist den meisten Zeitgenossen sehr positiv in Erinnerung geblieben, da sie damit eine Zeit des Aufschwungs und großer Stabilität nach innen und nach außen verbinden. Bei allen Erfolgen sollten jedoch die restaurativ-konservativen Tendenzen dieser Epoche nicht übersehen werden. So blieb eine Demokratisierung der Gesellschaft weitgehend aus, eine Auseinandersetzung mit der Geschichte des „Dritten Reiches" fand nur ansatzweise statt, und die meisten Frauen lebten nach wie vor in traditionellen Rollenmustern. Allgemein war die politische Kultur autoritativ geprägt. Viele Deutsche wandten sich lieber dem Wiederaufbau als der Politik zu und nutzten die sich bietenden Konsummöglichkeiten.

Welche innenpolitischen Leistungen machten Adenauer populär?

- der Aufbau eines funktionstüchtigen und effektiven demokratischen Staatswesens
- der erstaunlich rasche Wiederaufbau und das von kaum jemandem für möglich gehaltene Wirtschaftswunder mit konstant hohem Wirtschaftswachstum und einer sehr aktiven Handelsbilanz
- die fast vollständige Beseitigung der Arbeitslosigkeit bis Ende der 1950er-Jahre
- die äußerst niedrige Staatsverschuldung und die sehr geringe Inflation
- die Errichtung eines leistungsfähigen Sozialstaats mit einem dichten Netz von Leistungen zugunsten der sozial Schwachen
- die auch in Krisenzeiten belastbare Sozialpartnerschaft zwischen Arbeitgebern und Gewerkschaften, die zu rasch wachsenden Gewinnen der Unternehmer und zu ebenfalls rasch steigenden Löhnen der Arbeitnehmer und Angestellten führte
- die Integration von über 13 Millionen Flüchtlingen aus den deutschen Ostgebieten

Die eher unpolitische Einstellung vieler Deutscher kam Adenauer entgegen, sodass die von ihm bestimmte „Kanzlerdemokratie" den Bedürfnissen einer Mehrheit der Bundesbürger entsprach. Anfang der 1960er-Jahre hatte sich diese Ära jedoch überlebt. Der notwendige Wechsel zu einer anderen Politik und einem anderen Politikstil begann bereits unter Adenauers Nachfolger Ludwig Erhard, der allerdings an der ersten wirtschaftlichen Rezession der Nachkriegszeit scheiterte.

Zur Behebung der Krise, in deren Gefolge die Zahl der Arbeitslosen mit rund einer halben Million auf für damalige Verhältnisse ungewohnt hohe Werte stieg, wurde 1966 eine Große Koalition unter Kurt Georg Kiesinger (CDU) als Bundeskanzler mit der aufwärtsstrebenden SPD gebildet, die in Willy Brandt den Außenminister und Vizekanzler stellte.

ZITAT ▪ Egon Bahr (SPD), 1963
über sein Konzept „Wandel durch Annäherung"

„Die Voraussetzungen zur Wiedervereinigung sind nur mit der Sowjetunion zu schaffen. Sie sind nicht in Ost-Berlin zu bekommen, nicht gegen die Sowjetunion, nicht ohne sie. [...] Die amerikanische Strategie des Friedens lässt sich auch durch die Formel definieren, dass die kommunistische Herrschaft nicht beseitigt, sondern verändert werden soll. Die Änderung des Ost-West-Verhältnisses, die die USA versuchen wollen, dient der Überwindung des Status quo, indem der Status quo zunächst nicht verändert werden soll. Das klingt paradox, aber es eröffnet Aussichten, nachdem die bisherige Politik des Drucks und des Gegendrucks nur zu einer Erstarrung des Status quo geführt hat."

Egon Bahr: Wandel durch Annäherung. In: Archiv der Gegenwart, 15.7.1963, S. 10

Durch die Studentenunruhen von 1967/68 kam dann ein gesellschaftlicher Wandel in Gang, der 1969 zum entscheidenden Regierungswechsel führte. Die neue sozialliberale Koalition aus SPD und FDP sah sich unter Willy Brandt, der nun Bundeskanzler geworden war, dem Motto „Mehr Demokratie wagen" verpflichtet. Von einer breiten Aufbruchstimmung getragen, begann die neue Regierung einen entschiedenen Kurswechsel sowohl in der Innen- als auch in der Außenpolitik.

Mit ihrer „Neuen Ostpolitik" bemühte sich die Regierung Brandt/Scheel um eine Verständigung mit der UdSSR und den Warschauer-Pakt-Staaten. Im Rahmen ihres Konzepts „Wandel durch Annäherung" kam es 1970 zum Moskauer Vertrag mit der UdSSR und 1971 mit Polen zum Warschauer Vertrag, in dem von der Bundesrepublik endgültig die Oder-Neiße-Grenze als Westgrenze Polens anerkannt wurde. Zur weiteren Normalisierung der Beziehungen zwischen Ost und West wurde ferner 1972 der Grundlagenvertrag mit der DDR abgeschlossen, in dem die DDR als eigenständiger Staat anerkannt wurde. Dadurch wurden menschliche Erleichterungen vor allem im Reiseverkehr möglich.

Innenpolitisch setzte unter Brandt eine intensive Demokratisierung der Gesellschaft ein, die sich auf Schulen (SMV) und Universitäten, die Bundeswehr (Konzept der „Inneren Führung") sowie auf Betriebe und Behörden (Reform des Betriebsverfassungsgesetzes, um mehr Mitbestimmung zu ermöglichen) auswirkte. In dieselbe Richtung zielten das veränderte Ehe- und Familienrecht (neues Scheidungsrecht und Stärkung der Rechte der Frau und der Kinder), der Ausbau des Sozialstaats (BaföG für Kinder aus sozial schwachen Familien, Erhöhung der Sozialhilfe, Unterstützung für Alleinerziehende etc.), die Begründung des Umweltschutzes und nicht zuletzt die neue

Bildungspolitik (Chancengleichheit, Einrichtung von Gesamtschulen, Entwicklung veränderter Lehrpläne unter besonderer Berücksichtigung gesellschaftskritischer Fragestellungen und Inhalte).

Alle diese Vorhaben waren jedoch äußerst kostspielig. So kam es zu einer beträchtlichen Verschuldung der Bundesrepublik. Die finanzielle Lage verschärfte sich durch die erste Ölkrise 1973 und durch die dadurch verursachte neuerliche Rezession, in deren Gefolge die Arbeitslosigkeit erstmals eine Million überstieg.

Nachdem Willy Brandt 1972 triumphal bei den Bundestagswahlen gewonnen hatte, wirkte er schon bald danach amtsmüde und führungsschwach. Sein Rücktritt erfolgte 1974, nachdem sein persönlicher Referent Günter Guillaume als DDR-Spion enttarnt worden war.

Brandts Nachfolger wurde Helmut Schmidt (SPD), der die sozialliberale Koalition fortsetzte. Mit dem Rücktritt Brandts war auch die Reformeuphorie verflogen, und eine allgemeine Ernüchterung setzte ein. Dem trug Schmidts sachbetonter Pragmatismus Rechnung: Als Krisenmanager musste er die Bundesrepublik durch eine schwierige Zeit steuern. Der Terrorismus der → RAF, die wirtschaftliche Stagnation mit einer nach wie vor recht hohen Arbeitslosigkeit, ökologische Probleme und die Frage der Stationierung neuer strategischer Raketen in der Bundesrepublik waren die größten Herausforderungen Schmidts, der 1982 durch ein konstruktives Misstrauensvotum gestürzt wurde.

Neuer Bundeskanzler wurde Helmut Kohl (CDU). Er führte fortan mit der FDP, die die Seiten gewechselt hatte, eine christlich-liberale Koalition. Die Außenpolitik Kohls stand im Zeichen großer Kontinuität: Nachdem die Unionsparteien in den 1970er-Jahren die Ostpolitik Brandts noch vehement bekämpft hatten, akzeptierten sie jetzt die geschaffenen Tatsachen und respektierten die Ostverträge.

In der Wirtschafts- und Haushaltspolitik vollzog die Regierung Kohl hingegen einen Kurswechsel und betrieb unter anderem durch Kürzungen im Sozialbereich eine moderate Sparpolitik. Dadurch kam es ebenso wie durch die sinkenden Ölpreise und die Erholung der Weltwirtschaft zu dem erhofften konjunkturellen Aufschwung mit immensen Exportüberschüssen. Dennoch gelang es nicht, die Arbeitslosigkeit nennenswert zu senken. Vielmehr verharrte sie im gesamten Zeitraum der 1980er-Jahre auf einem konstant hohen

Niveau von rund zwei Millionen und wurde zum strukturellen Dauerproblem der Bundesrepublik.

Allgemein verband Kohl mit dem Regierungswechsel den Anspruch einer „geistig-moralischen Wende". Von Aufbruchstimmung oder auch nur von einer Rückbesinnung auf abendländisch-christliche oder konservative Werte konnte indes keine wirkliche Rede sein. Eher setzten sich gesellschaftliche Trends ungebrochen fort, die um 1968 begonnen hatten, denn auch wenn Spannkraft und Fantasie der gerne glorifizierten 68er-Generation längst verflogen waren, dauerte die allgemeine Liberalisierung an, die sich auf alle Lebensbereiche auswirkte. Die Regierung Kohl leistete dem sogar noch Vorschub, indem sie private Fernsehsender zuließ und damit die moderne Mediengesellschaft ermöglichte, die in zunehmendem Maße die Bedürfnisse der breiten Masse befriedigte.

Dadurch entwickelte sich tendenziell gerade die von den Konservativen abgelehnte „Spaßgesellschaft", in der infolge eines tief greifenden Wertewandels die früheren „deutschen" Sekundärtugenden zunehmend von Selbstverwirklichungswerten und hedonistischen Einstellungen verdrängt wurden. Trotzdem verwandelte sich Deutschland nicht in den von Kohl befürchteten „Freizeitpark", denn allen Anfechtungen zum Trotz blieb die Produktivität der deutschen Wirtschaft im weltweiten Vergleich fast konkurrenzlos hoch.

Was die Wiedervereinigung anbetraf, war sie als Thema längst von der Tagesordnung verschwunden. Stillschweigend ging man in Ost und West davon aus, dass sie auf unabsehbare Zeit aufgeschoben sei. Auch als in der Sowjetunion dank Michail Gorbatschow eine allgemeine Reformbereitschaft einsetzte, änderte sich diese Einschätzung nicht. So erklärte Erich Honecker, der DDR-Staatsratvorsitzende noch 1989 frohgemut , dass die DDR nun in ihr fünftes Jahrzehnt trete. Und in der Bundesrepublik betonte etwa Bundesminister Wolfgang Schäuble wenige Monate vor dem Mauerfall, dass die DDR trotz gewisser Schwierigkeiten keinesfalls vor dem Zusammenbruch stehe. Ausdrücklich warnte er vor „euphorischen Illusionen".

Der Gang der sich überstürzenden Ereignisse in den folgenden Monaten sollte die Politiker und die Menschen in beiden Teilen Deutschlands vor ungeahnte Überraschungen stellen – und die Welt in Folge der dadurch ausgelösten gewaltigen Veränderungen den Atem anhalten lassen.

4.4 Die Entwicklung der DDR von 1949 bis 1989

Wenige Monate nach der Gründung der Bundesrepublik Deutschland ging aus der → SBZ unter Aufsicht der UdSSR die Deutsche Demokratische Republik hervor. Präsident wurde Wilhelm Pieck, Ministerpräsident war Otto Grotewohl, doch der eigentliche starke Mann des neuen Staates war Walter Ulbricht, seit 1950 Generalsekretär der SED und seit 1960 auch Vorsitzender des Staatsrats.

Die DDR verstand sich von ihrer Gründung an als Gegenentwurf der nach Westen orientierten Bundesrepublik, der sie vorwarf, von Nazis und Kapitalisten bestimmt zu werden, die als Statthalter des US-Imperialismus in Europa fungierten. In ihrer Selbsteinschätzung war die DDR der erste deutsche sozialistische Arbeiter- und Bauernstaat. Sie zählte sich zum „Friedenslager" der östlichen „Bruderstaaten", die gegen Faschismus und Kapitalismus ankämpften.

Der „real existierende Sozialismus" sah allerdings anders aus. Das ersehnte Paradies der Werktätigen litt von Beginn an unter einer ökonomischen Dauerkrise und gegenüber dem Westen unter einem fühlbaren Rückstand, der sich, statt abzunehmen, von Jahr zu Jahr noch vergrößerte. Zu den wirtschaftlichen Schwierigkeiten, die eng mit der Zentralverwaltungswirtschaft zusammenhingen, kamen große innenpolitische Probleme, die sich besonders am 17. Juni 1953 zeigten, als Arbeiter überall in der DDR gegen Normerhöhungen protestierten. Die Antwort der SED-Spitze waren sowjetische Panzer, die mit Gewalt die Demonstrationen auflösten.

Mit der Niederschlagung des Aufstands vom 17. Juni hatte die Regierung viel Kredit in der Bevölkerung verspielt. Sie musste sich von nun an den Vorwurf gefallen lassen, dass sie eine sozialistische Diktatur gegen das Volk errichtete. Eine Folge dieser Einparteienherrschaft war ein andauernder Strom von Flüchtlingen: So verließen bis 1961 rund 2,6 Millionen Menschen die DDR.

ZEITGENÖSSISCHES ▪ Bert Brecht schrieb nach dem Volksaufstand das Gedicht „Die Lösung"

„Nach dem Aufstand des 17. Juni
Ließ der Sekretär des Schriftstellerverbandes
In der Stalinallee Flugblätter verteilen,
Auf denen zu lesen war, dass das Volk
Das Vertrauen der Regierung verscherzt habe
Und es nur durch verdoppelte Arbeit
Zurückerobern könne. Wäre es da
Nicht doch einfacher, die Regierung
Löste das Volk auf und
Wählte ein anderes?"

Bert Brecht, Sommer 1953, erstmals veröffentlicht in „Die Welt" am 9. 12. 1959
Weblink/Internettipp: de.wikipedia.org/wiki/Die_Lösung

Um diese stete Abwanderung zu stoppen, ließ die DDR-Regierung unter Ulbricht in der Nacht auf den 13. August 1961 die Berliner Mauer errichten. An der innerdeutschen Grenze wurde in der Folgezeit ein vielfach kontrollierter und streng bewachter Todesstreifen mit Minenfeldern und Selbstschussanlagen installiert, der Flucht fast unmöglich machte. Damit war die deutsche Teilung unübersehbar zementiert, und die DDR-Führung hoffte, hinter Mauer und Stacheldraht ungestört von westlichen Einflüssen den Aufbau des Sozialismus bewerkstelligen zu können.

Welche Merkmale kennzeichneten den DDR-Staat?

- allumfassender Führungsanspruch der SED in Staat, Wirtschaft und Gesellschaft
- Ausschaltung von Opposition und Andersdenkenden
- Mithilfe des Prinzips des Demokratischen Zentralismus erfolgte die Willensbildung in Partei und Staat strikt von oben nach unten.
- Schutz der Einparteienherrschaft durch den allgegenwärtigen Überwachungsapparat der „Staatssicherheit" („Stasi")
- sozialistische Gesetzgebung, die nicht überparteilich war, sondern der Machtsicherung der Partei diente
- Planwirtschaft und zentrale Lenkung bestimmten die Volkswirtschaft der DDR, deren Produktion in allen Bereichen Mehrjahresplänen der Partei unterworfen war.
- Massenmobilisierung der Bevölkerung in zahllosen Verbänden und Organisationen
- Propaganda und Agitation bestimmten den Inhalt der Massenmedien, die von linientreuen Parteimitgliedern geführt und kontrolliert wurden.

- Die DDR gehörte zum von der UdSSR dominierten Ostblock: 1950 trat sie dem „Rat für gegenseitige Wirtschaftshilfe“ (RGW) bei, 1955 dem Warschauer Pakt, in dessen Militärbündnis sie 1956 mit dem Aufbau der „Nationalen Volksarmee“ (NVA) begann.

Wie erhofft trug der Mauerbau zur inneren Stabilisierung der DDR bei und verhinderte ein weiteres Ausbluten. Zugleich verstärkte er in der Bevölkerung aber auch das Gefühl einer erzwungenen Abgeschlossenheit, was bei vielen Menschen zu Resignation und Rückzug ins Privatleben führte.

Außenpolitisch endete in der Zeit nach dem Mauerbau paradoxerweise die vorherige Isolation, zumal sich im Rahmen der von der Sowjetunion begrüßten Entspannungspolitik ein friedliches Nebeneinader der beiden deutschen Staaten ergab, das weltweit zur Anerkennung der DDR führte. 1968 hatte sich die DDR eine neue Verfassung gegeben, in der sie sich als sozialistischer Staat „unter der Führung der Arbeiterklasse und ihrer marxistisch-leninistischen Partei“ definierte. 1974 wurde in der Verfassung zudem die „unwiderrufliche Bindung an die Sowjetunion“ festgeschrieben.

1971 löste Erich Honecker Ulbricht als Generalsekretär und starken Mann der DDR ab. Der erhoffte Kurswechsel erwies sich jedoch als nur von kurzer Dauer, denn ab Mitte der 1970er-Jahre schlug der SED-Staat mit Repressalien gegen regimekritische Künstler und Schriftsteller zurück. Symbol hierfür wurde die Zwangsaussiedlung des Liedermachers Wolf Biermann, der nach einem Konzert in Köln nicht wieder in die DDR zurückkehren durfte.

Damit begann für die Bevölkerung eine Phase neuerlicher Resignation, die sich durch die verschärfte Versorgungskrise zu allgemeiner Frustration steigerte. Außerdem geriet die DDR in den 1980er-Jahren zunehmend in Zahlungsschwierigkeiten und stand am Rande des Staatsbankrotts. Trotz alledem erwies sich die Staatsführung als gänzlich reformresistent und hielt an den etablierten Strukturen selbst dann noch fest, als in der UdSSR dank Michail Gorbatschow der entscheidende Kurswechsel hin zu einer Reform des Sozialismus getan wurde.

ZEITTAFEL ▪ Was war wichtig in der DDR-Geschichte?	
7.10.1949	Gründung der DDR
1950	Beitritt zum RGW, der auch als Comecon bezeichnet wurde
17.6.1953	Volksaufstand und Demonstrationen in über 100 Städten
1955	Beitritt zum Warschauer Pakt
13.8.1961	Beginn des Baus der Berliner Mauer und hermetische Abriegelung der gesamten DDR
1970	Treffen von Willy Brandt mit dem DDR-Ministerpräsidenten Willi Stoph in Erfurt und Kassel
1971	Ablösung Walter Ulbrichts durch Erich Honecker
1972	Grundlagenvertrag zwischen den beiden deutschen Staaten, (Unverletzlichkeit der Grenzen, Gleichberechtigung der DDR)
1976	Zwangsaussiedlung des Liedermachers Wolf Biermann
1987	Staatsbesuch Honeckers in der Bundesrepublik

4.5 Wende und Wiedervereinigung in Deutschland 1989/90

Knapp vier Jahrzehnte nach der Gründung zweier deutscher Staaten glaubten nur noch die Wenigsten in Deutschland an eine Wiedervereinigung in naher Zukunft. Deshalb kam die Wende in der DDR für die meisten Menschen in Ost und West völlig überraschend. Die Ereignisse überschlugen sich mit vorher unvorstellbarer Geschwindigkeit. Sie entwickelten eine Eigendynamik, die allen Beteiligten ein hohes Maß an Flexibilität abverlangte. Dies war allerdings der vergreisten Spitze in der DDR nicht mehr möglich, sodass sie von einer Lawine überrollt wurde, die, einmal in Gang gekommen, nicht mehr zu stoppen war.

Wodurch kam es zur Wende in der DDR?

- Die SED-Spitze hatte die Zeichen der Zeit nicht erkannt und vertrat weiterhin überholte Konzepte, die seit Gorbatschows Regierungsantritt gänzlich obsolet geworden waren.
- Der fehlende Rückhalt der DDR-Führung in Moskau und die mangelnde Unterstützung durch die Rote Armee ermutigten die Oppositionellen.
- Die Aufbruchstimmung in Polen und Ungarn wirkte ansteckend, wobei der ungarischen Grenzöffnung besondere Bedeutung zukam.
- Die breite Unzufriedenheit der Menschen in der DDR mit dem vormundschaftlichen SED-Regime und der ökonomischen Dauerkrise erhielt durch die Anstöße von außen ein Ventil.

- Nachdem die Demonstrierenden ihre Stärke erkannt hatten, gaben sie sich mit kleineren Zugeständnissen nicht mehr zufrieden.
- Auf der anderen Seite war die SED-Spitze um Erich Honecker führungsschwach und auch der innerparteilichen „Palast-Revolte" nicht gewachsen.
- Das geschickte Agieren der Regierung Kohl/Genscher verstärkte die allgemeine Wendeeuphorie in der DDR-Bevölkerung.

Allerdings war bis Anfang 1990 nicht klar, dass die Umwälzungen in der DDR die Chance der Wiedervereinigung der beiden deutschen Staaten bieten würde, denn auch noch nach dem Mauerfall hofften viele Revolutionäre auf einen, allerdings demokratisierten, eigenständigen Staat. Doch auch wenn sie fürchteten, von Westdeutschland „BRDigt" zu werden, ergaben die ersten freien Wahlen ein anderes Bild: Eine breite Mehrheit der DDR-Bevölkerung entschied sich für den Beitritt und gegen weitere sozialistische Experimente. Nachdem Gorbatschow bereits im Februar signalisiert hatte, dass er die Entscheidung der Wähler respektieren würde, waren damit die Würfel zugunsten einer raschen Wiedervereinigung gefallen.

ZEITTAFEL • Wichtige Ereignisse in den Wendejahren 1989/90	
1989	ab August Massenflucht vieler DDR-Bürger über die geöffnete ungarisch-österreichische Grenze in den Westen
seit 2.10.1989	anwachsende Montagsdemonstrationen in Leipzig
7.10.1989	Unbeeindruckt von allen Geschehnissen feiert die DDR-Führung den 40. Staatsfeiertag.
18.10.1989	Rücktritt Honeckers
7.11.1989	Rücktritt der DDR-Regierung
9.11.1989	Öffnung der Grenze nach West-Berlin und Mauerfall
14.11.1989	Rücktritt von Honeckers Nachfolger Egon Krenz
28.11.1989	Zehn-Punkte-Plan Kohls zur schrittweisen Überwindung der Teilung durch eine Konföderation
Februar 1990	Gorbatschow teilt Kohl mit, dass er künftig das Selbstbestimmungsrecht der Bevölkerung respektieren werde.
18.3.1990	Freie Volkskammerwahlen bringen CDU-Sieg.
1.7.1990	Inkrafttreten der Wirtschafts-, Währungs- und Sozialunion zwischen BRD und DDR
12.9.1990	Abschluss der „2+4-Gespräche" mit den vier Alliierten, die dem vereinigten Deutschland volle Souveränität gewähren
3.10.1990	Beitritt der DDR zur Bundesrepublik Deutschland
2.12.1990	Bestätigung der Regierung Kohl/Genscher bei der ersten gesamtdeutschen Bundestagswahl

4.6 Die Europaidee des 20. Jahrhunderts als Vision für eine bessere Zukunft

Auch wenn Ideen für eine Überwindung der Zersplitterung Europas bis weit ins Mittelalter zurückreichen, bedurfte es der Katastrophe des Ersten Weltkriegs, um konkrete Pläne für eine Staatengemeinschaft, die auch ein Friedensinstrument sein sollte, entstehen zu lassen. So vereinigten sich besonders in der „**Paneuropa-Bewegung**" Politiker aus verschiedenen Ländern unter Führung des Grafen Richard von Coudenhove-Kalergi, um den „Zusammenschluss aller demokratischen Staaten Kontinentaleuropas zu einer internationalen Gruppe" zu fordern.

In eine ähnliche Richtung zielten die Bestrebungen des französischen Außenministers Aristide Briand, der 1929 vor dem Völkerbund die Idee einer Zoll- und Wirtschaftsunion in Form der „Vereinigten Staaten von Europa" entwickelte. Ähnliche Pläne vertrat in derselben Zeit der deutsche Außenminister Gustav Stresemann, der schon damals an eine „europäische Münze" und eine „europäische Briefmarke" dachte.

Während des Dritten Reiches gerieten solche Vorstellungen wieder in den Hintergrund, doch der Zweite Weltkrieg zeigte dann umso unerbittlicher, dass die Völker Europas nur durch eine politische und wirtschaftliche Integration zu einem friedlichen Zusammenleben finden können. Vor allem die Widerstandsgruppen fast aller besetzten Länder waren sich darin einig, dass eine Integration Europas für die weitere Zukunft des alten Kontinents absolut notwendig war. So kam es innerhalb des Widerstands 1944 in Paris zu einer „Deklaration über die europäische Zusammenarbeit", in der der Verzicht nationalstaatlicher Souveränität als Voraussetzung einer zukünftigen Friedensordnung gefordert wurde.

Nach Kriegsende forderten 1946 Föderalisten aus ganz Europa, die sich in der Schweiz getroffen hatten, im „**Hertensteiner Programm**" einen europäischen Bundesstaat, dem auch ein demokratisiertes Deutschland und die Länder Ost- und Südosteuropas angehören sollten. 1948/49 bildete sich dann aus Gruppierungen verschiedener politischer Richtungen die „Europäische Bewegung", die fortan die Einigungsidee vertrat.

QUELLENTEXT ▪ Aus dem Hertensteiner Programm vom September 1946:

1. Eine auf föderativer Grundlage errichtete europäische Gemeinschaft ist ein notwendiger und wesentlicher Bestandteil jeder wirklichen Weltunion. [...]
4. Die Mitglieder der Europäischen Union übertragen einen Teil ihrer wirtschaftlichen, politischen und militärischen Souveränitätsrechte an die von ihnen gebildete Föderation.
5. Die Europäische Union steht allen Völkern europäischer Wesensart, die ihre Grundgesetze anerkennen, offen. [...]
9. Die Europäische Union richtet sich gegen niemand und verzichtet auf jede Machtpolitik, lehnt es aber auch ab, Werkzeug irgendeiner fremden Macht zu sein. [...]
11. Nur die Europäische Union wird in der Lage sein, die Unversehrtheit des Gebiets und die Bewahrung der Eigenheit aller ihrer Völker, großer wie kleiner, zu sichern. [...]

Hertensteiner Programm vom 21.9.1946
Weblink/Internettipp: de.wikipedia.org/wiki/Hertensteiner_Programm

Die großen Hoffnungen, die auf eine baldige Realisation all dieser Wünsche zielten, wurden jedoch bald enttäuscht, da der beginnende Kalte Krieg Europa durch den „Eisernen Vorhang" in zwei gegnerische Machtbereiche trennte. Die Teilung in West- und Osteuropa und die Blockbildung ließen alle Erwartungen hinsichtlich einer raschen Einigung in weite Ferne rücken. Dennoch geriet die Europaidee keineswegs in Vergessenheit. Vielmehr blieb sie auch zu Zeiten des Ost-West-Gegensatzes stets präsent: Der zügigen, vor allem wirtschaftlichen Westintegration entsprach dabei in gewisser Weise der Zusammenschluss der Ostblockstaaten, der freilich unter der Vormundschaft der Sowjetunion erfolgte. Gerade die Unterdrückung der Satellitenstaaten durch Moskau ließ aber in den Ländern Ostmitteleuropas die Sehnsucht nach einem geeinten freiheitlichen Europa besonders groß werden.

So konnte der Europagedanke nach dem Zusammenbruch des Ostblocks eine Renaissance erleben, die die Visionen des frühen 20. Jahrhunderts allmählich Wirklichkeit werden ließ. Dabei stellte sich nach der schrittweisen Realisierung der wirtschaftlichen Einheit zunehmend die Frage nach der politischen Integration, die als Hauptaufgabe der Europa-Bewegung im 21. Jahrhundert anzusehen ist.

Welche Ziele und Ideen umfasst der Europa-Gedanke?

- Friedenssicherung nach innen und außen
- Abbau von Zollschranken und Handelshemmnissen zur Bildung eines gemeinsamen Binnenmarktes

- Errichtung einer Währungsunion mit einheitlichem Geld
- Aufhebung der zwischenstaatlichen Grenzen und Grenzkontrollen
- schrittweise Abgabe von nationaler Souveränität zugunsten supranationaler Institutionen
- Erarbeitung einer Europäischen Verfassung, die auf liberaldemokratischen Grundsätzen fußt
- Bildung einer politischen Union in Form eines Staatenbundes oder sogar eines Bundesstaats
- Entwicklung einer eigenen Verteidigungs-, Außen- und Sicherheitspolitik
- Angleichung der Sozialsysteme, der Steuersätze und des Rechts
- kulturelle Annäherung und intensiver Austausch zwischen den unterschiedlichen Völkern Europas
- Förderung einer engen wissenschaftlichen und technologischen Zusammenarbeit, vor allem in der Grundlagenforschung und bei kostenaufwendigen Zukunftsprojekten

ZITAT ▪ **Der britische Staatsmann Winston Churchill 1946 in Zürich über Europas Zukunft:**

„Ich möchte heute über die Tragödie Europas sprechen. Dieser edle Kontinent, der letzten Endes die schönsten und kultiviertesten Gebiete der Erde umschließt und sich eines gemäßigten und ausgeglichenen Klimas erfreut, ist die Heimat aller großen Stammvölker der Welt. Er ist die Quelle des christlichen Glaubens und der christlichen Ethik. Er war in alter und neuer Zeit der Ursprung fast jeglicher Kultur, Kunst, Philosophie und Wissenschaft. [...] Und doch brach in Europa jene Reihe entsetzlicher nationalistischer Streitigkeiten aus, die wir in unserem 20. Jahrhundert [...] den Frieden zerstören und die Hoffnungen der ganzen Menschheit vernichten sahen. [...]

Doch es gibt ein Heilmittel, das [...] wie durch ein Wunder die ganze Szene verwandeln und innerhalb weniger Jahre ganz Europa oder wenigstens dessen größeren Teil ebenso frei und glücklich machen könnte, wie es die Schweiz heute ist. Worin besteht dieses Heilmittel?

Darin, dass man die europäische Familie oder doch einen möglichst großen Teil davon wieder aufrichtet und ihr eine Ordnung gibt, unter der sie in Frieden, Freiheit und Sicherheit leben kann. Wir müssen eine Art Vereinigte Staaten von Europa schaffen. [...]

Bei so dringenden Aufgaben müssen Frankreich und Deutschland die Führung gemeinsam übernehmen. [...] Es wird keine Erneuerung Europas geben ohne ein geistig großes Frankreich und ein geistig großes Deutschland."

nach: Rolf Helmut Foerster (Hrsg.): Die Idee Europa 1300–1946. Quellen zur politischen Einigung, München 1963, S. 253 f.

4.7 Der westeuropäische Einigungsprozess bis 1989

Die furchtbaren Erfahrungen des Zweiten Weltkriegs hatten vor allem in West- und in Mitteleuropa zu einem Erstarken der Europa-Bewegung geführt. So wurden 1948 die „Organization for European Economic Cooperation" (OEEC mit Sitz in Paris) gegründet und 1949 der Europarat, der in Straßburg angesiedelt wurde. Letzterer hatte die Aufgabe, den wirtschaftlichen und sozialen Fortschritt zu fördern sowie Menschenrechte und Demokratie europaweit zu verankern. Der Europarat sollte vor allem die politische Integration vorantreiben. Da er aber nur Empfehlungen an die Regierungen aussprechen konnte und keine Beschlüsse fassen durfte, blieb er vorerst ohne sonderliche Wirkung.

Ungleich erfolgreicher waren die Bemühungen um eine beschleunigte wirtschaftliche Integration. Sie führten schon 1951 auf Vorschlag des damaligen französischen Außenministers Robert Schuman zur Begründung der sogenannten **„Montanunion"**. Dieser auch als „Europäische Gemeinschaft für Kohle und Stahl" (EGKS) bezeichnete wirtschaftliche Zusammenschluss bezweckte eine enge Kooperation bei Schlüsselindustrien wie Bergbau und Stahlproduktion verschiedener Länder. Auf diese Art sollte die Kriegführung zwischen den Mitgliedsländern unmöglich gemacht werden. Gründungsmitglieder der EGKS waren neben Frankreich und der Bundesrepublik auch Italien und die Beneluxstaaten.

Da die Montanunion sehr erfolgreich war, entschieden sich die sechs Gründungsstaaten 1957 zum nächsten Schritt, indem sie in den Römischen Verträgen die Gründung der „Europäischen Wirtschaftsgemeinschaft" (**EWG**) beschlossen. Mit dem Wegfall aller Zollschranken innerhalb von zehn Jahren sollte mit der Zeit ein gemeinsamer Binnenmarkt entstehen. Ferner sah man die Chance, dass über die wirtschaftliche Annäherung auch die allmähliche politische und kulturelle Integration erfolgen würde. Außerdem hoffte man, dass von der EWG eine positive Signalwirkung auf andere Staaten ausgehen würde.

Dies war in der Tat der Fall, denn bereits in den 1960er-Jahren gab es erste Beitrittsverhandlungen mit Staaten, die sich zwar der **EFTA**, der europäischen Freihandelszone, angeschlossen hatten, nun aber um eine Aufnahme in die inzwischen in EG umbenannte Europäischen Gemeinschaft baten. So kam es 1973 zur **„Westerweiterung"**. Hier trat neben Dänemark und Irland auch das europaskeptische Großbritannien bei. Dies bedeutete für die EG einen großen Prestigeerfolg.

Nach der reibungslos gelungenen Westerweiterung glückte in den 1980er-Jahren auch die **„Süderweiterung"**, in deren Verlauf die früheren Militärdiktaturen und wirtschaftlich eher schwachen Staaten Griechenland (1981), Spanien und Portugal (beide 1986) aufgenommen wurden. Durch die erfolgreiche Südintegration und durch die gewaltigen Veränderungen der Jahre 1989/90 ergaben sich für die EG sodann ganz neue Möglichkeiten und Herausforderungen, die in den 1990er-Jahren angegangen wurden.

Auf der Basis des Vertrags über die Europäische Union (1993) entstand der Staatenverbund, der üblicherweise als Nachfolger der EG gesehen wird. De jure ist die EG allerdings weiterhin existent und stellt neben der „Gemeinsamen Außen- und Sicherheitspolitik" (GASP) und der „Polizeilichen und justiziellen Zusammenarbeit in Strafsachen" die dritte Säule der EU dar.

Was sind die Gründe für die große Anziehungskraft der EU?

- Die EU bietet einen riesigen Binnenmarkt ohne Zollschranken und Handelshemmnisse.
- Sie erleichtert dadurch Handel und Transport, begünstigt die Massenproduktion und wirkt in Not- und Krisenzeiten wie eine riesige Versicherung.
- Die Europäische Integration hat positive Arbeitsmarkteffekte und sichert Arbeitsplätze.
- Die Gemeinschaftswährung wirkt wirtschaftlich und finanziell stabilisierend.
- Die EU bietet wirtschaftlich schwächeren Ländern und Regionen erhebliche finanzielle Unterstützung und Anreize zur gezielten Verbesserung der Infrastruktur und zur langfristigen Angleichung des Lebensstandards.
- Sie eröffnet vielfältige Gelegenheiten zu Bildungstransfers und kulturellem Austausch.
- Sie ermöglicht die allmähliche Angleichung von Rechtsnormen und sozialen Standards.
- Sie erlaubt eine engere polizeiliche Zusammenarbeit.
- Nicht zu vergessen sind schließlich die friedenssichernde Leistung der EU und ihre Stärke im weltweiten Wettbewerb.

ZEITTAFEL ▪ Große Europäer nach 1945	
Konrad Adenauer (1876–1967)	deutscher Bundeskanzler 1949–1963, Mitbegründer der EGKS und der EWG, entschiedener Verfechter einer deutsch-französischer Freundschaft
Alcide de Gasperi (1881–1954)	italienischer Ministerpräsident von 1945–1954, Vorkämpfer der wirtschaftlichen und politischen Integration Europas
Robert Schuman (1886–1963)	französischer Außenminister 1948–1952, Mitbegründer der EGKS, setzte sich entschieden für die europäische Einigung und eine Aussöhnung mit Deutschland ein
Jean Monnet (1888–1979)	französischer Wirtschaftspolitiker, 1952–1955 Vorsitzender der Montanunion, begründete 1955 ein „Aktionskomitee für die Vereinigten Staaten von Europa"
Charles de Gaulle (1890–1970)	Präsident 1958–1969, war für ein „Europa der Vaterländer" und die Aussöhnung mit Deutschland
Paul Henri Spaak (1899–1972)	wiederholt belgischer Außenminister, leitete 1950–1955 den Internationalen Rat der Europäischen Bewegung
François Mitterand (1916–1996)	französischer Präsident 1981–1995, setzte sich mit Helmut Kohl für die Festigung der EG und den Euro ein
Helmut Schmidt (geb. 1918)	deutscher Bundeskanzler 1974–1982, festigte mit Giscard d'Estaing die EG in schwierigen Zeiten
Jacques Delors (geb. 1925)	Präsident der EG-Kommission 1985–1995, „Mister Euro"
Valéry Giscard d'Estaing (geb. 1926)	französischer Präsident 1974–1981, Vordenker der EU-Verfassung
Helmut Kohl (geb. 1930)	dt. Bundeskanzler 1982–1998, setzte sich für den Euro sowie für den Ausbau und die Erweiterung der EU ein

CHECKLISTE

4 Von der „Stunde Null" bis zum Zusammenbruch des Ostblocks

Welche Schlüsselereignisse verbinden Sie mit den folgenden Jahreszahlen?

- 1945
- 1948
- 1949
- 1950–1953
- 1953
- 1955
- 1957
- 1961
- 1962
- 1963
- 1968
- 1969
- 1972
- 1975
- 1979
- 1985
- 1989
- 1990

Können Sie die folgenden Schlüsselbegriffe erklären?
Falls nicht, schlagen Sie noch einmal hinten im Glossar nach!

- Stunde Null
- Potsdamer Abkommen
- Allgemeiner Kontrollrat
- Entnazifizierung
- SBZ und Bizone
- Truman-Doktrin
- Blockbildung
- NATO
- Marshallplan
- Soziale Marktwirtschaft
- Parlamentarischer Rat
- Grundgesetz
- Westintegration und EWG
- Kalter Krieg
- Korea-Krieg
- Satellitenstaat
- Hallsteindoktrin
- Berliner Mauer
- Kuba-Krise
- Koexistenz
- Entspannungspolitik
- Ostpolitik
- KSZE
- Perestroika
- Wende
- Wiedervereinigung

Fragen zum Nachdenken:

- Beschreiben und erläutern Sie, wie es nach 1945 zur Blockbildung und zum Kalten Krieg kam. War diese Entwicklung unvermeidlich?
- Beurteilen Sie die Politik Konrad Adenauers. Differenzieren Sie dabei nach Innen- und Außenpolitik und gehen Sie kurz auf die Wirtschaftspolitik ein, die Adenauer und Ludwig Erhard verfolgten.
- Schildern Sie den Wandel in den internationalen Beziehungen seit der Kuba-Krise. Gehen Sie in diesem Zusammenhang auch auf die Ostpolitik Willy Brandts ein.
- Diskutieren Sie die Frage, ob die Wende 1989 nur dank der Politik Gorbatschows zur Wiedervereinigung führen konnte.

5 Der Weg ins 21. Jahrhundert, die Welt von 1990 bis heute

Durch die Auflösung des Ostblocks und der UdSSR hatte sich die weltpolitische Situation seit 1990 radikal geändert. Das Zeitalter des Kalten Krieges war vorbei, das westliche Gesellschafts- und Wirtschaftsmodell hatte sich als überlegen erwiesen, und an die Stelle des bipolaren Gegensatzes von USA und Sowjetunion waren die Vereinigten Staaten als einzig verbliebene Supermacht getreten.

Große Optimisten hofften, dass mit dem **Wandel in Osteuropa** zugleich eine bessere Zukunft in einer friedlicheren und gerechteren Welt beginnen würde. Der amerikanische Historiker Fukuyama sprach sogar vom „Ende der Geschichte", da er glaubte, dass der Sieg der liberalen Demokratien weltweit Schule machen werde und dass Krieg und Diktatur bald der Vergangenheit angehören könnten. Schon bald mussten solche überzogenen Hoffnungen aber begraben werden, denn der Golfkrieg gegen den Irak 1991 und noch mehr der Balkankrieg in den darauf folgenden Jahren machten unerbittlich deutlich, dass zwar ein neues Zeitalter, aber kein Ewiger Friede begonnen hatte.

So war die globale Situation nach 1990 eher weniger stabil als vorher, und Konflikte, die bis dahin nur untergründig schwelten, sind in den Vordergrund getreten. Hierzu zählen die Auseinandersetzung mit der islamischen Welt, der Nord-Süd-Gegensatz zwischen den reichen Industrienationen der nördlichen Hemisphäre und den unterentwickelten Ländern des Südens sowie die **Bewältigung der Folgen der Globalisierung**, die gerade auch die wohlhabenden Gesellschaften vor große Probleme stellt.

Andererseits eröffnete das Ende des Ost-West-Gegensatzes aber auch die erwarteten großen Chancen. So nutzten die Transformationsländer Mittelosteuropas die Möglichkeiten, die ihnen Demokratie und Marktwirtschaft boten, die Ausgaben für Militär und Verteidigung konnten deutlich reduziert werden, und in Deutschland wie in ganz Europa konnten West und Ost allmählich wieder zusammenwachsen. In besonderer Weise kamen die veränderten Umstände der EG zugute, die seit 1993 Basis der „Europäischen Union" ist. Damit hat die Integration der früheren Nationalstaaten in Richtung einer politischen Föderation einen großen Schritt nach vorn gemacht hatte.

Das beginnende 21. Jahrhundert, das auf der gesamten Welt mit großer Vorfreude gefeiert worden war, zeigte dann allerdings bald einen ganz anderen Charakter als erhofft. Mit der umstrittenen Wahl George W. Bushs zum Präsidenten der Vereinigten Staaten Ende 2000 wurde rasch deutlich, dass die neue US-Führung weniger an einem partnerschaftlichen Miteinander mit den anderen Ländern interessiert war als an einem Ausbau ihrer eigenen Hegemonialstellung. Durch den die gesamte Welt lähmenden **Terrorangriff des 11. September 2001** auf Zentren der Vereinigten Staaten wurde auf einen Schlag offensichtlich, wie verletzlich moderne Gesellschaften sind, und dass selbst die unumstrittene weltweite Führungsmacht nicht vor einer brutalen Attacke sicher ist.

Mit dem 11. September 2001 begann eine neue Epoche der Weltgeschichte, in der die Vereinigten Staaten unter ihrem Präsidenten George W. Bush versuchten, ihre weltweite Dominanz zu behaupten und zu verteidigen. Der von der Regierung Bush massiv betriebene „Krieg gegen den Terror" wurde jedoch nur anfangs von der weltweiten Staatengemeinschaft mitgetragen. Spätestens mit dem Beginn des Irak-Kriegs 2003 war auch die westliche Welt gespalten, da wichtige US-Verbündete wie Frankreich und Deutschland nicht bereit waren, die sogenannte „Koalition der Willigen" militärisch zu unterstützen.

Die zunehmende außenpolitische Isolation der USA unter George W. Bush und die 2007/08 von den USA ausgehende und weltweit sich auswirkende Finanz- und Wirtschaftskrise schwächten das Ansehen und die Macht der Vereinigten Staaten entscheidend, sodass das 21. Jahrhundert weiterhin auf der Suche nach einer neuen globalen Ordnung ist.

5.1 Probleme Deutschlands nach der Wiedervereinigung

Auf die euphorischen Monate der „Wende" 1989/90 und die so zügig realisierte Wiedervereinigung bis zum 3. Oktober 1990 folgte alsbald eine Phase der Desillusionierung in West und Ost. Die wirtschaftlichen Schwierigkeiten der neuen Bundesländer bei der Umstellung auf eine marktorientierte Wettbewerbswirtschaft erwiesen sich als weitaus größer als erwartet.
Ebenso sehr waren die **Folgekosten der Einheit** unterschätzt worden. Entgegen den ursprünglichen Versicherungen des Bundeskanzlers, dass die Kosten mehr oder weniger „aus der Portokasse" bezahlt werden könnten, zeigte sich schnell, dass immense Transferzahlungen Westdeutschlands zu leisten waren. Sie betrugen Jahr für Jahr zwischen ca. 50 und ca. 75 Milliarden Euro. Diese gewaltigen Beträge strapazierten den wohlhabenden Westen erheblich, ohne dass sie den allseits erhofften selbsttragenden Aufschwung im Osten der Republik ermöglichten. Statt der „blühenden Landschaften", von denen Helmut Kohl geschwärmt hatte, blieben die strukturellen Nachteile bestehen, und die rasch auf rund 20 % angestiegene Arbeitslosigkeit in den neuen Bundesländern konnte selbst im zweiten Jahrzehnt nach der Wende nicht nennenswert gesenkt werden.

ZITAT ▪ Der Spiegel über die Probleme Deutschlands im April 2004

„Eine Regierungskommission von Ostexperten aus Politik, Praxis und Wissenschaft zieht eine desaströse Bilanz der Einheitspolitik – der Aufbau Ost nach altem Muster beschleunigt den Absturz West. [...] Die Kommission kommt zu dem alarmierenden Befund: Der Osten steht still – und der Westen stürzt ab, weil er die Milliardentransfers längst aus der eigenen Substanz begleichen muss. Denn im Deutschland der Dauerkrise gibt es schon seit Jahren kein Wirtschaftswachstum mehr, das für den nötigen Milliardennachschub sorgt. [...] So werden jährlich rund 90 Milliarden Euro, und damit fast doppelt so viel Geld wie Deutschland für die Bildung ausgibt, aus dem produktiven Kern der westdeutschen Volkswirtschaft entnommen – um im Osten weitgehend wirkungslos zu verglühen."

Stefan Berg, u.a.: Tabuzone Ost. In: Der Spiegel 15/2004, S. 24ff.

Hauptursache für die immensen **Probleme Ostdeutschlands** war die schwache Produktivität der dortigen Betriebe, die um 1990 nur rund 30 % des Westniveaus betrug. Da aber die Löhne überproportional anstiegen, musste sich eine hohe Arbeitslosigkeit fast zwangsläufig ergeben. Allgemein war die Leistungsfähigkeit der ostdeutschen Industrie gewaltig überschätzt worden. Ein Großteil der Industrieanlagen war zur Zeit der Wiedervereinigung marode und technologisch um viele Jahre veraltet. Dazu waren die meisten Betriebe verschuldet, die Infrastruktur und die Bausubstanz mussten rundum erneuert werden, und viele Umweltschäden waren zu sanieren.

Der notwendige Umbruch traf die meisten Menschen in der früheren DDR völlig unvorbereitet. Er wurde deshalb weithin als von „den Wessis" aufgenötigt empfunden und als Schock erlebt. Arbeitslosigkeit und die Schließung alter Betriebe, der nach wie vor bestehende Abstand zu den westlichen Bundesländern und Sorgen um die Zukunft führten bei vielen zu existenzieller **Verunsicherung** und tiefer Enttäuschung. Da umgekehrt im Westen eine allgemeine Unzufriedenheit verbunden mit latentem Ärger über den ausgebliebenen Aufschwung weit verbreitet sind, muss auch noch im 21. Jahrhundert konstatiert werden, dass die **„Mauer in den Köpfen"** noch nicht verschwunden ist.

Welche Probleme hat Deutschland seit der Wiedervereinigung?

- eine dauerhaft hohe Arbeitslosigkeit, vor allem in den neuen Bundesländern
- eine deutlich gestiegene Verschuldung, die es Deutschland schwer macht, die Maastricht-Kriterien zu erfüllen
- mehrere Steuererhöhungen, nicht zuletzt der „Soli", wodurch die Lohnnebenkosten und Abgabenbelastung noch höher wurden
- eine Krise der Renten- und Krankenversicherungssysteme, die zunehmend unfinanzierbar geworden sind
- ein fragwürdig gewordenes Schul- und Bildungswesen („Pisa-Schock")
- eine veränderte Arbeitsmoral und Berufsauffassung („Freizeitweltmeister"), die das einstige Markenzeichen „Made in Germany" gefährden
- die Anpassungsschwierigkeiten der deutschen Industrie und vor allem einer oft immobilen Gesellschaft, dem internationalen Wettbewerbsdruck in Zeiten der Globalisierung standzuhalten
- die nur ansatzweise gelungene Integration von Asylbewerbern sowie von Arbeitnehmern mit Migrationshintergrund und ihren Familien
- die nach wie vor nicht realisierte Angleichung der Lebensverhältnisse zwischen Ost- und Westdeutschland, die das Gefühl vieler Ostdeutscher verstärkt, Menschen zweiter Klasse zu sein
- das mangelnde Verständnis der Westdeutschen für die Probleme ihrer ostdeutschen Landsleute
- die Suche nach einer neuen Rolle als regionale Großmacht

Diese Vielzahl von Problemen lässt das wiedervereinigte Deutschland im Ausland oft als den „**kranken Mann Europas**“ erscheinen. Dabei sollte aber nicht übersehen werden, dass die deutsche Volkswirtschaft nach wie vor die mit Abstand drittgrößte der Welt ist und dass Deutschland nach der Osterweiterung der EU dank seiner geografischen Mittellage hervorragend positioniert ist, um aus der Integration der Beitrittsländer in Ostmitteleuropa große Vorteile zu ziehen. Allen Unkenrufen zum Trotz sind viele deutsche Unternehmen durchaus in der Lage, ihre zentrale Stellung im Herzen Europas zu nutzen.

Die nach wie vor große **ökonomische Stärke** Deutschlands kommt auch der **außenpolitischen Position** zugute. So haben die Krisen der 1990er-Jahre gezeigt, dass das internationale politische Gewicht Deutschlands größer geworden ist und dass es zusammen mit Frankreich nach wie vor der Motor der europäischen Integration ist.

Die Zeit seit der Wiedervereinigung hat auch demonstriert, dass sich die Bundesregierungen sowohl unter Helmut Kohl als auch seit 1998 unter Gerhard Schröder ihrer **europapolitischen Verantwortung** bewusst sind. Anfängliche ausländische Befürchtungen, dass die mutmaßliche Dominanz der deutschen Wirtschaft zu einem „Vierten Reich“ führen könne, gehören deshalb längst der Vergangenheit an. Vielmehr haben alle Bundesregierungen der letzten Jahrzehnte den unter Adenauer begonnenen Weg der konsequenten Europapolitik fortgesetzt und so viel Vertrauen aufgebaut, dass Deutschland in der EU nicht nur ein gerne gesehener Zahlmeister ist, sondern auch und vor allem ein geschätzter Partner.

Deutschlands weiteres Schicksal hängt also seit der Wiedervereinigung mehr denn je von der zukünftigen Entwicklung der EU ab. Die erfolgreiche Verwirklichung der Wirtschafts- und (durch die Einführung des Euro) auch der Währungsunion, durch die der größte Binnenmarkt der Welt entstand, kommt dabei Deutschland in besonderem Maße zugute. Und die gerade vom damaligen Bundesaußenminister Joschka Fischer betriebene politische Integration demonstrierte die deutsche Bereitschaft, weitere Souveränitätsrechte an die EU abzutreten (vgl. hierzu auch das nächste Kapitel).

Damit lässt sich zusammenfassend festhalten: Deutschland, das „im Zeitalter der Weltkriege“ die Geschicke der ganzen Menschheit auf furchtbarste Weise bestimmt hatte, hat – mit den Worten des deutschamerikanischen Historikers Fritz Stern – nach 1945 seine „zweite Chance“ gehabt, und es hat sie genutzt. Der erfolgreiche Weg der Westintegration, den die Bundesrepublik seit 1949 gegangen ist, hat vierzig Jahre später „die Einheit in Freiheit" ermöglicht und eröffnet seit 1990 die Gelegenheit, die Europäische Integration durch die **Osterweiterung** zu vollenden.

Bei diesem Prozess, der im Frühjahr 2004 durch den Beitritt von gleich acht früheren Ostblockstaaten zur EU und des gleichzeitigen Eintritts in die NATO seine Krönung erfuhr, hatte das wiedervereinigte Deutschland eine Schlüsselfunktion inne. Es realisierte die neue Positionierung im Zentrum Europas und lag fortan nicht mehr am Rande der westlichen Welt, sondern erfüllte als „Mitte Europas" die wichtige Aufgabe des Vermittlers westlichen Gedankenguts für den Osten.

Hierbei erwies sich die **kluge außenpolitische Orientierung** der Bundeskanzler von Adenauer über Brandt bis zu Kohl als sehr hilfreich: Die von Anfang an betriebene Integration in die westlichen Bündnissysteme erleichterte in der Bundesrepublik den Aufbau eines veränderten Deutschland. Die zielführende Westintegration seit Konrad Adenauer wirkte zugleich bei den europäischen Nachbarn vertrauensbildend und ließ die im deutschen Namen begangenen Gräuel der ersten Jahrhunderthälfte allmählich in den Hintergrund treten. Auf dieser Basis konnte die Ostpolitik Willy Brandts ebenso gelingen wie die Wiedervereinigung unter Helmut Kohl, denn bei aller Annäherung an die östlichen Nachbarn wurden die Grundlagen der Einbindung in die westlichen Strukturen nie auch nur infrage gestellt.

Dadurch wurde auch die beträchtliche Vergrößerung des Territoriums und der Bevölkerungszahl, die Deutschland 1990 erreichte, von allen Nachbarländern stillschweigend akzeptiert. Der damit gewonnene Machtzuwachs bedeutet zugleich ein gesteigertes Maß an Verantwortung, das Deutschland seither für Europa und in der Welt zu tragen hat.

5.2 Die Europäische Integration von Maastricht bis zur Osterweiterung

Der Umbruch in der Weltpolitik seit 1990 hatte auch für die Europäische Gemeinschaft gravierende Folgen und bot ihr Möglichkeiten, mit denen kurz zuvor auch große Optimisten nicht gerechnet hatten. So eröffnete sich die Chance, weitere Staaten vor allem in Mittel- und Osteuropa zu integrieren und zugleich die ursprüngliche Wirtschaftsgemeinschaft zu einer Währungsunion und einem Staatenbund auszubauen.

Als erster Schritt in puncto Erweiterung konnte 1995 – nach der sehr erfolgreichen Integration der wirtschaftlich schwächeren Staaten Südeuropas in den 1980er-Jahren – der Beitritt der ökonomisch gefestigten Volkswirtschaften Finnland, Schweden und Österreich reibungslos und ohne Schwierigkeiten vollzogen werden.

Nicht einmal ein Jahrzehnt später stellte sich die Europäische Union der größten Herausforderung ihrer Geschichte, indem sie **2004** auf einen Schlag **zehn neue Mitglieder** aufnahm. Nach dem Zusammenbruch des Ostblocks und der Auflösung des Comecon, der Wirtschaftsgemeinschaft der osteuropäischen Staaten, hatten diese Transformationsländer 1994 bis 1996 Aufnahmeanträge an die EU gestellt. Da die früheren Staatshandelsländer erhebliche Probleme bei der nachhaltigen Etablierung von Marktwirtschaft und Demokratie hatten, gab es viele skeptische Stimmen, die befürchteten, dass die Osterweiterung eine Überdehnung der EU bewirken könnte.

Allen, nicht zuletzt auch finanziellen Bedenken zum Trotz erfolgte im Mai 2004 der Beitritt der zehn Mitgliedsstaaten: Neben Polen, dem einzigen größeren Land, handelte es sich dabei um Tschechien und die Slowakei, Ungarn und Slowenien, die drei baltischen Republiken Litauen, Lettland und Estland sowie um die kleinen Mittelmeerinseln Malta und Zypern (griechischer Teil).

ZITAT ▪ Bundesaußenminister Joschka Fischer im Mai 2000 über Zukunftsaufgaben der EU:

„Wir werden die Ost- und Südosterweiterung der EU zuwege bringen müssen. Und gleichzeitig müssen wir den letzten Baustein in das Gebäude der europäischen Integration einfügen, nämlich die politische Integration. Die Notwendigkeit, diese beiden Prozesse parallel zu organisieren, ist die wohl größte Herausforderung, vor der die Union seit ihrer Gründung jemals gestanden hat. [... Notwendig ist] der Übergang vom Staatenbund der Union hin zur vollen Parlamentarisierung in einer Europäischen Föderation, die Robert Schuman bereits vor 50 Jahren gefordert hat. Und das heißt nichts Geringeres als ein europäisches Parlament und eine ebensolche Regierung, die tatsächlich die gesetzgebende und die exekutive Gewalt innerhalb der Föderation ausüben."

Joschka Fischer: „Vom Staatenverbund zur Föderation – Gedanken über die Finalität der europäischen Integration", Rede am 12.05.2000 in der Humboldt-Universität in Berlin, Auswärtiges Amt Berlin 2001.
Weblink: www.jeanmonnetprogram.org/papers/00/joschka_fischer_ge.rtf

So ist aus dem ursprünglichen „Europa der 6" von 1958 eine Union mit 25 Staaten geworden. Damit ist die EU der größte Binnenmarkt der Welt. Sie hat die Voraussetzungen dafür geschaffen, ein gleichgewichtiger Partner und Konkurrent der USA zu werden.

Einen Meilenstein in den Integrationsbemühungen der EU bedeutete die erfolgreiche **Einführung des Euro**. Die Idee einer Gemeinschaftswährung gab es zwar bereits seit den 1920er-Jahren und sie wurde auch in den 1970er-Jahren immer wieder diskutiert, doch die entscheidenden Schritte zur Realisierung des Euro wurden erst seit 1989 unter dem visionären Kommissionspräsidenten Jacques Delors getan. Nach dem epochalen Umbruch in Osteuropa von 1989 bis 1991 wurde 1992 im zukunftweisenden **Vertrag von Maastricht** die Einführung einer Gemeinschaftswährung endgültig beschlossen. Vielen Skeptikern zum Trotz wurde der Euro dann ab dem 1.1.1999 als Buchgeld an den Wertpapiermärkten eingeführt. Im Januar 2002 erfolgte die Umstellung des Bargeldes, sodass fortan in allen Ländern der EU mit Ausnahme von Großbritannien, Dänemark und Schweden der Euro als alleiniges Zahlungsmittel galt.

Beim weiteren **Ausbau der EU** stehen politische Fragen im Mittelpunkt. Von Beginn an sollten schon die Vorläufer der EU mehr sein als eine bloße Wirtschaftsgemeinschaft. Die angestrebte politische Integration erwies sich allerdings als wesentlich schwieriger als die ökonomische. Dennoch hat die Staatengemeinschaft auch in dieser Hinsicht wichtige Schritte getan und eine Vielzahl von Institutionen aufgebaut, die auf supranationaler Ebene die

Zusammenarbeit zwischen den Regierungen koordinieren und die Integration praktisch durchführen.

Seit 1979 gibt es mit dem Europaparlament, dessen Abgeordnete alle fünf Jahre gewählt werden, auch eine Legislative auf europäischer Ebene. Allerdings sind deren Einflussmöglichkeiten nach wie vor begrenzt, denn Beschlüsse werden weiterhin von der EU-Kommission, der die Vertreter der Länder angehören, und dem nachgeordneten Ministerrat gefasst. Grundsatzentscheidungen treffen die Staats- und Regierungschefs des Europäische Rats, der mehrmals im Jahr tagt.

Weitere **zentrale Organe der EU** sind der Europäische Gerichtshof als „Wächter der Verträge", der Europäische Rechnungshof, der die Ausgaben kontrolliert, und die Europäische Zentralbank (EZB), die für Währungsfragen und dabei insbesondere für die Stabilität des Euro zuständig ist. Eine sehr wichtige Aufgabe erfüllt ferner die Kommission für Wettbewerbsrecht, die gegen Monopole und Kartelle vorgehen kann. Außerdem gibt es eine Reihe von Ausschüssen wie den Ausschuss der Regionen als Vertretung von inzwischen 350 Regionen sowie den Wirtschafts- und Sozialausschuss, der als Vertretungsorgan wichtiger Verbände im Sinne einer pluralistischen Bürgergesellschaft fungiert.

Beim weiteren Ausbau der EU steht die Frage im Mittelpunkt, ob sie eher einem lockeren Staatenbund oder einem fester gefügten Bundesstaat ähneln soll.

Welche Aufgabenfelder hat die EU im 21. Jahrhundert?

- die abschließende Erarbeitung und Verabschiedung einer EU-Verfassung
- die Angleichung- und Vereinheitlichung der Rechts-, Sozial- und Bildungssysteme
- die engere „Polizeiliche und Justizielle Zusammenarbeit" (PJZ) zur gemeinsamen Verbrechensbekämpfung und Terrorabwehr
- die Entwicklung einer „Gemeinsamen Außen- und Sicherheitspolitik" (GASP), um in der Weltpolitik mit einer Stimme sprechen zu können
- die Ausweitung der kulturellen Zusammenarbeit
- die Südosterweiterung mit den Beitrittskandidaten auf dem Balkan
- die Klärung der eventuellen Mitgliedschaft des „ewigen" Beitrittskandidaten Türkei

5.3 Die Welt nach dem Ende des Ostblocks

Der Zusammenbruch der Sowjetunion und die Auflösung des Warschauer Pakts veränderte auch die internationale Ordnung gravierend und nachhaltig. In der Zeit des Kalten Krieges hatte die bipolare Teilung der Welt in eine westliche und eine östliche Hemisphäre auch stabilisierend gewirkt. Konflikte innerhalb des eigenen Machtbereichs waren niedergehalten worden. Dies galt für die Ostblockstaaten ebenso wie für den Vielvölkerstaat der Sowjetunion, wo ethnische und religiöse Spannungen unterdrückt worden waren. In anderer Weise traf dies auch auf Teile der „Dritten Welt" zu, in denen bis 1990 die Supermächte ein wenn auch fragiles Gleichgewicht in ihren jeweiligen Einflusssphären aufrechterhalten konnten.

Mit der **Auflösung der Blöcke** zerfiel dieses internationale Ordnungsgefüge, und an vielen Orten der Welt brachen tiefverwurzelte und längst überwunden geglaubte Konflikte wieder hervor, die zum Teil zu furchtbaren Bürgerkriegen führten. Dies galt vor allem für Teile Schwarzafrikas, wo es in verschiedenen Ländern zwischen verfeindeten Stammesgesellschaften zu mörderischen Konflikten kam, die von der Weltöffentlichkeit oft so gut wie gar nicht wahrgenommen wurden.

Ein kurz zuvor in Europa nicht mehr für möglich gehaltener **Bürgerkrieg** erschütterte seit 1991 den Balkan, wo das frühere **Jugoslawien** zerfiel. Dort wollten die dominierenden Serben ein Auseinanderbrechen des Vielvölkerstaats mit aller Gewalt verhindern, was ihnen aber trotz mehrerer Kriege, die sie gegen Kroatien, Bosnien-Herzegowina und den Kosovo anzettelten, nicht gelang. Die durch Serbien betriebenen „ethnischen Säuberungen" führten dann dazu, dass die lange zögerliche internationale Staatengemeinschaft schließlich doch intervenierte. Nach immer wieder gescheiterten Bemühungen der UNO und der EU, eine friedliche Beilegung der Konflikte zu ermöglichen, bewirkten erst gezielte Luftangriffe der NATO gegen serbische Stellungen ein Einlenken der serbischen Regierung unter ihrem nationalistisch-sozialistisch ausgerichteten Diktator Slobodan Milošević. Sein Sturz im Oktober 2000 führte zum Machtwechsel, worauf die EU die gegen Jugoslawien verhängten Sanktionen aufhob. Nach einem zehnjährigen Bürgerkrieg hat sich inzwischen die Situation auf dem Balkan stabilisiert, doch niemand vermag zu sagen, wie dauerhaft dieser Friede sein wird.

Auch anderenorts gelang es, alte Konflikte beizulegen und eine friedliche Ordnung herbeizuführen: So wurde in Südafrika bis 1994 die Apartheid überwunden, und in Angola, Kambodscha und Nicaragua wurden jahrelange Bürgerkriege beendet. Außerdem sei hier noch einmal daran erinnert, dass der Transformationsprozess in Mittelosteuropa und die Auflösung der UdSSR in mehr als ein Dutzend souveräne Einzelstaaten fast ganz ohne Blutvergießen verliefen.

Deshalb war im Jahre 2000 die Hoffnung groß, dass das neue Jahrhundert friedlicher sein werde als das alte und dass sich weltweit die liberalen Demokratien durchsetzen würden. Wie trügerisch diese Hoffnungen waren, zeigte sich allerdings bereits im darauffolgenden Jahr.

5.4 Die Welt nach dem 11. September 2001

Die Bilder der beiden Flugzeuge, die die Twintowers des World Trade Center zerstörten, haben sich in das Gedächtnis der Menschheit eingegraben. Viele Beobachter waren sich schon unmittelbar nach den Anschlägen sicher, dass damit eine neue Epoche beginne. Seither ist der „11. September" (bzw. das englische 9/11, *nine-eleven*) zur stehenden Redewendung geworden.

Auch wenn sich die damals häufig zu hörende Formulierung, nach dem Terrorangriff werde „nichts mehr so sein wie vorher", inzwischen relativiert hat, markiert der 11. September 2001 einen tiefen Einschnitt in der Geschichte der Vereinigten Staaten und der ganzen Welt. Zu dieser Zeit durfte sich der amerikanische Präsident George W. Bush noch der Unterstützung der gesamten Staatengemeinschaft gewiss sein. Zum ersten Mal in ihrer über 50-jährigen Geschichte rief die NATO am 2. Oktober 2001 den Bündnisfall aus, wodurch sich alle Mitgliedsländer zum Beistand verpflichteten.

Bush sprach vom „ersten Krieg des 21. Jahrhunderts", den er gegen den internationalen Terrorismus zu führen gedachte. Dieser weltweite Kampf unterscheidet sich jedoch von den gewohnten Kriegen, da er nicht gegen einen Staat geführt wird, sondern gegen einen unsichtbaren Gegner, der nicht wirklich angreifbar ist und der dennoch jederzeit gefährlich sein kann. In diesem „asymmetrischen Krieg" zeigt sich allen Sicherheitsvorkehrungen zum Trotz die Verletzlichkeit der modernen westlichen Welt.

Als Antwort auf die Terroranschläge begannen die USA, unterstützt vor allem von Großbritannien, am 7. Oktober 2001 mit schweren Luftangriffen auf **Afghanistan** gegen das islamistische Regime der **Taliban**, die sich geweigert hatten, die mutmaßlichen Hintermänner des 11. September um den Terroristenchef Osama bin Laden auszuliefern. Nach dem Sieg der alliierten Truppen unter Führung der USA in Afghanistan sprach Bush im Januar 2002 von einer weltweiten „Achse des Bösen", zu der er neben dem Iran und Nordkorea vor allem den Irak zählte. Bei dem Versuch, eine internationale Allianz für einen Krieg gegen den Irak zu bilden, waren die USA jedoch wenig erfolgreich, da neben Russland und China auch Frankreich und Deutschland Bush ihre Unterstützung versagten. Dennoch begannen die Vereinigten Staaten und Großbritannien am 20. März mit massiven Luftangriffen auf den Irak, der bis zum 1. Mai 2003 durch Bodentruppen der Alliierten besiegt und besetzt wurde. Mit der Entmachtung Saddam Husseins und der Beendigung der Schreckensherrschaft des irakischen Despoten begann allerdings nicht, wie von den Amerikanern erhofft, eine friedliche Übergangszeit in Richtung der Bildung eines demokratischen Staatswesens. Vielmehr wurden die alliierten Truppen allgemein als Besatzer empfunden, gegen die sich täglich neue Terroranschläge richteten.

Angesichts des Kampfes gegen den zumeist von islamistischen Gruppen ausgehenden Terror und der Kriege in Afghanistan und im Irak gewann die Kernthese des US-Politikwissenschaftlers Samuel P. Huntington aus den 1990er-Jahren wieder an Aktualität. Sie besagt, die Welt des 21. Jahrhunderts werde von einem „**Kampf der Kulturen**" zwischen dem Westen und einem fundamentalistischen Islam geprägt sein.

Beobachter stellten allerdings fest, dass gerade die amerikanische Politik nicht frei von fundamentalistischen Überzeugungen ist. So gewannen viele Europäer seit 2002 den Eindruck, dass die Regierung Bush mit ihrer Kriegsrhetorik, ihrer massiven Aufrüstung und der kaum verhüllten aggressiven Machtpolitik selbst zum Problem geworden war. Die Konfrontation mit der islamischen Welt wird in dieser Sichtweise auch als Folge des amerikanischen Unilateralismus gesehen, der bedenkenlos die Interessen anderer Staaten und internationale Abmachungen ignoriert.

ZITAT ▪ Der US-Wissenschaftler Charles Kupchan 2003 über das „Ende der Vorherrschaft Amerikas":

„Zusammen mit einem zunehmend integrierten Europa werden sich auch Russland, Japan und China schrittweise zu Gegengewichten der amerikanischen Macht entwickeln. [...] Der Aufstieg anderer Mächte und Amerikas schwindender und unilateral geprägter Internationalismus weisen darauf hin, dass sich Amerikas unipolare Stellung verflüchtigt. Unipolarität wird von Multipolarität abgelöst. Die Präsenz einer Hegemonialmacht weicht einem globalen Konkurrenzkampf um Position, Einfluss und Status."

Charles Kupchan: Die europäische Herausforderung. Berlin 2003, S. 12

Die weitere Entwicklung im 21. Jahrhundert wird entscheidend davon abhängen, ob sich in West und Ost fundamentalistisch-militante Gruppen durchsetzen oder ob es gelingen wird, im Sinne der Aufklärung einen **„Dialog der Kulturen"** zu beginnen, der zu einem friedlichen Miteinander der unterschiedlichen Kulturkreise führt. Dabei kommt es darauf an, wie die sich abzeichnende multipolare Weltordnung gestaltet wird. In diesem neuen Zeitalter wird die Dominanz der USA als einzig verbliebene Supermacht aber vermutlich bald der Vergangenheit angehören.

CHECKLISTE

5 Der Weg ins 21. Jahrhundert, die Welt von 1990 bis heute

Welche Schlüsselereignisse verbinden Sie mit den folgenden Jahreszahlen?

- 1990
- 1991
- 1992
- 2001
- 2003
- 2005

Können Sie die folgenden Schlüsselbegriffe erklären? Falls nicht, schlagen Sie noch einmal hinten im Glossar nach!

- Binnenmarkt
- EWG
- EU
- Euro
- Globalisierung
- Golfkrieg
- Nord-Süd-Konflikt
- Terrorismus
- Islamismus

Fragen zum Nachdenken:

- Schildern Sie wichtige Entwicklungen der Europäischen Integration von 1990 bis zur großen Osterweiterung 2004.
- Erörtern Sie Chancen und Gefährdungen der EU im 21. Jahrhundet.
- Zeigen Sie, warum der 11. September 2001 ein derart gravierender Einschnitt in der Weltpolitik war.

6 Glossar: Prüfungsrelevante historische Grundbegriffe

Mithilfe dieses Vokabulars können Sie Ihre Arbeiten aufwerten: Neben Jahreszahlen, harten Fakten und wichtigen Persönlichkeiten ist es vor allem wichtig, die Schlüsselbegriffe zu kennen und passend zu verwenden.

Absolutismus Staatsform, in der der Monarch absolut, das heißt „losgelöst" von jeglicher Herrschaft, also uneingeschränkt herrschen kann und niemandem – außer Gott – verantwortlich ist. Der absolute Herrscher wird von keinem Parlament kontrolliert und er ist auch keiner Verfassung unterworfen (Gegenbegriffe: → konstitutionelle und → parlamentarische Monarchie).

Ahlener Programm Frühes Programm der → CDU von 1947, in dem der → Kapitalismus kritisiert und breite Mitbestimmung gefordert wurde.

Alldeutscher Verband Sehr einflussreiche nationalistische Vereinigung, die im Deutschen Reich seit 1891 eine aggressiv-imperialistische Flotten- und Kolonialpolitik betrieb.

Alleinvertretungsanspruch Außenpolitischer Grundsatz der Bundesrepublik Deutschland nach 1955, dass nur sie legitimiert sei, Deutschland völkerrechtlich zu vertreten (→ Hallstein-Doktrin).

Allgemeiner Deutscher Arbeiterverein 1863 von Ferdinand Lassalle gegründete erste deutsche Arbeiterpartei, aus der später die → SPD hervorging.

Alliierte (frz.: Verbündete) seit 1914 Bezeichnung der Gegner der → Mittelmächte, vor allem Frankreich und Großbritannien, dann auch für Russland bzw. die UdSSR und die USA gebräuchliche Bezeichnung.

Alliierter Kontrollrat Seit Juni 1945 oberstes Entscheidungs- und Kontrollorgan der vier Besatzungsmächte im Nachkriegsdeutschland, das aber wegen der Differenzen zwischen den Siegermächten zunehmend handlungsunfähig wurde.

Anarchismus Politische Lehre, die staatliche Gewalt generell ablehnt und für eine herrschaftsfreie Gesellschaft eintritt. „Anarchie" bedeutet also eigentlich „Aufhebung von Herrschaft und Gewalt", wird aber oft mit Chaos oder Terror gleichgesetzt.

Ancien Régime frz. für „alte Herrschaftsform" v.a. zur Bezeichnung der vorrevolutionären Feudalgesellschaft in Frankreich bis 1789.

Annexion Gewaltsame Einverleibung eines fremden Staatsgebietes.

Anschluss Eigentlich freiwillige Angliederung eines Staates an einen anderen. 1938 gebrauchtes Schlagwort für die Angliederung Österreichs an das Deutsche Reich unter Hitler (Gegenbegriff: → Annexion).

Antifaschismus Eigentlich Sammelbezeichnung von allen Gruppen, die den → Faschismus und den → Nationalsozialismus bekämpften. Später wurde dieser Begriff von → Sozialisten und → Kommunisten ausschließlich für die eigene Bewegung reklamiert.

Anti-Hitler-Koalition Zweckbündnis der USA unter Roosevelt, Großbritanniens unter Churchill und der UdSSR unter Stalin, um Hitler-Deutschland zu besiegen. Diese „Großen Drei" oder ihre Vertreter trafen sich seit 1941 auf mehreren Konferenzen, um ihre Kriegs- und Nachkriegspolitik zu koordinieren.

Antikominternpakt (= anti-kommunistische Internationale) Abkommen zwischen Deutschland und Japan gegen die Kommunistische Internationale und die UdSSR (1936), dem sich dann auch u.a. Italien und Spanien anschlossen.

Antisemitismus Seit etwa 1880 verwendete Bezeichnung für die ideologisch motivierte und rassistisch verbrämte Bekämpfung des Judentums, das fälschlich mit den Semiten, zu denen vor allem auch die Araber gehören, gleichgesetzt wurde. Die Judenfeindschaft wurde religiös, biologistisch oder auch sozioökonomisch begründet. Sie reicht bis tief ins Mittelalter zurück und erreichte ihren furchtbaren Höhepunkt in der Vernichtungspolitik des Dritten Reiches.

Apartheid Strikte Politik der Rassentrennung zwischen Weißen und Farbigen, wie sie zeitweise in den Südstaaten der USA und in Südafrika bis 1990 praktiziert wurde.

APO „Außerparlamentarische Opposition" der Studentenbewegung seit 1965/66; vor allem gegen die → Große Koalition in Bonn gerichtet, forderte die APO radikale gesellschaftliche Reformen. Sie lehnte den Vietnam-Krieg der USA vehement ab und stand marxistischem Gedankengut nahe.

Appeasement (engl.: Beschwichtigung, Beruhigung, Befriedung) Bezeichnung für die britische Außenpolitik des Nachgebens und der Zugeständnisse gegenüber Hitler-Deutschland seit 1933, vor allem unter der Regierung Chamberlain 1937 bis Anfang 1939. Die Politik des Appeasement führte 1938 zum → Münchner Abkommen. Ihr Scheitern wurde mit der deutschen Okkupation Prags im März 1939 offensichtlich.

Arbeiterbewegung Gesamtheit der Gewerkschaften und Parteien, die seit der zweiten Hälfte des 19. Jahrhunderts versuchten, die Lage der Arbeiter zu verbessern.

Arbeiterparteien Seit etwa 1860 entstanden sie als politische Interessenvertretung der Industriearbeiterschaft, in Deutschland 1869 die → SPD, in England 1900 die → Labour Party, in anderen Ländern sozialistische und kommunistische Arbeiterparteien. In der → Weimarer Republik spaltete sich die Arbeiterbewegung in SPD und KPD.

Arbeitsteilung Schlüsselbegriff der Volkswirtschaftslehre, vor allem bei Adam Smith (1723–1790), nach dem die Überlegenheit der Industrieproduktion vor allem auf einer arbeitsteiligen Herstellungsweise basiert.

Arier Ursprünglich die Selbstbezeichnung der „Reinen" und Adligen, die Indien vor rund 3500 Jahren eroberten; in der Sprachwissenschaft die indischen Völker der indogermanischen Sprachenfamilie; in der Rassenideologie des späten 19. Jhdts. und des → Nationalsozialismus Bezeichnung angeblich höherwertiger „nordischer", zumeist blonder „Herrenmenschen" im Gegensatz zu den „Untermenschen" anderer Völker und Rassen.

Aufklärung Philosophische Bewegung des 17. und vor allem des 18. Jahrhunderts, die eine auf Verstand und Vernunft begründete Geisteshaltung anstrebt und gesellschaftspolitische Zustände kritisch hinterfragt.

Autarkie (griech.: Selbstgenügsamkeit) wirtschaftliche Selbstversorgung eines Staates, der damit unabhängig von allen Einfuhren ist, insbesondere von Rohstoff- und Lebensmittelimporten. Das

Dritte Reich und die UdSSR unter Stalin betrieben eine Politik zur Erziehung von Autarkie.

Autokratie (griech.: Selbstherrschaft) Bezeichnung für die unumschränkte Alleinherrschaft eines einzelnen oder einer Gruppe (Partei, Junta), oft angewandt für das absolutistische Regierungssystem russischer Zaren.

Autonomie (griech.: Selbstgesetzgebung) Befugnis eines meist untergeordneten Gebietes (z. B. eines Landes in einem Staatenbund) oder Verbandes, Gesetze und Verwaltung selbständig und unabhängig zu bestimmen.

Autorität (lat.: von Ansehen, Einfluss, Autorität, Vollmacht, wichtige Person) als autoritär bezeichnet man ein Regime, in dem die Macht auf eine Person oder Partei monopolisiert ist, ohne dass anderen Gruppen Kontrolle oder Partizipation möglich sind. Autoritär nennt man auch eine Persönlichkeitsstruktur, die nur Über- oder Unterordnung zulässt.

Balance of power (engl.: Gleichgewicht der Mächte) Hauptprinzip der britischen Außenpolitik vom 17. bis ins 20. Jahrhundert, wonach ein machtpolitisches Gleichgewicht zwischen den Großmächten auf dem europäischem Kontinent anzustreben ist.

Bedingungslose Kapitulation Vollständige Niederlegung aller Waffen und sofortige Einstellung sämtlicher Kampfhandlungen ohne Forderungen des Unterlegenen an die Sieger. Das Deutsche Reich und Japan mussten 1945 die bedingungslose Kapitulation erklären.

Befreiungskriege (auch Freiheitskriege) Im engeren Sinne: Kriege und Erhebungen der europäischen Mächte und der Bevölkerung in den von Napoleon unterdrückten Ländern gegen dessen Hegemonie und gegen die Fremdherrschaft der Franzosen 1813 – 1815.

Bekennende Kirche 1933/34 aus dem evangelischen „Pfarrernotbund" um den protestantischen Theologen Martin Niemöller hervorgegangene kirchliche Oppositions- und Widerstandsgruppe gegen den → NS-Staat und die unter dessen Patronat stehenden „Deutschen Christen".

Berlinabkommen Viermächteabkommen zwischen den USA, GB, Frankreich und der UdSSR von 1971 über die Fortschreibung des Status quo der geteilten Stadt mit Garantie der freien Zufahrtswege zu den Westsektoren.

Berliner Blockade Auf die Einführung der D-Mark im Juni 1948 reagierte die UdSSR mit der Sperrung aller Zufahrtswege zwischen Westdeutschland und West-Berlin, das aber durch eine Luftbrücke versorgt werden konnte, sodass die Sowjetregierung die Berliner Blockade am 12.5.1949 abbrach.

Berliner Kongress Treffen führender europäischer Staatsmänner 1878 in Berlin unter Vorsitz Bismarcks, der als „ehrlicher Makler" vermittelte, zur Klärung strittiger Fragen auf dem Balkan.

Berliner Mauer Von der DDR-Regierung am 13. August 1961 errichtete Sperrgrenze, um den steten Strom von Übersiedlern nach Westberlin zu stoppen. Die Berliner Mauer wurde zum Symbol der deutschen Teilung. Ihre Öffnung am 9. November 1989 markierte die → „Wende", die zur deutschen → Wiedervereinigung führte.

Berlinultimatum 1958 forderte die UdSSR ultimativ die Umwandlung West-Berlins in eine entmilitarisierte „Freie Stadt". Dies wurde von den drei westlichen → Alliierten entschieden zurückgewiesen.

Besatzungsstatut Festlegung der Rechte eines besetzten Landes durch die Besatzungsmacht. 1949 bestimmten die drei westlichen Besatzungsmächte für die Bundesrepublik Deutschland ein Besatzungsstatut, in dem sie sich in wichtigen Angelegenheiten Kontroll- und Vorbehaltsrechte einräumten.

Biedermeier Begriff für die Epoche der → Restauration (1815–1848) im deutschsprachigen Raum. Häuslichkeit, Geselligkeit und der Rückzug ins Private gelten als Kennzeichen des Biedermeier.

Bilateral (von. lat.: zweiseitig, siehe auch → multilateral) Beziehungen oder Verträge, die zwei Staaten betreffen, werden als bilateral bezeichnet.

Binnenmarkt Bezeichnung für einen gemeinsamen Markt ohne Zölle und Handelsbarrieren; zum Gebiet eines Binnenmarktes können verschiedene Länder und Staaten gehören, wie die Beispiele des Deutschen → Zollvereins seit 1834 und der → EU zeigen.

Bipolarität Allgemein Bezeichnung für ein Staatensystem, in dem sich zwei Hegemonialmächte gegenüberstehen. Speziell spricht man von Bipolarität in Hinblick auf die Blockbildung unter Führung der USA und der UdSSR in der Zeit des Ost-West-Konflikts 1947 bis 1991.

Bismarcks Bündnissystem Nach der Gründung des Deutschen Reiches 1871 strebte Bismarck die Isolierung Frankreichs und den Aufbau eines europäischen Bündnissystems an, das im Sinne einer Gleichgewichtspolitik ein friedliches Nebeneinander der Großmächte ermöglichen und Deutschland vor einem Zweifrontenkrieg bewahren sollte.

Bismarcks Sozialgesetzgebung Zur Abwehr der → SPD wurde unter Bismarck ein für die damalige Zeit vorbildliches System staatlicher Sozialversicherungen eingeführt (1883 Kranken-, 1884 Unfall- und 1889 Alters- und Invalidenversicherung).

Bizone Bezeichnung für den wirtschaftlichen Zusammenschluss der amerikanischen und der britischen Besatzungszone in Westdeutschland zu einem einheitlichen Wirtschaftsraum am 1. Januar 1947.

Blitzkrieg Von den Nationalsozialisten nach 1939 eingeführtes Wort zur Kennzeichnung ihrer raschen und erfolgreichen Kriegszüge gegen die europäischen Nachbarstaaten 1939 bis 1941.

Blockbildung Bezeichnung für die Entstehung und Verfestigung der nach 1945 gebildeten Bündnissysteme der USA und der UdSSR, die beide bestrebt waren, ihre Einflusszonen in einem wirtschaftlich, politisch und militärisch einheitlichen „Block" zusammenzuschweißen.

Blockfreie Staaten In der Zeit des → Kalten Krieges die Gruppe derjenigen Staaten, die weder dem Ostblock noch der → NATO angehörten (wie Jugoslawien, Indien, VR China usw.), sondern versuchten, einen eigenständigen Weg zwischen West und Ost zu gehen.

Blockpartei Parteien in den früheren Ostblockstaaten, die neben der kommunistischen Staatspartei erlaubt waren. Sie wurden aber kontrolliert und blieben so abhängig, wie z. B. die Ost-CDU, die LDPD und die NDPD in der DDR („Blockflöten").

Bolschewiki (russ.: Mehrheitler) Selbstbezeichnung Lenins und seiner Anhänger, nachdem sie 1903 ein einziges Mal auf einem Parteitag der SDAPR (Sozialdemokratische Arbeiterpartei Russlands) die Mehrheit gewonnen hatten. Die Bolschewiki wollten den Marxismus durch eine Revolution umsetzen und vertraten die radikalste Richtung in der russischen → Arbeiterbewegung. Nach 1903 waren die Bolschewiki bis 1917 immer in der Minderheit.

Bolschewismus Ideologie der → Bolschewiki. Der Bolschewismus wurde seit 1917 in Form des → Marxismus-Leninismus konstitutiv für den sowjetrussischen Staat, rechtfertigte die Einparteienherrschaft und die Unterdrückung individueller Freiheit.

Bourgeoisie (von frz. *bourgeois*: Bürger) Im → Marxismus abwertende Bezeichnung für das Besitzbürgertum, das in der kapitalistischen Gesellschaft als die herrschende Klasse angesehen wird, die die Arbeiterklasse unterdrückt.

Breschnew-Doktrin 1968 von dem damaligen Generalsekretär der KPdSU Leonid Breschnew aufgestellter Grundsatz, dass die UdSSR sich in die inneren Angelegenheiten der Ostblockstaaten einmischen dürfe, wenn sie deren sozialistische Gesellschaftsordnung gefährdet sah. Mit der Breschnew-Doktrin wurde im August 1968 der Einmarsch von Truppen des → Warschauer Pakts in die Tschechoslowakei gerechtfertigt, als der Demokratisierungsprozess des „Prager Frühlings" gewaltsam erstickt wurde.

Briand-Kellogg-Pakt 1928 abgeschlossener völkerrechtlicher Vertrag, der schließlich von 63 Staaten unterzeichnet wurde. Der Briand-Kellogg-Pakt ächtete den Krieg als Mittel der Politik und plädierte entschieden für die friedliche Lösung internationaler Konflikte.

Bundesakte (auch „Deutsche Bundesakte") Bezeichnung für die 1815 auf dem → Wiener Kongress von 39 deutschen Staaten unterzeichnete Verfassung des → Deutschen Bundes.

Bundeskanzler Amtsbezeichnung für den vom Parlament gewählten Chef der Regierung, in der Bundesrepublik Deutschland seit 1949, in Österreich seit 1945.

Bundesrat Wichtiges Organ eines → Bundesstaats, durch das die Länder oder Staaten an der Gesetzgebung mitwirken. Im → Norddeutschen Bund (1867–1871) und im Deutschen Reich von 1871 bis 1918 Bezeichnung für die Vertretung der Einzelstaaten, seit 1949 in der Bundesrepublik für die Vertretung der Regierungen der Bundesländer.

Bundesstaat Staatenverbindung, die dem Prinzip des → Föderalismus folgt: Im Bundesstaat verbinden sich mehrere gleichberechtigte Bundesstaaten, die in bestimmten Bereichen teilsouverän sind (z. B. in der Schul- und Kulturpolitik), in Fragen der Außen- und Verteidigungspolitik aber der Zentrale unterliegen (Gegenbegriff: zentralistischer Einheitsstaat). Beispiele sind die USA, Deutschland und die Schweiz.

Bundestag 1815–1866 ständige Vertretung der Gesandten und Gesetzgebungsorgan des → Deutschen Bundes in Frankfurt am Main unter Vorsitz Österreichs; seit 1949 die aus den Bundestagswahlen hervorgegangene Volksvertretung. Der Bundestag wählt den → Bundeskanzler und bildet mit dem → Bundesrat die → Legislative.

Bundesverfassungsgericht Oberster Gerichtshof der Bundesrepublik Deutschland und Hüter der Verfassung mit Sitz in Karlsruhe. Die Entscheidungen des Bundesverfassungsgerichtes sind für alle Bundesorgane, auch die Regierung und den → Bundestag, bindend und können nicht angefochten werden.

Bürger Im Mittelalter der freie Bewohner einer Stadt, der das Bürgerrecht besaß und oft gegen die Fremdherrschaft von Adel oder Klerus rebellierte. Seit dem 18. Jahrhundert entstand der Begriff des Staatsbürgers, der politisch vollberechtigt ist und an der Herrschaftsausübung beteiligt sein will.

Bürgerkönig Schmückender Beiname für Louis Philippe, der wegen seiner Bürgernähe 1830 „König der Franzosen" wurde; später zunehmend reaktionär geworden, wurde der Bürgerkönig in der → Februarrevolution 1848 gestürzt.

Bürgerliche Gesellschaft Die Gesellschaft seit dem 19. Jahrhundert, in der das Bürgertum, vor allem das Besitz- und Großbürgertum, zur führenden Schicht geworden war.

Die bürgerliche Gesellschaft löste die Feudal- und Adelsgesellschaft ab. Sie entwickelte sich parallel zur → Industriellen Revolution und zur Moderne. Politisch führte die bürgerliche Gesellschaft zu einem liberalen → Rechtsstaat, meist in Form einer → Demokratie, wirtschaftlich zur Durchsetzung der → Marktwirtschaft.

Bürgerrecht Besondere Rechtsstellung, die der → Bürger innerhalb seines Gemeinwesens genießt. In der Antike und im Mittelalter unterschied das Bürgerrecht den freien → Bürger einer Stadt vom gewöhnlichen Einwohner. Bis in die Gegenwart wird in vielen Ländern Menschen das volle Bürgerrecht aus politischen, religiösen oder rassischen Gründen vorenthalten. Dagegen steht das Bürgerrecht in den modernen → Rechtsstaaten allen → Bürgern ungeteilt zu.

Bürgerrechtsbewegung Organisierte Bestrebungen zur Durchsetzung von Rechtsgleichheit und Bürgerrechten für alle Menschen in einer Gesellschaft. Die bekannteste Bürgerrechtsbewegung erstritt in den USA unter der Führung des Pfarrers Martin Luther King in den 1960er-Jahren die gleichen Rechte für die bis dahin diskriminierten Farbigen.

Burschenschaften Deutsche Studentenverbindungen, die seit 1815 gegen Metternich und die → Restauration kämpften und sich für einen nationalliberalen Einheitsstaat einsetzten. Bis 1848 fortschrittlich und radikal gesinnt, wurden die meisten Burschenschaften im Kaiserreich konservativ und staatserhaltend, in der → Weimarer Republik auch völkisch und rechtsgerichtet.

Calvinismus Auf den Genfer Jean Calvin (1509–1564) zurückgehende reformierte Kirchen, die vor allem in den Niederlanden, in England, Schottland und den USA bis heute weitreichenden Einfluss auf Politik und Gesellschaft haben. Auf den Calvinismus geht ferner die Herausbildung der kapitalistischen Wirtschaftsethik zurück.

CDU (Christlich Demokratische Union) 1945 gegründete Volkspartei, die beide christlichen Konfessionen umfasst und demokratisch, föderalistisch und sozial ausgerichtet ist. 1949–1969 und 1982–1998 stellte die CDU den → Bundeskanzler.

Chauvinismus Bezeichnung für übersteigerten militanten Nationalismus, speziell in der Zeit der Dritten Republik in Frankreich (1870–1940).

Checks and balances (engl.: Gewichte und Gegengewichte) Bezeichnung für das US-amerikanische Verständnis einer strikten → Gewaltenteilung, in der → Exekutive (Regierung), → Legislative (→ Kongress) und → Judikative (Supreme Court = Oberster Gerichtshof) voneinander getrennt und unabhängig sind.

Code civil (frz.: bürgerliches Gesetzbuch, auch: Code Napoléon) Das einheitliche bürgerliche Recht, das Napoleon 1804 in Frankreich einführte, beinhaltete viele Errungenschaften der Revolution und wurde für Gesetzbücher in ganz Europa vorbildlich.

Comecon (engl. Abk. von „Council for Mutual Economic Assistance", dt.: „Rat für gegenseitige Wirtschaftshilfe"/ Abk.: RGW) 1949 von der Sowjetunion gegründete und von ihr dominierte Wirtschaftsgemeinschaft der Ostblockstaaten, in der die Wirtschaftspläne der assoziierten Staaten abgestimmt und koordiniert wurden. 1991 löste sich der Comecon auf.

Commonwealth (engl.: Gemeinwohl) Seit 1931 vereinigt der lockere Bund des „Commonwealth of British Nations" die ehem. Kolonien mit dem Mutterland.

Containment (engl.: Eindämmung) 1946/47 von den USA unter Präsident Truman entwickeltes außenpolitisches Konzept, das den Druck der Sowjetunion mit Gegendruck beantworten und eine weitere Expansion der UdSSR unbedingt verhindern sollte.

Crash (engl.: Zusammenbruch) Börsensturz, der zu großen Kursverlusten führt; der schlimmste Crash begann am „Black Friday", dem 25. Oktober 1929, an der New Yorker Wall Street und leitete die Weltwirtschaftskrise ein.

CSU (Christlich-Soziale Union) auf Bayern beschränkte Schwesterpartei der → CDU, mit der sie im → Bundestag seit 1949 eine Fraktion bildet.

Deflation Abnahme des Preisniveaus bei steigendem Geldwert. Deflation ist also das Gegenteil von Inflation. Deflation gab es in der → Weimarer Republik unter Brüning 1930–1932 und in Japan während der 1990er-Jahre.

Demokratie (griech.: Volksherrschaft) In der Antike entwickelte Staatsform, in der alle Staatsgewalt vom Volk durch direkte Beschlüsse der → Bürger ausging. Im Gegensatz zur direkten Demokratie entwickelte sich die moderne repräsentative Demokratie Hier wählen die Staatsbürger auf befristete Zeit die Abgeordneten, die dann die Gesetze beschließen. Man spricht deshalb auch von indirekter Demokratie, da die Wähler nur darüber entscheiden können, wer später entscheiden soll. Konstitutive Prinzipien der liberalen Demokratie sind die Verankerung der → Menschenrechte, die → Gewaltenteilung und die Anerkennung von Mehrheitsentscheidungen.

Demokratischer Zentralismus Organisationsprinzip der kommunistischen Parteien, wonach Beschlüsse und Anordnungen der höheren Organe für alle niedrigeren Ebenen absolut verbindlich sind. Kandidaten und Delegierte werden zwar gewählt, aber zur Wahl stehen nur Personen, die von der Parteispitze aufgestellt werden.

Demontage Abbau von Maschinen und Fabrikanlagen, die in das Land des Siegers abtransportiert werden, um nach einem verlorenen Krieg Reparationszahlungen zu begleichen. Beispiel: Die Demontage in der → SBZ durch die UdSSR nach 1945.

Despotie Staatsform, in der ein unrechtmäßiger Gewaltherrscher, der Despot, die Beherrschten tyrannisiert und rücksichtslos unterdrückt.

Deutsche Arbeitsfront (= DAF) nationalsozialistischer Verband, in dem Unternehmer und Arbeitnehmer zwangsweise zusammengeschlossen waren. Die DAF verstand sich als Einheitsorganisation zur Herstellung einer „Volksgemeinschaft" von Arbeitgebern und Arbeitern.

Deutscher Bund 1815 auf dem → Wiener Kongress gegründeter lockerer Staatenbund (mit Sitz in Frankfurt am Main), dem 35 deutsche souveräne Fürsten und vier freie Städte angehörten. Wegen des → Deutschen Dualismus war der Deutsche Bund oft handlungsunfähig. Er wurde 1866 aufgelöst.

Deutscher Dualismus Machtpolitischer Gegensatz zwischen Österreich und Preußen um die Vorherrschaft in Mitteleuropa seit dem 18. Jahrhundert.

Deutscher Krieg Mit dem Sieg Preußens über Österreich endender Krieg von 1866. Erster Schritt zur Gründung des Deutschen Reiches 1871.

Deutscher Zollverein 1834 gegründeter Zusammenschluss deutscher Staaten unter Führung Preußens zur Herstellung eines gemeinsamen → Binnenmarktes durch den Abbau von Zöllen und Handelshemmnissen.

Dialektischer Materialismus (Abk.: Diamat) Zentrales Element des Marxismus. Der Diamat geht davon aus, dass sich auch Gesellschaften und historische Prozesse dialektisch entwickeln, also durch Gegensätze und Widersprüche zu höheren Formen und Synthesen gelangen.

Diktatur (lat.: es wird befohlen/diktiert) Staatsform, in der alle Macht in der Hand eines Einzelnen, des Diktators, oder einer Gruppe bzw. einer Partei (Einparteiendiktatur) liegt. Im alten

Rom wurde in Notzeiten für wenige Monate ein Diktator gewählt, dem damit weitreichende Vollmachten übertragen waren. Auch in der Moderne bedeutet Diktatur die Aufhebung der Gewaltenteilung, in der Regel im Sinne einer bestimmten Mission oder zur Abwehr eines Notstands. Durch eine solche Legitimation unterscheidet sich die Diktatur zumindest in ihrer anfänglichen Zielsetzung von der → Despotie oder → Tyrannis.

Diktatur des Proletariats Bezeichnung des → Marxismus für die als notwendig angesehene Übergangsphase zwischen der Revolution der Arbeiterklasse und der Etablierung einer klassenlosen Gesellschaft. In dieser Übergangsphase übernimmt die Arbeiterschicht die Kontrolle über ein Staatswesen.

Dolchstoßlegende Nach 1918 vertraten nationalistische und militärische Kreise die faktisch falsche These, dass die „im Felde unbesiegte Truppe" den Ersten Weltkrieg nur deshalb verloren habe, weil in der Heimat linke Gruppierungen gegen sie agitiert hätten und den Soldaten sozusagen „hinterrücks der Dolch in den Rücken gestoßen" worden sei. Diese These diente den Konservativen zur Rechtfertigung des Militärs und zur Kaschierung von Fehlern der → OHL. Außerdem wurde die Dolchstoßlegende von Konservativen und Rechtsradikalen als Kampfparole gegen das „Weimarer System" und die Anhänger der Republik, die als „Novemberverbrecher" denunziert wurden, benutzt.

Dollarimperialismus Bezeichnung für die spezifisch US-amerikanische Form des Imperialismus, die darauf verzichtet, andere Länder als Kolonien direkt zu beherrschen, die aber ihre wirtschaftliche und finanzielle Überlegenheit nutzt, um vor allem Staaten in Mittel- und Südamerika von sich abhängig zu machen.

Doppelmonarchie Bezeichnung für die 1867–1918 in Realunion verbundenen Monarchien Österreich und Ungarn, die beide dem Kaiser von Österreich unterstanden, der zugleich König von Ungarn war (daher auch „kaiserliche und königliche Monarchie", kurz: k.u.k.-Monarchie)

Dreibund 1882 geschlossenes geheimes Verteidigungsbündnis zwischen dem Deutschen Reich, Österreich-Ungarn und Italien. Der Dreibund diente vor allem der Isolierung Frankreichs. Er zerbrach 1915.

Dreiklassenwahlrecht Ungleiches Wahlrecht, das in Preußen 1849–1918 galt. Beim Dreiklassenwahlrecht wurde die Bevölkerung nach ihrem Steueraufkommen in drei Klassen eingeteilt. Die beiden ersten Klassen machten nur rund 18% der Bevölkerung aus, stellten aber zwei Drittel der Abgeordneten.

Dritte Republik Bezeichnung für das republikanische Frankreich der Jahre 1870–1940 (I. Republik: 1792–1794; II. Republik: 1848–1852, IV. Republik: 1944–1958; V. Republik: seit dem Jahr 1958).

Dritter Stand Im vorrevolutionären Frankreich der Stand der → Bürger, zu dem auch Tagelöhner und Bauern zählten. Der dritte Stand war im Vergleich zu den beiden anderen privilegierten Ständen des Adels und des Klerus benachteiligt und musste alleine für die Steuern aufkommen.

Drittes Reich Ursprüngliche Bezeichnung aus der christlichen Heilsgeschichte für das Reich des Heiligen Geistes; von Hitler und der → NSDAP zeitweilig als Selbstbezeichnung für die eigene → Diktatur benutzt; seither allgemein übliche Bezeichnung für die Zeit des NS-Staats in Deutschland zwischen 1933–1945.

Dritte Welt Bezeichnung für die sogenannten Entwicklungsländer außerhalb der industrialisierten Staaten der Ersten Welt des Westens und der Zweiten des früheren Ostblocks. Obwohl die Zweite Welt so nicht mehr besteht, ist die Bezeichnung für die unterentwickelten

Staaten Lateinamerikas, Schwarzafrikas und Asiens noch gebräuchlich.

Dualismus → Deutscher Dualismus

Duce Bezeichnung des selbst ernannten Führers der italienischen Faschisten Benito Mussolini, der diesen Titel auch als Regierungschef Italiens führte.

EFTA (European Free Trade Association) Europäische Freihandelszone von westeuropäischen Staaten, die nicht der → EWG angehörten. 1960 gegründet, büßte die EFTA nach dem Übertritt Großbritanniens, Irlands und Dänemarks in die → EG 1973 an Bedeutung ein.

EG (Europäische Gemeinschaft) 1967 bis 1993 Sammelbezeichnung für die → EWG, → EURATOM und die → EGKS; seit 1993 Basis der EU.

Egalitär Politische und sozioökonomische Gleichheit anstrebend.

EGKS Europäische Gemeinschaft für Kohle und Stahl (Montanunion), 1951 gegründeter Vorläufer der → EWG mit der Bundesrepublik Deutschland, Frankreich, Italien und den Beneluxländern als Gründungsmitgliedern.

Eindämmungspolitik → Containment

Einheitsliste Wahlvorschlag der kommunistischen Parteispitze, über den nur als Ganzes abgestimmt werden kann. Da es im → Einparteienstaat keine alternative Kandidatenliste gibt, ist die Einheitsliste Ausdruck einer Scheindemokratie.

Einigungsvertrag Am 31. August 1990 abgeschlossener Vertrag zwischen der Bundesrepublik Deutschland und der DDR, in dem der Beitritt der DDR zur Bundesrepublik nach Art. 23 des Grundgesetzes geregelt würde.

Einparteienstaat Im Einparteienstaat sind außer der Staatspartei alle anderen Parteien verboten oder gleichgeschaltet. Politische Macht ist im Einparteienstaat monopolisiert, der Aufbau von Staat und Partei ist parallel, Regierungsstellen werden zumeist von Parteifunktionären besetzt. Beispiele: NS-Staat, UdSSR und DDR. (Gegenbegriff: Mehrparteiensystem, siehe auch → Pluralismus)

Eiserner Vorhang (engl.: Iron Curtain) Von Winston Churchill 1946 geprägter Begriff für die Abschottung der sowjetrussischen Hemisphäre, die hinter einem eisernen Vorhang von jeglichem Kontakt zum Westen abgeschnitten wurde.

Elite Politisch oder sozial führende und herrschende Gruppe in einer Gesellschaft (elitär: Auserlesen, einer Elite angehörend).

Emanzipation (lat.: Freilassung, Entlassung in die Selbständigkeit, Gleichstellung) Befreiung von Einzelnen oder von Gruppen aus politischer, rechtlicher, geistiger oder psychischer Abhängigkeit mit dem Ziel, mündig zu werden und Selbstbestimmung zu erlangen. Seit der Aufklärung steht Emanzipation für das Aufbegehren einengender Bindungen und Vorschriften, die das Individuum fesseln. Daher umfasst Emanzipation auch das Bewusstmachen von Benachteiligung sowie das Streben nach Rechtsgleichheit und nach der Aufhebung von Abhängigkeiten. Beispiele sind die Judenemanzipation, die Frauenbewegung und die Arbeiterbewegung.

Emigration (lat.: Auswanderung) Politisch relevant ist die von außen veranlasste oder erzwungene Emigration, die aus politischen oder religiösen Motiven erfolgt. Hiervon zu unterscheiden sind die freiwillige und die ökonomisch begründete Emigration. Im 20. Jahrhundert hatte vor allem die hohe Zahl von Emigranten Bedeutung, die Hitler-Deutschland und die faschistischen Staaten verließen.

Empire (lat.: Reich) 1) Bezeichnung für das französische Kaiserreich unter Napoleon I. (1804–1815) und Napoleon III. (1852–1870). 2) Bezeichnung für das britische Weltreich vor allem im 19. Jahrhundert bis zur Gründung des → Commonwealth 1931.

Endlösung Nationalsozialistische Bezeichnung für die 1942 auf der → Wannsee-Konferenz beschlossene „Endlösung der Judenfrage", mit der die systematische Ausrottung und Vernichtung des Judentums begann (→ Holocaust).

Entartete Kunst Offizielle Bezeichnung des „Dritten Reiches" für die Kunst der Moderne, die auch als „artfremd" und „undeutsch" diffamiert wurde. Entsprechende Kunstwerke wurden beschlagnahmt, viele Künstler erhielten Malverbote etc.

Entente (frz.: Einvernehmen) Bündnisähnliches Einverständnis zwischen Staaten, die außenpolitisch gemeinsame Interessen verfolgen.

Entente Cordiale (frz.: herzliches Einvernehmen) Bezeichnung für die britisch-französische Annäherung 1904, die das Zusammengehen der späteren Alliierten, der „Ententemächte", im Ersten Weltkrieg gegen die → Mittelmächte vorwegnahm.

Entfremdung Begriff des Marxismus für das beziehungslose Verhältnis des Arbeiters zu den von ihm hergestellten Produkten.

Entkolonialisierung (auch: Dekolonisation) Beendigung und Aufhebung der Kolonialherrschaft in der Zeit nach 1945, als die europäischen Kolonialmächte ihre Kolonien nach und nach in die Selbständigkeit entließen.

Entmilitarisierung (auch: Demilitarisierung) Vertraglich festgelegte Verpflichtung, auf einem bestimmten Gebiet keine Truppen, Waffen und militärische Anlagen zu unterhalten.

Entmilitarisierte Zone Gebiet, in dem die Entmilitarisierung durchgeführt wird. Bekanntestes Beispiel in der deutschen Geschichte ist die entmilitarisierte Zone nach dem → Versailler Vertrag westlich und 50 Kilometer östlich des Rheins.

Entnazifizierung Maßnahmen der → Alliierten seit 1945 im besetzten Deutschland zur Zerschlagung der → NSDAP und aller ihrer Untergliederungen sowie zur Entfernung ehemaliger Nationalsozialisten aus allen öffentlichen Ämtern.

Entspannungspolitik Alle Bemühungen seit etwa 1962 (→ Kuba-Krise) zum Abbau vor allem der militärischen Spannungen zwischen den beiden Supermächten und den von ihnen bestimmten Blöcken. Die Entspannungspolitik führte in den 1970er-Jahren zur Rüstungskontrolle und zur → KSZE-Konferenz.

Entstalinisierung 1956 wurden in der UdSSR drei Jahre nach Stalins Tod dessen Personenkult und vor allem dessen Terrorherrschaft verurteilt. In der Phase der Entstalinisierung wurden Opfer des → Stalinismus rehabilitiert und Stalinisten geächtet.

Entwicklungsländer Bezeichnung für Länder in der → „Dritten Welt", deren Entwicklungsgrad deutlich niedriger ist als der der Industrieländer.

Erfüllungspolitik Diffamatorisch gebrauchte Bezeichnung der rechtsradikalen Gegner der → Weimarer Republik zur Abwertung der von den Reichsregierungen betriebenen Politik der Erfüllung des → Versailler Vertrags.

Erfurter Programm Am → Marxismus orientiertes und gleichwohl auf allmähliche Reformen abzielendes Programm der SPD von 1891.

Ermächtigungsgesetz Verzicht des Parlaments auf seine gesetzgeberischen Rechte zugunsten der → Exekutive. Das Ermächtigungsgesetz vom 23. März 1933, das sogenannte „Gesetz zur Behebung der Not von Volk und Staat", dem der Reichstag zugestimmt hatte, gab der Regierung Hitler unumschränkte Vollmacht auf zunächst vier Jahre. Damit war die → Gewaltenteilung aufgehoben und faktisch die → Diktatur eingeführt. Seit 1937 wurde das Ermächtigungsgesetz mehrmals bis 1945 verlängert.

ERP (European Recovery Program, auch: Marshallplanhilfe) Dieses auf Initiative des US-Außenministers Marshall 1947 zustande gekommene „Europäische Wiederaufbauprogramm" beinhaltete Unterstützungsmaßnahmen und Hilfsprogramme zur Überwindung von Hunger und Elend in Europa nach dem 2. Weltkrieg. Damit sollte zugleich im Sinne der → Truman-Doktrin und der Politik des → „Containment" ein weiteres Vordringen des Kommunismus verhindert werden. Im Rahmen des ERP erhielten die westeuropäischen Staaten zwischen 1948 und 1951 gut 13 Mrd. Dollar.

EU (Europäische Union) Seit dem Vertrag von → Maastricht bezeichnet sich die frühere → EG als EU: Damit dokumentierten die Mitgliedsstaaten den Willen, eine immer engere politische Union anzustreben.

Euratom (Europäische Atomgemeinschaft): 1957 parallel mit der → EWG in den → Römischen Verträgen gegründete Gemeinschaft zur gemeinsamen friedlichen Nutzung der Kernenergie; 1968 in die → EG integriert.

Euro Bezeichnung für die gemeinsame europäische Währung, die 1999 als Buch- und 2002 als Bargeld in zwölf Staaten der → EU eingeführt wurde.

Europäische Kommission Supranationales Exekutivorgan der → EU in Brüssel mit 20 EU-Kommissaren, die als „Motor der europäischen Integration" Initiativrecht haben und von Weisungen ihrer Regierungen unabhängig sind.

Europäisches Parlament Supranationales Legislativorgan der → EU mit Sitz in Straßburg. Die Abgeordneten werden seit 1979 auf jeweils fünf Jahre gewählt.

Europarat 1949 gegründeter loser Zusammenschluss von mittlerweile 44 europäischen Staaten (mit Sitz in Straßburg) zur Intensivierung engerer Beziehungen und zur Durchsetzung von → Demokratie und → Menschenrechten in ganz Europa.

Euthanasie (von griech.: schöner Tod; auch Euthanasieprogramm) Beschönigende Bezeichnung des NS-Staats zur Tarnung der Ermordung Geisteskranker, die als „lebensunwertes Leben" diffamiert und getötet wurden.

EVG (Europäische Verteidigungsgemeinschaft) 1952 gegründete Verteidigungsbündnis der sechs späteren EWG-Staaten. Die EVG scheiterte 1954, als die französische Nationalversammlung den EVG-Vertrag ablehnte.

EWG (Europäische Wirtschaftsgemeinschaft) 1957 in den → Römischen Verträgen gegründeter Zusammenschluss der sechs Staaten der → EGKS zum Zweck der wirtschaftlichen Integration und der Schaffung eines zollfreien gemeinsamen → Binnenmarktes.

Exekutive (lat.: ausführend, vollziehend) Nach dem Prinzip der → Gewaltenteilung die vollziehende Gewalt, die die Regierung und die Verwaltungen ausüben.

Expansionismus (von lat.: Ausdehnung) Machtpolitisches Streben, das eigene Staatsgebiet durch Krieg oder wirtschaftliche Einflussnahme auszudehnen.

Extremismus Kompromisslose Haltung in der gesellschaftspolitischen Auseinandersetzung, die meist mit Intoleranz und Gewaltbereitschaft gegenüber Andersdenkenden einhergeht.

EZB (Europäische Zentralbank) Hüterin der Geldwertstabilität des → Euro mit Sitz in Frankfurt am Main.

Faschismus (von it. „fasces", den Rutenbündeln der römischen Liktoren als Sinnbild der staatlichen Strafgewalt) 1919 in Mailand von Benito Mussolini gegründete politische Bewegung mit nationalistisch-militanten und anfangs auch sozialistischen Zügen. Nach dem siegreichen „Marsch auf Rom" 1922 Staatsstreich und Aufbau eines autoritären Regimes mit Mussolini als „Duce". Die Ideologie des Faschismus richtete sich gegen liberaldemokratisches Denken, Parlamentarismus und gegen den → Marxismus. Der Faschismus favorisierte einen auf Unterordnung beruhenden Führerstaat ohne Gewaltenteilung und Grundrechte. Der angestrebte „stato totalitario" bedeutete eine Vorwegnahme der totalitären Einparteiendiktatur, die dann in noch wesentlich extremerer Weise im NS-Staat realisiert wurde. Ideologie und Herrschaftspraxis des Faschismus fanden in der Zeit von 1922 bis 1945 Nachahmer in weiten Teilen Europas. Faschistisches Gedankengut und vor allem faschistoide Verhaltensmuster wirken bis heute nach.

FDP (Freie Demokratische Partei) 1948 gegründete liberale Partei der späteren Bundesrepublik Deutschland. Die FDP war von 1949–1998 bis auf die Zeit der → Großen Koalition (1966–1969) ununterbrochen Regierungspartei und insofern fast immer „Zünglein an der Waage", das heißt, sie entschied (obgleich sie selbst immer weniger als zehn Prozent der Stimmen hatte) durch die Wahl ihres Koalitionspartners, der aufgrund fehlender absoluter Mehrheit auf einen Koalitionspartner angewiesen war, wer regieren würde.

Februarrevolution 1. die am 24. Februar 1848 in Paris ausgebrochene Revolution, die zum Sturz des → „Bürgerkönigs" Louis Philippe (1830–1848) und zur II. Republik führte; 2. die erste Revolution im Russland des Jahres 1917, die im März (nach dem damals in Russland noch gültigen Kalender im Februar des Jahres, deshalb Februarrevolution) begann und zur Absetzung des Zaren führte.

Feudalismus Ursprünglich Bezeichnung des mittelalterlichen Lehnswesens, dann auch der vorindustriellen Gesellschaft überhaupt. Der Feudalismus basiert auf der Grundherrschaft des Adels und dessen Privilegien und Rechten gegenüber den von ihnen abhängigen Leibeigenen, die verpflichtet sind, Frondienste zu leisten. Weitere Kennzeichen des Feudalismus sind die ständische Gliederung der Gesellschaft, eine stark traditionalistische Mentalität und eine damit zusammenhängende geringe Flexibilität und Veränderungsbereitschaft.

Flexible Response NATO-Strategie der „flexiblen Reaktion", die seit der Kuba-Krise 1962 die vorherige Strategie der „massiven Vergeltung" ablöste und eine angemessene Antwort auf gegnerische Aggressionen vorsah, wobei aus einer Position der Stärke stets Entschlossenheit, aber auch Verhandlungsbereitschaft signalisiert werden sollten.

Flottenabkommen Regelung zwischen Staaten, in der das Verhältnis der Stärke ihrer Flottenrüstung bestimmt wird. Bekannt wurde das 1935 abgeschlossene deutsch-britische Flottenabkommen, in dem das Verhältnis der Kriegsflotten auf 35 : 100 festgelegt wurde.

Flottenpolitik Bezeichnung für die massive Aufrüstung zur See, die das Deutsche Kaiserreich seit 1898 betrieb. Diese sehr offensive Flottenpolitik verärgerte Großbritannien und begünstigte dessen Annäherung an Frankreich.

Föderalismus (von lat.: Bund, Vertrag, Verbindung, Bündnis) Politisches Gestaltungsprinzip, wonach beim Zusammenschluss mehrerer Länder unter einer gemeinsamen Regierung den einzelnen Ländern Eigenständigkeit und Selbstverwaltung eingeräumt wird. Der Föderalismus geht von einer Gliederung in kleinere selbstverantwortliche Einheiten aus und kann in Form eines → Bundesstaats oder eines Staatenbundes realisiert werden.

Frankfurter Nationalversammlung Während der deutschen Revolution von 1848/49 trat die verfassunggebende Nationalversammlung in der Frankfurter Paulskirche zusammen und beriet dort bis März 1849 über die Reichsverfassung.

Frauenbewegung Organisierte Form des Kampfes um die politische, soziale, wirtschaftliche und kulturelle Gleichstellung und Gleichberechtigung der Frau. Erste Ansätze der Frauenbewegung gab es während der Französischen Revolution sowie in den USA und England um 1800.

Frauenwahlrecht Zentrale Forderung der → Frauenbewegung im 19. und zu Beginn des 20. Jahrhunderts. Das Frauenwahlrecht wurde in Russland 1917, in den USA und Deutschland 1919, in Großbritannien 1928 und in Frankreich 1944 eingeführt.

Freie Städte Im Mittelalter gab es in Deutschland eine Vielzahl Freier Reichsstädte. Vier von ihnen waren auch noch nach 1815 freie Städte: Bremen, Frankfurt a.M., Hamburg und Lübeck.

Freihandel Außenwirtschaftliches Grundprinzip und zentrale Forderung des Wirtschaftsliberalismus; danach sollen der internationale Handel und Warenaustausch durch keinerlei staatliche Eingriffe wie Schutzzölle oder Ein- und Ausfuhrbeschränkungen beeinträchtigt werden. Jeglicher → Protektionismus steht der Lehre vom Freihandel diametral entgegen.

Freikorps Militärischer Freiwilligenverband, der sich während oder nach einem Krieg bildet und der mehr oder weniger eigenständig neben der Armee des Landes operiert. Freikorps gab es in Deutschland vor allem während der → Befreiungskriege seit 1813 und in den Anfangsjahren der → Weimarer Republik.

Friedensbewegung Bezeichnung für Initiativen und Organisationen, die sich bedingungslos für weltweiten Frieden einsetzen. Anfänge der Friedensbewegung gab es bereits im 19. Jahrhundert, breite Unterstützung fand sie in Deutschland nach dem Zweiten Weltkrieg und um 1980, als sie sich mit der Umweltbewegung verband.

Führerprinzip Allgemeines Organisationsprinzip, wonach einer selbst ernannten oder gewählten Führungspersönlichkeit diktatorische Vollmachten verliehen werden. Das Führerprinzip, das demokratischen Grundsätzen fundamental widerspricht, beinhaltet eine durchgängige Befehlsstruktur von oben nach unten und ermöglicht eine unkontrollierte monokratische Herrschaftsausübung. Der NS-Staat basierte maßgeblich auf dem Führerprinzip, das durch den Personenkult um den „Führer" zum unangreifbaren Mythos stilisiert wurde.

Fünfte Republik Bezeichnung für den französischen Staat seit der neuen Verfassung von 1958, die dem Präsidenten weitreichende Vollmachten gab.

Fundamentalismus Ende des 19. Jahrhunderts aufgekommene Bezeichnung für Teile des amerikanischen Protestantismus, der nur das Fundament des Christentums, die Bibel, gelten lässt. Generell kann jede Weltanschauung oder Glaubensüberzeugung Züge eines Fundamentalismus annehmen, indem sie nur die eigenen Grundlagen anerkennt und diese unduldsam und rigoros nach außen vertritt. Fundamentalismus steht daher durchweg im Gegensatz zu Aufklärung und Liberalismus.

Fünfjahresplan Im Rahmen der alle Produktionsbereiche erfassenden → Planwirtschaft wurden in der UdSSR seit 1928 Fünfjahrespläne aufgestellt, um die ökonomische Gesamtentwicklung zu planen und zu steuern. Ähnliche Mehrjahrespläne gab es später auch in den übrigen → Comecon-Staaten.

Generalstände In Frankreich die Versammlung der drei Stände von Adel, Klerus und Bürgertum. Während des → Absolutismus waren die Generalstände seit 1614 nicht mehr einberufen worden, was erst 1789 angesichts der Staatskrise wieder geschah.

Generalstreik Stärkste Form des Streiks, bei dem alle organisierten Arbeiter in den Ausstand treten. Dadurch ist der Generalstreik ein besonders wirkungsvolles ökonomisches und politisches Druckmittel der Gewerkschaften.

Geheimpolizei (auch: politische Polizei) Seit Napoleon und Metternich gibt es in absolutistischen und totalitären Staaten eine Geheimpolizei, die ohne Kontrolle durch die Justiz von der Staatsführung eingesetzt wird, um politische Gegner einzuschüchtern und zu verfolgen. Die Geheimpolizei operiert in der Regel willkürlich und unter Anwendung von systematischem Terror. Sie ist ein wichtiges Instrument der Herrschaftssicherung in → totalitären Staaten. Beispiele: → Gestapo, → KGB, → Stasi.

Genfer Konvention Bezeichnung für verschiedene völkerrechtliche Vereinbarungen und Verträge zum Schutz von Kriegsopfern, zur Verbesserung der Situation verwundeter Soldaten und Kriegsgefangener. Im Rahmen der Genfer Konvention wurde auch das „Rote Kreuz" entwickelt.

Gesellschaftsvertrag Diese Lehre beinhaltet staatsphilosophische Überlegungen und Begründungen zur Rechtfertigung eines Gemeinwesens, das die Rechte des Einzelnen notwendigerweise beschneiden muss. Staat und Naturrecht werden auf die fiktive Erklärung ungebundener Menschen im vorpolitischen Naturzustand zurückgeführt, die bereit waren, ihre Rechte einer überpersönlichen Einrichtung, dem Staat, zu übertragen. Bedeutende Vertreter dieser Lehre waren Thomas Hobbes, John Locke sowie Jean-Jacques Rousseau, dessen Hauptwerk „Du Contrat social" der Lehre vom Gesellschaftsvertrag auch ihren Namen gab.

Gestapo (Geheime Staatspolizei) Abkürzung und Bezeichnung der Geheimpolizei im NS-Staat, die berüchtigt für ihren unkontrollierten Terror war („Gestapomethoden").

Gewaltenteilung (auch: Gewaltentrennung) Bedeutende Lehre der Politischen Philosophie, die die Trennung staatlicher Gewalt in drei Teilfunktionen (→ Legislative = gesetzgebende Gewalt, → Exekutive = ausführende und → Judikative = rechtsprechende Gewalt) und ihre Übertragung an voneinander unabhängige Institutionen als unerlässlich ansieht, um Machtmissbrauch zu verhindern und die freie Entfaltung des Einzelnen innerhalb eines → Rechtsstaats zu sichern. Die Idee der Gewaltenteilung geht auf John Locke (1632–1704) zurück und wurde von Charles de Montesquieu (1689–1755) zu der heute geläufigen Form weiterentwickelt. Der Grundgedanke der Gewaltenteilung fand seit der US-Verfassung (1787) und der Französischen Revolution (1789) Eingang in die Verfassungen aller liberaldemokratischen Staaten.

Gewaltloser Widerstand Von Mahatma Gandhi (1869–1948) entwickelte Methode, die britische Fremdherrschaft in Indien durch gewaltlose Aktionen und passiven Widerstand zu überwinden. Die Kraftquelle für Gandhis gewaltlosen Widerstand war die hinduistische Religionsphilosophie, die er durch andere religiös fundierte Friedenslehren, wie vor allem die „Bergpredigt" des Christentums, ergänzte.

Gewerkschaft Interessenvertretungen von abhängig Beschäftigten zur Wahrnehmung ihrer Rechte und zur Verbesserung ihrer Arbeitsbedingungen und Löhne. Besondere Bedeutung gewannen die Gewerkschaften der Industriearbeiter, die sich seit dem beginnenden 19. Jahrhundert zuerst in England („Trade Unions"), dann auch in den anderen sich industrialisierenden Ländern zusammenschlossen. In der Bundesrepublik Deutschland ist seit 1949 der DGB (Deutscher Gewerkschaftsbund) als Dachverband der Einzelgewerkschaften die mächtige Vertretung der Arbeitnehmer, die deren Interessen gegenüber den Arbeitgeberverbänden wahrnimmt.

Ghetto (auch: Getto) 1) allgemein Bezeichnung für einen abgeschlossenen Ort, in dem eine nationale oder religiöse Minderheit in erzwungener Abgrenzung leben muss. Seltener wird die Segregation auch von der Minderheit selbst gewählt. 2) Abgetrennte und nachts verschlossene Stadtviertel, in denen seit dem Mittelalter die jüdische Bevölkerung lebte. Seit der → Aufklärung waren die Juden nicht mehr gezwungen, im Ghetto zu leben, bis in der Zeit des NS-Staats die Bildung von Ghettos erneut betrieben wurde, wobei sie häufig eine Vorstufe zu den Vernichtungslagern waren.

Girondisten Gemäßigte Republikaner in der Französischen Revolution, die nach 1792 in Gegensatz zu den → Jakobinern gerieten.

Glasnost (russ.: Offenheit, Transparenz) Neben → Perestroika zentraler Begriff Gorbatschows zur demokratischen Umgestaltung der UdSSR seit 1985, die er durch Glasnost, das heißt freiere Medien, öffentliche Diskussionen und Transparenz in Politik und Partei erreichen wollte.

Gleichgewichtspolitik Prinzip der Außenpolitik der europäischen Großmächte vor allem im 19. Jahrhundert, durch das die Vormachtstellung eines Staates verhindert werden sollte.

Gleichschaltung 1933 aufgekommene Bezeichnung für die Aufhebung von → Pluralismus und → Menschenrechten in der Phase der Durchsetzung der NS-Herrschaft in Deutschland, als es Hitlers Regierung gelang, innerhalb weniger Monate alle politischen Gegner auszuschalten, alle staatlichen Institutionen im Sinne der Gleichschaltung zu vereinnahmen und sämtliche Lebensbereiche zu kontrollieren.

Globalisierung Seit den 1990er-Jahren gebräuchliche Bezeichnung für die zunehmende internationale Verflechtung der Volkswirtschaften und die Entstehung weltweiter Märkte für Waren, Rohstoffe, Geld und Dienstleistungen. Die Globalisierung wird durch neue Kommunikations- und Informationsmittel beschleunigt. Sie führt dazu, dass Unternehmen global operieren können und dass hohe Renditeerwartungen zu einem verschärften Konkurrenzkampf führen.

Godesberger Programm 1959 von der SPD beschlossenes Grundsatzprogramm, in dem sich die Sozialdemokraten endgültig vom → Marxismus lösten und wichtige Errungenschaften der Ära Adenauer (→ Westintegration, → Soziale Marktwirtschaft) akzeptierten. Durch das Godesberger Programm wurde die SPD zur Volkspartei.

Golfkrieg Bezeichnung für inzwischen drei Kriege am Persischen Golf seit 1980: Beim 1. Golfkrieg (1980–1988) zwischen Irak und Iran ging es um das ölreiche Mündungsgebiet von Euphrat und Tigris. Der Krieg endete mit einem Waffenstillstand, der im Wesentlichen die Vorkriegsgrenzen wiederherstellte. Der 2. Golfkrieg (1991) zwischen dem Irak und einer im Auftrag der UNO operierenden internationalen Streitmacht unter Führung der USA führte zu einer raschen Niederlage des Irak, der sich dadurch aus dem vorher von ihm okkupierten Kuwait wieder zurückziehen musste. Der 3. Golfkrieg (2003) zwischen dem Irak und einer von den USA geführten Koalition führte zur Absetzung des irakischen Despoten Saddam Hussein und zur Besetzung des Irak.

Gothaer Programm Kompromissprogramm der „Sozialistischen Arbeiterpartei Deutschlands“ (der späteren SPD), das 1875 auf dem Vereinigungskongress des → „Allgemeinen Deutschen Arbeitervereins" und der „Sozialdemokratischen Arbeiterpartei" in Gotha angenommen wurde.

Göttinger Sieben Bezeichnung für sieben Göttinger Professoren um die Gebrüder Grimm, die 1837 gegen den Verfassungsbruch des Königs von Hannover protestiert hatten und deshalb auf Betreiben Metternichs entlassen wurden.

Großdeutsch 1848/49 und danach gebräuchliche Bezeichnung für eine Einigung Deutschlands unter Einschluss und Führung Österreichs. Unter dem Gegenbegriff „kleindeutsche Lösung" verstand man die Einigung Deutschlands unter Führung Preußens bei gleichzeitigem Ausschluss Österreichs. Unter Hitler wurde das Deutsche Reich nach dem → „Anschluss" Österreichs als „Großdeutsches Reich" bezeichnet.

Große Koalition Regierungsbündnis der beiden größten Parteien in einem Parlament. Eine große Koalition wird gewöhnlich nur in Krisenzeiten gebildet, wie z. B. die große Koalition aus → CDU/CS U und SPD in der Rezession von 1966/67 in der Bundesrepublik Deutschland. Auch 2005 wurde in Berlin mit der Regierung Merkel (CDU/CSU und SPD) eine Große Koalition gebildet

Gründerjahre Bezeichnung für den kurzen Zeitraum von 1871–1873, als nach der Gründung des Deutschen Reiches ein allgemeiner Optimismus und Fortschrittsglaube das Kaiserreich erfasste und viele neue Unternehmen und Aktiengesellschaften gegründet wurden.

Grundgesetz (Abk.: GG) Eigentlich Bezeichnung für eine Verfassung im Sinne eines Staatsgrundgesetzes. Für die Bundesrepublik Deutschland ist das 1949 verabschiedete „Bonner Grundgesetz" die auf den Grundrechten basierende Verfassung, die zunächst nur provisorischen Charakter haben sollte, da sie lediglich für den westlichen Teilstaat galt. Nach der Wiedervereinigung 1990 wurde dann aber die Bezeichnung beibehalten.

Grundrechte Sie entsprechen den Menschenrechten. Sie beinhalten die wesentlichen Verfassungsgrundsätze zur Sicherung der Freiheitssphäre des Einzelnen gegenüber dem Staat. Hierzu gehören die Unverletzlichkeit der Person, die Religions-, Meinungs- und Pressefreiheit, die Gleichberechtigung aller → Bürger und Bürgerinnen vor dem Gesetz, das Demonstrationsrecht, die Versammlungs- und Vereinigungsfreiheit, das Briefgeheimnis, die Unverletzlichkeit des Eigentums etc. Um ihre besondere Bedeutung hervorzuheben, stehen die Grundrechte im Bonner Grundgesetz als Artikel 1 bis 19 an vorderster Stelle.

Grundvertrag (auch: Grundlagenvertrag) Kurzbezeichnung für den im Dezember 1972 geschlossenen und im Juni 1973 in Kraft getretenen „Vertrag über die Grundlagen der Beziehungen" zur Normalisierung des Verhältnisses zwischen den beiden deutschen Teilstaaten.

Guerilla (span.: Kleinkrieg) Während des spanischen Unabhängigkeitskriegs gegen Napoleon (1808–1814) entstandene Bezeichnung für einen aus dem Untergrund kommenden Kleinkrieg einheimischer, meist irregulärer Truppen und versteckt operierender Partisanen gegen eine feindliche Besatzungsherrschaft.

Guillotine Von dem französischen Arzt Josepf-Ignace Guillotin 1792 zur „humaneren" Vollstreckung der Todesstrafe empfohlenes Fallbeil.

GULAG (russ. Abk. für „Hauptverwaltung der Lager") Seit Alexander Solschenizyns großem Werk über den „Archipel Gulag" (1973 ff.) gebräuchlich gewordene Bezeichnung für das System der zumeist sibirischen Straf- und Arbeitslager in der UdSSR seit Stalin.

GUS (Gemeinschaft unabhängiger Staaten) Nach dem Zusammenbruch der

UdSSR 1991 gegründete Staatengemeinschaft von zwölf ehemaligen Sowjetrepubliken, die unter Führung Russlands eine enge wirtschaftliche Zusammenarbeit anstreben.

Hallsteindoktrin Nach Adenauers Staatssekretär im Auswärtigen Amt Walter Hallstein benannter Grundsatz der westdeutschen Außenpolitik seit 1955, demzufolge diplomatische Beziehungen zu solchen Staaten abzubrechen waren, die die DDR anerkannten. Hintergrund der Hallsteindoktrin war der → Alleinvertretungsanspruch der Bundesrepublik Deutschland. Die Hallsteindoktrin wurde 1967 aufgegeben.

Hambacher Fest Erste große deutsche Massenkundgebung mit rund 30000 Teilnehmern Ende Mai 1832 auf dem Hambacher Schloss bei Neustadt an der Weinstraße in der Pfalz. Auf dem Hambacher Fest wurden vor allem liberale und nationale Forderungen erhoben.

Handelsbilanz Gegenüberstellung von Warenexporten und -importen. Eine Handelsbilanz wird als aktiv bezeichnet, wenn die wertmäßige Summe der Ausfuhren die der Importe übertrifft (Exportüberschuss), als negativ, wenn die Einfuhren die Exporte übersteigen.

Harzburger Front Im Okt. 1931 geschlossenes Bündnis der → NSDAP mit der DNVP, dem → Stahlhelm und anderen rechtsgerichteten Kräften als „nationale Opposition" gegen die Regierung Brüning.

Hedonismus (von griech.: Lust) Lebenshaltung, die privates Glück und Lustgewinn als höchstes Lebensziel ansieht. Eine hedonistische Einstellung bei größeren Teilen der deutschen Bevölkerung wurde vor allem in den 1990er-Jahren konstatiert („Spaßgesellschaft").

Hegemonie (von griech.: Führung, Oberbefehl) Bezeichnung für die Vormachtstellung eines Staates über andere. Eine Hegemonialstellung kann auf politischer, militärischer, wirtschaftlicher oder kultureller Überlegenheit beruhen. Typische Hegemonialmächte waren in der Zeit des Kalten Krieges die USA und die UdSSR.

Heilige Allianz Der Zusammenschluss der Monarchen Russlands, Österreichs und Preußens, die 1815 erklärten, eine von christlichen Grundsätzen geprägte Innen- und Außenpolitik zu betreiben. In Wirklichkeit war die Heilige Allianz ein Bündnis zur Unterdrückung liberaler und nationaler Bestrebungen. Sie wurde so zum Symbol der → Restauration.

Heiliger Krieg Bezeichnung für einen Krieg, der zumindest nach außen hin im Namen einer Religion oder einer vorgeblich „göttlichen" Mission geführt wird. Im Islam, wo er als „Dschihad" bezeichnet wird, wird der Heilige Krieg zum Teil auch heute noch als legitim angesehen.

Heiliges Römisches Reich Deutscher Nation Seit 1512 amtliche Bezeichnung für den Gesamtherrschaftsbereich des abendländisch-christlichen Römischen Kaisertums und der in ihm verbundenen Reichsterritorien von etwa 962 bis zur Auflösung durch Napoleon 1806. Zum Heiligen Römischen Reich Deutscher Nation, das ein loser Verbund vieler hundert einzelstaatlicher Gebilde war, gehörten vor allem die Deutsch sprechenden Länder sowie weite Teile Italiens und des übrigen Mitteleuropa.

Heimatvertriebene Angehörige einer meist nationalen Minderheit, die aus ihrer Heimat ausgewiesen oder vertrieben werden. Aufgrund nationalstaatlicher Vorstellungen war das 20. Jahrhundert auch ein Jahrhundert der Heimatvertriebenen. Innerhalb des deutschen Sprach- und Kulturraums gab es nach 1945 über 13 Millionen Heimatvertriebene, die aus den deutschen Ostgebieten und aus früheren Siedlungsgebieten in Osteuropa fliehen mussten (wie z. B. die Sudetendeutschen) oder umgesiedelt wurden (Russlanddeutsche).

Herrenvolk Bezeichnung der NS-Ideologie für die Menschen der „nordischen", auch „arischen" Rasse, die weltweit zum Herrschen bestimmt sei, während die

Menschen anderer Rassen als Untertanen und „Untermenschen" dienen sollten. Als Herrenvolk galten vor allem die Deutschen.

Hierarchie (griech.: Priesterherrschaft, heilige Ordnung) Bezeichnung für ein Herrschaftssystem, das von oben nach unten durch eine feste Rangordnung gekennzeichnet ist, wobei der in der Hierarchie Höherstehende gegenüber dem Rangniedrigeren weisungsbefugt ist. Beispiel für hierarchische Systeme finden sich in allen Lebensbereichen. So sind die Katholische Kirche, staatliche Institutionen und fast alle Wirtschaftsunternehmen hierarchisch strukturiert.

Historischer Materialismus (Histomat) Zentraler Bestandteil der marxistischen Gesellschaftsauffassung und Geschichtsphilosophie, der zufolge die geschichtliche Entwicklung vom ursprünglichen Urkommunismus über Klassengesellschaften in der Zukunft wieder zu einer kommunistischen Gesellschaft führen wird. Der historische Materialismus betrachtet sich als materialistisch, da er davon ausgeht, dass das menschliche „Bewusstsein" durch das materielle „Sein" bestimmt werde.

Hitlerjugend (HJ) Nationalsozialistische Jugendorganisation, die seit 1933 nicht zuletzt durch die zwangsweise Gleichschaltung und Eingliederung anderer Jugendverbände zu einer Massenorganisation wurde, die die 14- bis 18-jährigen Jungen total zu erfassen und im Sinne der NS-Ideologie zu beeinflussen suchte. Ferner diente die HJ offiziell der paramilitärischen „Ertüchtigung". Als Parallelorganisation für die gleichaltrigen Mädchen gab es den „Bund Deutscher Mädel" (BDM).

Hitlerputsch (auch: Hitler-Ludendorff-Putsch) Misslungener Putschversuch der → NSDAP unter Hitler, der von General Ludendorff unterstützt wurde. Die Putschisten wollten in der Nacht auf den 9. November 1923 in München die Macht ergreifen und von dort in einem „Marsch auf Berlin" die Regierung absetzen und die → Weimarer Republik stürzen.

Hitler-Stalin-Pakt Bezeichnung für den deutsch-sowjetischen Nichtangriffspakt vom 23. Aug. 1939, der für Hitler angesichts des bevorstehenden Überfalls auf Polen besonders wichtig war, da Stalin für diesen Fall wohlwollende Neutralität zusicherte. In einem geheimen Zusatzabkommen wurden zwischen dem NS-Staat und der UdSSR die Aufteilung Polens und die Festlegung der beiderseitigen Interessensphären in ganz Osteuropa vereinbart

Holocaust (von griech.: Brandopfer, völlig verbrannt; engl.: Massenvernichtung) Seit den 1970er-Jahren Bezeichnung für den Völkermord an den Juden während des → „Dritten Reiches". Im Judentum wird der Genozid der Nationalsozialisten an ihrem Volk als „Shoah" bezeichnet .

Humanismus (von lat.: menschlich, freundlich) Im Zusammenhang mit der Renaissance des 14. bis 16. Jahrhunderts entstand der Humanismus, der die dogmatisch erstarrte Scholastik der Kirche kritisierte und eine von Zwängen befreite Lebensgestaltung propagierte. Allgemein versteht man unter Humanismus das Bemühen, eine der Würde des Menschen entsprechende Gesellschaftsform zu entwickeln, in der der Einzelne sich frei entfalten und ein glückliches Leben im Diesseits genießen kann. Zur Gestaltung eines Lebens im Sinne des Humanismus wurden eine diesem Geiste entsprechende Bildung und Erziehung als unerlässlich angesehen.

Idealismus (von griech.: geistiges Urbild) Philosophische Richtung, die im Gegensatz zum Materialismus vom Primat des Geistigen ausgeht und die materielle Wirklichkeit als sekundär bzw. nur aus dem Geistigen abgeleitet ansieht. Außerdem bezeichnet man damit eine Lebenseinstellung, die von Idealen beseelt ist und bereit ist, für überpersönliche Ziele materielle Opfer zu bringen.

Ideologie (griech.: Ideenlehre) Heute meist abfällig gebrauchte Bezeichnung für Gedankengebäude, in denen eigene Wertvorstellungen als objektive Tatsachen ausgegeben werden und für die Aussagen der betreffenden Weltanschauung ein Absolutheitsanspruch erhoben wird.

Imperatives Mandat (befehlender Auftrag) Als imperativ wird das Mandat eines Delegierten bezeichnet, der an die Weisungen seiner Wähler oder Partei gebunden ist. Damit steht es im Gegensatz zum Verständnis eines Parlamentariers, der seine Entscheidungen nach dem eigenen Gewissen treffen sollte. Es spielt im Rätesystem eine wichtige Rolle.

Imperialismus (von lat.: Befehl, Herrschaft, Reich) Streben nach politischer und ökonomischer Vormacht über andere Länder und Völker, die auch kulturell und ideologisch beeinflusst werden und abhängig gemacht werden sollen. Dabei wird wirtschaftlich das Ziel verfolgt, die eroberten oder annektierten Gebiete auszubeuten und die Bewohner als billige Arbeitskräfte einzusetzen. Als „Zeitalter des Imperialismus" im engeren Sinne werden die Jahre von etwa 1880 bis 1914 bezeichnet, da in dieser Epoche verschiedene europäische Staaten eine expansionistische Politik betrieben. Im Sprachgebrauch des → Marxismus-Leninismus bedeutet Imperialismus das höchste und letzte Stadium des → Kapitalismus, der demzufolge damit eine weltweite Kapitalkonzentration in der Hand weniger Großunternehmer erreicht.

Importüberschuss liegt vor, wenn die Einfuhren die Ausfuhren übersteigen, auch als „negative Handelsbilanz" bezeichnet. Staatlicherseits wird oft versucht, einen Importüberschuss durch Einfuhrbeschränkungen abzubauen.

Industrielle Revolution Bezeichnung für den durch technologischen Fortschritt ausgelösten Wandel von der vormodernen Agrar- zur Industriegesellschaft. Inzwischen vollzieht sich in den westlichen Gesellschaften der Übergang von der Industriegesellschaft zur postmodernen Dienstleistungsgesellschaft, in der Produktionsabläufe mehr und mehr automatisiert werden.

Inflation (lat.: Aufblähung) Geldentwertung bzw. Preissteigerung. Dem Tempo entsprechend, in dem das Geld an Kaufkraft verliert, spricht man entweder von schleichender, trabender oder galoppierender Inflation. Bei einer Steigerung der Preise von Tag zu Tag, wie sie beispielsweise die → Weimarer Republik 1922/23 erlitt, spricht man auch von einer „Hyperinflation".

Infrastruktur (lat.: Unterbau) Gesamtheit aller Einrichtungen, die das Wirtschaftsleben und die Menschen in einer entwickelten Industriegesellschaft benötigen, um produzieren zu können. Hierzu zählen unter anderem: Verkehrs- und Transportwesen, Energie- und Wasserversorgung, Post und Kommunikationswesen, Bildungs- und Gesundheitseinrichtungen.

Integration Vereinigung einer Vielheit zu einem Ganzen; in Politik und Gesellschaft versteht man darunter einen Prozess, in dem sich bis dahin selbständige Staaten wirtschaftlich, militärisch oder auch politisch zusammenschließen, um ein übergeordnetes Ganzes zu bilden. Beispiele sind die militärische Integration im Rahmen der → NATO und die Europäische Integration seit Gründung der → Montanunion und der → EWG.

Internationale Bezeichnung für verschiedene sozialistische Vereinigungen im Rahmen der marxistischen Arbeiterbewegung. Besonders bekannt wurde die Kommunistische oder Dritte Internationale, die 1919 in Moskau gegründet wurde und die bis 1943 unter Führung der UdSSR bestand. Erklärtes Ziel der Internationalen war die „Weltrevolution" oder zumindest die Durchsetzung der Herrschaft der Arbeiterparteien in den Industrieländern.

Intervention (von lat.: sich einschalten) Einmischung eines Staates in die inneren oder äußeren Angelegenheiten eines anderen souveränen Staates ohne dessen Zustimmung.

Interventionismus 1) Staatliche Einflussnahme in die Wirtschaftsordnung oder in die Wirtschaftspolitik zur Erreichung politischer Ziele wie z. B. Vollbeschäftigung oder Herstellung einer gerechteren Einkommensverteilung. 2) Politische Richtung in den USA, die dafür plädiert, dass die Vereinigten Staaten in der internationalen Politik eine aktive Rolle spielen („Weltpolizist") und nötigenfalls auch in die Angelegenheiten anderer Staaten eingreifen oder bei Kriegen zwischen verschiedenen Ländern intervenieren sollen. In beiden Weltkriegen verhielten sich die USA anfangs eher im Sinne des → Isolationismus, um dann aber doch eine entschiedene Politik des Interventionismus zu betreiben.

Islam (arab.: Hingabe, Ergebung in den Willen Allahs) Die jüngste der fünf Weltreligionen entstand seit 622 n.Chr. in den arabischen Oasenstädten Mekka und Medina als Offenbarung des Wortes Gottes, das durch den Propheten Mohammed in der Heiligen Schrift des Islam, dem → Koran, festgehalten wurde. Nach einer mehrere Jahrhunderte umfassenden Blütezeit des islamischen Weltreichs unter den Kalifen begann nach 1200 der Niedergang des Islam. Dies führte seit der Zeit der Entdeckungen zu wachsender Unterlegenheit gegenüber der abendländisch-christlichen Welt, was von den Moslems als sehr schmerzhaft empfunden wurde. Erst im Laufe des 20. Jahrhunderts begann eine macht- und selbstbewusst demonstrierte Re-Islamisierung, die bis heute andauert

Islamismus Bezeichnung für fundamentalistische Richtung innerhalb des → Islam, die einen am → Koran orientierten „Gottesstaat" fordert und die westlich-moderne Welt ablehnt. Im Kampf vor allem gegen die USA und Israel greifen einige islamistische Gruppen auch zu gezieltem Terror, den sie als legitimes Mittel im Rahmen des Dschihad (→ Heiliger Krieg) ansehen.

Isolationismus Politische Richtung speziell in den USA, die sich im Gegensatz zum → Interventionismus nach Möglichkeit aus internationalen Konflikten heraushalten möchte und kriegerische Verwicklungen in Übersee unbedingt vermeiden will. Die → Monroe-Doktrin von 1823 brachte die Position des Isolationismus auf den Punkt. Bis 1917 und auch in den 1920er-Jahren war die Außenpolitik der USA durchweg isolationistisch ausgerichtet.

Jakobiner Politischer Klub während der Französischen Revolution, der sich anfangs im Pariser Kloster St. Jakob traf. 1789 waren die Jakobiner zunächst gemäßigt. Nach der Abspaltung der Girondisten wurden sie aber seit 1792/93 immer radikalere Verfechter der Republik: Unter Robespierre waren es die Jakobiner, die die → Diktatur des Wohlfahrtsausschusses errichteten. Wegen des dann erfolgten „Großen Terrors" spricht man auch von der „Schreckensherrschaft der Jakobiner".

Jalta-Konferenz Im Februar 1945 in Jalta auf der Krim abgehaltene Gipfelkonferenz der „Großen Drei" (Churchill/Großbritannien, Roosevelt/USA und Stalin/UdSSR), um das weitere politische und militärische Vorgehen im und nach dem Zweiten Weltkrieg zu koordinieren. Auf der Konferenz von Jalta wurde unter anderem die territoriale Neuordnung Europas und die Aufteilung Deutschlands in vier Besatzungszonen beschlossen.

Judenemanzipation Bezeichnung für die seit der Französischen Revolution begonnene Beendigung der Benachteiligung und der rechtlichen Beschränkungen der Juden, die Jahrhunderte lang eine Sonderstellung mit vielen Einschränkungen ertragen mussten. In Preußen erfolgte die gesellschaftliche und wirtschaftliche Judenemanzipation 1812.

Judikative (von lat.: Recht sprechen); rechtsprechende Gewalt; Begriff aus der Lehre der → Gewaltenteilung. Danach muss die Judikative unbedingt unabhängig von → Exekutive und → Legislative sein.

Julirevolution Erhebung der Stadtbevölkerung von Paris Ende Juli 1830 gegen die restaurative Monarchie. Die Julirevolution bewirkte den Sturz des Bourbonenkönigs und die Inthronisation des → „Bürgerkönigs". Im Gefolge der Julirevolution kam es zu revolutionären Umbrüchen in verschiedenen Ländern Europas, die zu konstitutionellen Monarchien und zur Epoche des Bürgertums führten.

Jurisdiktion Rechtsprechung, Synonym für → Judikative.

Kalter Krieg Bezeichnung für die nach 1945 begonnene machtpolitische und ideologische Auseinandersetzung zwischen dem Westen unter Führung der USA und dem von der UdSSR dominierten Ostblock, in der ein „heißer Krieg" von beiden Seiten vermieden wurde.

Kalvinismus → Calvinismus

Kampfverband Uniformierte paramilitärische Abteilung; in der Spätphase der → Weimarer Republik bekämpften sich Kampfverbände hart und lieferten sich vielfach Straßenschlachten. Hierzu zählten die → SA, der → „Stahlhelm", der Rotfrontkämpferbund der KPD und das „Reichsbanner Schwarz-Rot-Gold" der demokratischen Parteien.

Kapitalismus Wirtschaftsform, die durch die dominierende Rolle des Kapitals und der Profitmaximierung gekennzeichnet ist. Weitere Merkmale des Kapitalismus sind das Privateigentum an Produktionsmitteln (Maschinen, Fabrikanlagen), das Konkurrenzprinzip, die freie Preisbildung nach den Gesetzen von Angebot und Nachfrage sowie die zunehmende Akkumulation von Kapital in der Hand von Einzelnen. Als Gesellschaftsordnung bewirkte der Kapitalismus die Überwindung der Ständegesellschaft und die Herausbildung des Gegensatzes von „Kapitalisten" und Arbeitern. Frühformen des Kapitalismus entstanden bereits im Spätmittelalter, die sich dann allmählich in Westeuropa durchsetzten. Seit dem 19. Jahrhundert etablierte sich der Kapitalismus im Zuge der Industrialisierung weltweit als bestimmende Wirtschafts- und Gesellschaftsordnung, auch wenn ihm mit dem Sozialismus und der marxistischen Kapitalismuskritik ein ernst zu nehmender Gegner entstand.

Kapp-Putsch Rechtsradikaler Umsturzversuch des nationalistischen Politikers Wolfgang Kapp gegen die → Weimarer Republik und die Reichsregierung im März 1920. Er scheiterte nach wenigen Tagen infolge eines → Generalstreiks der Arbeiter.

Karlsbader Beschlüsse 1819 unter Metternich durchgesetzte Maßnahmen (z. B. eine allgemeine Pressezensur oder die Entlassung revolutionär gesinnter Lehrkräfte) gegen oppositionelle Gruppen, vor allem gegen die Burschenschaften.

Kaufkraft Wert des Geldes. Sie entspricht der Gütermenge, die die Käufer erwerben können.

Kellogg-Pakt → Briand-Kellogg-Pakt

KGB Bezeichnung des Geheimdienstes und der Staatspolizei in der UdSSR während der Zeit des → Kalten Krieges seit 1953.

Kirchenkampf Im engeren Sinn: Bezeichnung für die Auseinandersetzungen zwischen dem NS-Staat und den christlichen Kirchen in der Zeit des → Dritten Reiches.

Klasse Vor allem im Marxismus gebräuchliche Bezeichnung für eine Schicht, die durch gleiche ökonomische Interessen und eine gemeinsame soziale Stellung gekennzeichnet ist.

Klassenkampf Nach Karl Marx ist alle Geschichte durch unversöhnliche Interessengegensätze zwischen den Besitzenden und den Besitzlosen bestimmt. Eine besondere Zuspitzung erfährt der Klassenkampf demnach im Zeitalter des Kapitalismus, in dem das Proletariat die Herrschaft der Bourgeoisie überwinden werde.

Kleinbürger Angehöriger des städtischen Bürgertums, der im Gegensatz zum Großbürger wenig vermögend ist und nur geringen politischen Einfluss hat. Seit dem 19. Jahrhundert wird der Begriff „Kleinbürger" eher abwertend gebraucht, um eine konservative, auf die Sicherung des erworbenen Status ausgerichtete Lebenshaltung zu bezeichnen („Spießbürger").

Kleindeutsch → „Großdeutsch"

Klerus Gesamtheit der katholischen Geistlichen.

Koexistenz (auch: friedliche Koexistenz) Seit 1956 war der Grundsatz der Koexistenz die offizielle außenpolitische Leitlinie des → Warschauer Pakts. Damit wurde ein geregeltes Nebeneinander mit der westlichen Welt angestrebt, ohne deshalb die ideologischen Gegensätze abzuschwächen. Die Koexistenz leitete die Politik der Entspannung in den 1960er-Jahren ein.

Kolchose Genossenschaftlicher Zusammenschluss von Bauern in der UdSSR zu einer kollektiven Nutzung und Organisation des gemeinsamen landwirtschaftlichen Besitzes.

Kollektivismus Lehre, die den Vorrang der Gemeinschaft vor dem Individuum betont und die deshalb den Liberalismus ablehnt. Wirtschaftlich führte der Kollektivismus zur → Planwirtschaft. In seiner extremen Form fordert der Kollektivismus die totale Unterordnung des Einzelnen unter das Kollektiv.

Kolonialismus Bezeichnung für die Politik eines Staates, die auf den Erwerb, die Beherrschung und die Ausbeutung von meist in Übersee gelegenen Besitzungen ausgerichtet ist. Als Epoche des Kolonialismus wird oft die zweite Hälfte des 19. Jahrhunderts bezeichnet.

Kominform (Kommunistisches Informationsbüro) 1947 in der Nachfolge der → Komintern erfolgter Zusammenschluss kommunistischer Parteien zu Koordinations- und Propagandazwecken.

Komintern (Kommunistische Internationale, auch: Dritte Internationale) 1919 auf Lenins Initiative gegründete Organisation der radikalen Linksparteien, um den „Weltsieg des Kommunismus" herbeizuführen. Seit 1924 war die Komintern einseitig der UdSSR untergeordnet, 1943 wurde sie auf Stalins Betreiben aufgelöst.

Kommune (von lat.: gemeinsam) Allgemein Bezeichnung für eine selbstverwaltete Gemeinde, sonst speziell für die „Pariser Kommune" 1789–1795 und besonders 1871, als diese republikanisch-revolutionäre Ziele verfocht.

Kommunismus (von lat.: gemeinsam) Bezeichnung für eine Weltanschauung, die eine herrschaftsfreie Gesellschaft, Brüderlichkeit und Gütergemeinschaft sowie eine gemeinschaftliche Verwaltung in Wirtschaft und Gesellschaft bei Aufhebung des Privateigentums anstrebt. Häufig wird der Kommunismus auch als „Sozialismus" bezeichnet. Innerhalb der marxistischen Terminologie ist Kommunismus allerdings der Endzustand einer klassenlosen Gesellschaft, während unter Sozialismus nur die Vorstufe dorthin verstanden wird.

Kommunistisches Manifest Programmschrift unter dem Titel „Manifest der Kommunistischen Partei", die Karl Marx und Friedrich Engels zu Beginn des Revolutionsjahres 1848 veröffentlichten.

Konföderation (lat.: Bündnis) Zusammenschluss von Staaten, die selbständig bleiben. In der Regel ist eine Konföderation nur ein loser Staatenbund von kurzer Dauer.

Kongress (lat.: Zusammentreffen, Versammlung) 1) früher internationale Versammlung zur Vorbereitung von Friedensschlüssen oder Beilegung von Streitigkeiten wie z.B. → Wiener Kongress 1814/15, → Berliner Kongress 1878. 2) Bezeichnung für das US-Parlament, das aus → Senat und Repräsentantenhaus besteht.

Konjunktur Bezeichnung für die periodisch wiederkehrenden Schwankungen des Produktionsvolumens in einer Volkswirtschaft.

Konkordat (lat.: Einvernehmen, Übereinkommen) Vertrag zwischen der römisch-katholischen Kirche und einem Staat, wobei es vor allem um die Freiheit und bestimmte Rechte der Kirche geht. Besonders bekannt wurde das Reichskonkordat der katholischen Kirche von 1933 mit dem NS-Staat, in dem das Deutsche Reich unter anderem die Kirchensteuer zusicherte.

Konservativismus (von lat.: bewahren) Auffassung, die die Erhaltung des bestehenden politischen Zustands anstrebt und aus dem Bedürfnis nach Stabilität und Kontinuität Veränderungen und sozialen Wandel ablehnt. Dabei wird der Wert des geschichtlich Gewordenen betont. Traditionen und überkommene Normen haben im Konservativismus eine wichtige Bedeutung.

Konstitutionalismus (von lat.: Verfassung) Von England um 1800 ausgehende Verfassungstheorie und -bewegung, die die → Monarchie durch eine geschriebene Verfassung, die „Konstitution", und das Prinzip der → Gewaltenteilung einschränken wollte.

Konstitutionelle Monarchie Im Gegensatz zur → absoluten Monarchie ist der König hier an eine Verfassung gebunden. Er bleibt damit zwar Staatsoberhaupt, doch seine Macht wird durch ein an der Gesetzgebung beteiligtes Parlament eingeschränkt

Konstruktives Misstrauensvotum (→ Misstrauensvotum) Weiterentwickelte und im Bonner → Grundgesetz festgelegte Form des → Misstrauensvotums, wonach der → Bundeskanzler vom → Bundestag nur dadurch gestürzt werden kann, indem zugleich ein Nachfolger gewählt wird.

Kontinentalsperre Von Napoleon 1806 verhängte Wirtschaftsblockade des von ihm beherrschten Kontinents gegen Großbritannien, das dadurch aber nicht bezwungen werden konnte.

Kontrollrat → Alliierter Kontrollrat

Konvent (lat.: Zusammenkunft) 1) Versammlung von Klosterangehörigen oder Pfarrern in den christlichen Kirchen.

2) Bezeichnung für die Französische Nationalversammlung der Jahre 1792–1795, die eine radikaldemokratische Verfassung ausarbeitete und als „Konventsherrschaft" bis 1794 die Geschicke Frankreichs bestimmte.

Konvergenzkriterien Bezeichnung für die auf dem Vertrag von → Maastricht beruhenden und 1998 festgelegten Bedingungen für die Einführung des → Euro, die die Teilnehmerländer erfüllen mussten.

Konzentrationslager (KZ) Internierungslager ohne rechtliche Grundlage, in denen Oppositionelle und dem herrschenden Regime missliebige Gruppen gefangen gehalten und ausgebeutet werden. Im nationalsozialistischen Staat gab es neben einem dichten Netz von Konzentrationslagern, die vor allem als Arbeitslager dienten, die noch grauenvolleren Vernichtungslager zur systematischen Durchführung des Völkermords an den Juden.

Koran Heilige Schrift der Moslems, die die Sammlung der Aussprüche und Offenbarungen des Propheten Mohammed enthält.

Koreakrieg Bezeichnung für die bewaffneten Auseinandersetzungen zwischen Nord- und Südkorea (1950 bis 1953), in die im Zeichen des → Kalten Krieges beide → Supermächte involviert waren.

Kosmonaut Bezeichnung für die sowjetischen Weltraumfahrer seit Jurij Gagarin, dem ersten Menschen im Weltall 1961.

Kosmopolit Ein Mensch, der sich mehr der ganzen Menschheit zugehörig fühlt als seinem eigenen Volk.

Kraft durch Freude (KdF) Nationalsozialistische Organisation zur gelenkten Freizeit- und Urlaubsgestaltung.

Kreml Frühere Residenz des Zaren, seit 1918 Sitz der sowjetrussischen Regierung.

Kriegsanleihe Von den → Bürgern direkt gezeichnete Anleihen, die von einem Staat aufgenommen werden, um Kriegskosten zu finanzieren. Besonders wichtig waren die Kriegsanleihen, die das Deutsche Reich während des Ersten Weltkriegs aufnahm und die wesentlich die Inflation der Nachkriegsjahre verursachten.

Kriegsschuldfrage Allgemein die Frage nach der Schuld und der Verantwortung für den Ausbruch eines Krieges. Die wichtigste Kriegsschuldfrage betraf die Fragen nach den Ursachen des Ersten Weltkriegs. Im → Versailler Vertrag wurde die Alleinschuld Deutschlands im Art. 231 festgeschrieben. In der Forschung ist die Kriegsschuldfrage von 1914 nach wie vor umstritten.

Krimkrieg Kampf Englands und Frankreichs als Verbündete der Türkei gegen Russland, dessen Expansion Richtung Balkan und Bosporus durch den Sieg der Alliierten aufgehalten wurde.

KSZE (Konferenz für Sicherheit und Zusammenarbeit in Europa) Mehrere Konferenzen und Treffen von 1973 bis in die 1990er-Jahre, an denen 33 europäische Staaten sowie die USA und Kanada teilnahmen und die zu einer Annäherung der Blöcke führten. Die KSZE-Schlussakte von Helsinki (1975) hatte weitreichenden Einfluss, da in ihr neben Erleichterungen für die zwischenstaatlichen Beziehungen die Einhaltung der → Menschenrechte für alle Teilnehmerstaaten verbindlich vorgeschrieben worden war.

Kubakrise Höhe- und Wendepunkt des → Kalten Krieges im Oktober 1962, als die UdSSR versuchte, auf Kuba Mittelstreckenraketen zu stationieren. Die entschiedene Haltung des US-Präsidenten John F. Kennedy ließ einen Atomkrieg befürchten. Sie führte aber zum Einlenken der Sowjetunion und zum Abtransport der Raketen.

k.u.k. (kaiserliche und königliche) → Doppelmonarchie

Kulturkampf Bezeichnung für die Auseinandersetzungen des Deutschen Reichs unter der Führung Bismarcks mit der katholische Kirche in den 1870er-Jahren.

Kulturrevolution Bezeichnung für die 1965 von Mao Dsedong (auch: Mao Tse-tung) initiierte Erhebung der → Roten Garden gegen die angeblich verkrustete Partei- und Staatsbürokratie. Sie sollte Revolution und fortwährenden Wandel institutionalisieren, führte aber zu bürgerkriegsähnlichen Zuständen, die bis 1968 andauerten.

Kuomintang (chin.: Nationale Volkspartei, KMT) Nach dem Sturz des chinesischen Kaisertums 1912 gegründete nationalrevolutionäre Partei, die 1927 bis 1937 mit der KP Chinas einen mörderischen Bürgerkrieg führte, ehe sie sich mit dieser 1937 bis 1945 gegen die japanischen Aggressoren verbündete. Im neuerlichen Bürgerkrieg wurde die Kuomintang von den Kommunisten vom chinesischen Festland vertrieben, woraufhin sie auf Taiwan die westlich orientierte „Republik China" errichtete.

Kurie (lat.: Männerversammlung) Bezeichnung für den päpstlichen Hofstaat mit seinen Behörden und dessen römischen Sitz im Vatikan.

Kybernetische Revolution Bezeichnung für den mit der Computerisierung seit etwa 1980 begonnenen Triumphzug der neuen Informationstechnologien, der eine fortschreitende Automatisierung ermöglicht und damit das Ende des Industriezeitalters einläutet. Sie bedeutet zugleich den Beginn der Postmoderne sowie der Dienstleistungsgesellschaft und der postindustriellen Gesellschaft.

Labour Party (engl.: Arbeiterpartei) 1900 in enger Verbindung mit den Gewerkschaften gegründete britische sozialreformerische Partei der Arbeiter. Sie setzte sich lange Zeit für den Aufbau und Ausbau des → Wohlfahrtsstaats ein, ehe sie sich in den 1990er-Jahren unter Tony Blair als „New-Labour" der Mitte öffnete.

Laissez-faire-Prinzip (auch: laisser-faire, laisser aller; frz.: lasst machen, lasst gehen) Grundsatz des Wirtschaftsliberalismus, der auf das freie Spiel der Kräfte des Marktes vertraut und staatliche Eingriffe im Wirtschaftsleben ablehnt.

Landmacht Bezeichnung für einen Staat, dessen Stärke im Gegensatz zu einer → Seemacht auf seinem Heer beruht.

Lebensraum Zwischen 1870 und 1945 vielfach gebrauchter Begriff für das Gebiet, das ein Volk angeblich braucht, um sich ökonomisch und kulturell zu entfalten. Das Schlagwort vom Lebensraum diente als Rechtfertigung territorialer Expansion; es wurde von den Nationalsozialistischen aufgegriffen, die „Lebensraum im Osten" forderten. Die dahinterstehende Ideologie führte im Zweiten Weltkrieg zur vorübergehenden Unterjochung der Völker Osteuropas durch das → Dritte Reich.

Legislative Gesetzgebende Gewalt, also die Institution, die Gesetze beschließt, im demokratischen System das → Parlament.

Lehnswesen Grundlage der mittelalterlichen Gesellschaftsordnung; Parallelbegriff zu → Feudalismus.

Leninismus Die Interpretation und Weiterentwicklung des → Marxismus durch Wladimir I. Lenin; → Marxismus-Leninismus.

Lenkungswirtschaft Früher Bezeichnung für eine sozialistische → Planwirtschaft. **Liberalismus** (von. lat.: frei) Politische Weltanschauung, die die Sicherung der Freiheit des Einzelnen und seine möglichst wenig eingeschränkte Entfaltung als vorrangig ansieht. Im 19. Jahrhundert forderte der Liberalismus die Abschaffung der Privilegien und eine auf eine Verfassung gegründete rechtsstaatliche Ordnung, die → Menschenrechte und → Gewaltenteilung verbürgt. Hinsichtlich der Wirtschaftsordnung plädiert der Liberalismus für eine freie → Marktwirtschaft und für → Freihandel.

Linke Aus der Sitzordnung des Franz ösischen → Parlaments entstandene Bezeichnung für die, von vorne gesehen, links sitzenden Abgeordneten, die gegen die Monarchie und für weitreichende soziale Änderungen eintraten. Heute bezeichnet man als Linke im Allgemeinen diejenigen politischen Gruppierungen, deren Grundlage eine sozialistische Programmatik ist.

Locarnovertrag 1925 abgeschlossener Vertrag des Deutschen Reiches mit Frankreich und Belgien, in dem Gustav Stresemann als Außenminister die Unverletzlichkeit der Westgrenze des Reiches garantierte und damit eine Entspannungspolitik mit den Alliierten einleitete.

Londoner Sechsmächtekonferenz Bezeichnung für mehrere Konferenzen der westlichen → Alliierten mit den Beneluxstaaten vom Februar bis zum 2. Juni 1948, bei denen sie sich auf eine gemeinsame politische und wirtschaftliche Ordnung für die drei deutschen Westzonen einigten und entschieden, eine verfassunggebende Versammlung für das neue Staatswesen einzuberufen.

LPG (Landwirtschaftliche Produktionsgenossenschaft) Nach der Aufteilung des Großgrundbesitzes in der späteren DDR kam es seit 1952 zur zwangsweisen Zusammenschließung von bäuerlichen Betrieben, die fortan in den LPGs gemeinsam bewirtschaftet werden mussten.

Luftbrücke Flüge der Westmächte während der → Berliner Blockade 1948/49 zur Versorgung der Bevölkerung in den drei Westsektoren der geteilten Stadt.

Luftherrschaft Bezeichnung für die Überlegenheit der Luftwaffe während eines Krieges. Spätestens seit dem Zweiten Weltkrieg gilt die Luftherrschaft als kriegsentscheidend.

Maastricht, Vertrag von Mit dem Vertrag von Maastricht, der am 1. November 1993 in Kraft trat, beschlossen die Mitglieder der → EG Ende 1992 die Weiterentwicklung und den Ausbau der Gemeinschaft zur → EU.

Machiavellismus Auf den Florentiner Staatstheoretiker Machiavelli zurückgehende Bezeichnung für eine ausschließlich an der Durchsetzung der eigenen Interessen orientierte Politik, die bereit ist, auch Mittel wie Betrug, Intrige und Gewalt zu gebrauchen. Allgemein steht er für eine rücksichtslose Machtpolitik, die keine Skrupel kennt.

Machtergreifung Nationalsozialistische Bezeichnung für die Ernennung Hitlers zum Reichskanzler am 30. Januar 1933. Korrekterweise sollte man von „Machtübertragung" sprechen.

Manchestertum Anknüpfend an eine Gruppe von Unternehmern aus dem mittelenglischen Manchester um 1830; Bezeichnung für einen extremen → Wirtschaftsliberalismus, der alle staatlichen Eingriffe und soziale Verpflichtungen des Unternehmers radikal ablehnt.

Mandat (von lat.: anvertrauen, beauftragen) Amt und Auftrag des Abgeordneten im → Parlament (Mandatsträger). Beim freien Mandat ist der Parlamentarier im Gegensatz zum → imperativen Mandat an keine Weisungen gebunden.

Manifest Destiny Glaube vieler US-Amerikaner an eine „offenkundige Bestimmung" der Vorsehung, dass ihre Nation Nordamerika in Besitz nehmen und zivilisieren soll. Dieses Sendungsbewusstsein ist bis heute in den USA lebendig und einflussreich. Im 19. Jahrhundert diente diese Überzeugung auch dazu, die Vertreibung und Vernichtung der Indianer zu legitimieren.

Maoismus Die Gesamtheit der auf Mao Dsedong (auch: Mao Tse-tung) zurückgehenden Gedanken und die hierauf aufbauende Ideologie des offiziellen Rotchina. Der Maoismus versteht sich als Weiterentwicklung des → Marxismus-Leninismus, der auf die spezifische Situation Chinas und die Belange anderer unterentwickelter Völker angewendet und uminterpretiert wurde.

Marktwirtschaft Wirtschaftsordnung, in der Umfang und Qualität der Produktion und die Verteilung der Güter über den Markt und die freie Preisbildung erfolgen. Freier Wettbewerb, die Rolle des Staates als Schiedsrichter (und nicht als Unternehmer) und die durchgängige Gültigkeit des Gesetzes von Angebot und Nachfrage sind wesentliche Kennzeichen einer Marktwirtschaft (Gegenbegriffe: → Plan-, Zentralverwaltungs- und Lenkungswirtschaft).

Marshallplan (→ ERP) Auf Vorschlag des US-Außenministers George W. Marshall 1947 begründetes Hilfsprogramm für den Wiederaufbau Europas.

Marxismus Bezeichnung für die von Karl Marx und Friedrich Engels begründete materialistische Geschichtsphilosophie und Sichtweise der menschlichen Gesellschaft. Der Marxismus beinhaltet neben einer kritischen Analyse des → Kapitalismus und der Industrialisierung die Grundlegung des „wissenschaftlichen → Sozialismus", was mit der Hoffnung auf eine zukünftige gerechte kommunistische Gesellschaft verbunden ist. Der damit erhobene Absolutheitsanspruch trägt ideologische Züge, was den Missbrauch des Marxismus im 20. Jahrhundert erleichterte.

Marxismus-Leninismus Bezeichnung für die von Lenin entwickelte Auslegung des → Marxismus, die unter Stalin zur offiziellen Doktrin der UdSSR und des orthodoxen → Kommunismus wurde. Lenin behauptete vor allem, dass auch in einem rückständigen Staat wie Russland eine proletarische Revolution beginnen könne, die dann sogar auf die hochindustrialisierten westlichen Staaten übergreifen werde.

Märzrevolution Die in Mitteleuropa gescheiterte Revolution von 1848/49 begann im März 1848 und führte u. a. zur Ernennung liberaler „Märzminister" durch die aufgeschreckten Monarchen.

Massenvernichtungswaffen Waffensysteme und Kampfstoffe, die zur massenhaften Tötung führen, wie besonders die ABC-Waffen.

Massive Vergeltung (engl.: massive retaliation) US-Strategie im Rahmen des → „Roll back" der 1950er-Jahre, die vorsah, einen Angriff der UdSSR in jedem Fall mit einem vernichtenden atomaren Gegenschlag zu beantworten.

Materialismus Philosophische Weltanschauung, die im Gegensatz zum → Idealismus das Materielle als ursprünglich ansieht und alle geistigen sowie seelischen Phänomene als Ableitungen oder Folgewirkungen der Materie ansieht.

Mediatisierung Aufhebung der Reichsunmittelbarkeit vieler Städte und kleiner Territorien im später aufgelösten → Heiligen Römischen Reich Deutscher Nation 1803/06 unter Napoleon; sie kam den Mittelstaaten zu Gute.

Mehrheitssozialisten (auch: Mehrheitssozialdemokraten, Abk.: MSPD) Bezeichnung für die Mehrheit in der SPD, nachdem sich die → USPD 1916 wegen der Frage neuerlicher Kriegsanleihen abgespalten hatte.

Menschenrechte Rechte, die jedem Menschen unabhängig von Geschlecht, Rasse, Nationalität, Religion, Gesellschaftsschicht, Beruf etc. zustehen. Sie entsprechen den → Grundrechten. Sie bilden den Kern der „Erklärung der Menschenrechte" der → UNO von 1948. Erste umfassende Formulierungen der Menschenrechte finden sich in der amerikanischen Unabhängigkeitserklärung von 1776 und in der „Erklärung der Menschen- und Bürgerrechte" der Französischen Revolution von 1789. Über die Einhaltung der Menschenrechte wacht in Europa der 1959 gegründete „Europäische Gerichtshof für Menschenrechte".

Menschewiki (russ.: Minderheitler) Gemäßigter Flügel der Sozialdemokratischen Arbeiterpartei Russlands, die 1903 einmal auf einem gemeinsamen Kongress den → Bolschewiki unterlegen waren, sonst aber stets mehr Stimmen erhielten als diese.

Migration (lat.: Wanderung, Auswanderung) Wanderungsbewegungen Einzelner oder gesellschaftlicher Gruppen (Völker, Verfolgte, Angehörige von Glaubensgemeinschaften), die freiwillig oder durch Unterdrückung oder Ausweisung erzwungen sein kann. Während bis weit ins 19. Jahrhundert viele Deutsche ihre Heimat verließen und z. B. nach Osteuropa oder nach Amerika auswanderten, ist Deutschland seit den 1950er-Jahren de facto ein Einwanderungsland. Migration ist inzwischen auch für die → EU als Ganzes ein Problem geworden, da der Konflikt zwischen Gegnern und Befürworten einer Abschottung der

Grenzen und Küsten („Festung Europa") nach wie vor ungelöst ist.

Militärdiktatur Spezielle Form der → Diktatur, in der Offiziere oder Generäle die Regierung bilden. Ein solches Regime stützt sich auf die Streitkräfte und agiert meist ohne Kontrolle der Justiz.

Militarismus (von lat.: den Kriegsdienst betreffend) Übertragung militärischer Werte und Verhaltensmuster auf den zivilen Lebensbereich. Besonders um 1900 war der Militarismus, meist in Verbindung mit nationalistischen Vorstellungen, allgemein in Europa verbreitet. Besonders im Deutschen Kaiserreich gab es ab 1871 ein Übergewicht des Militärs in Politik und Gesellschaft, sodass Untertanenmentalität und Obrigkeitstreue typische Phänomene der Zeit bis 1914 waren.

Misstrauensvotum In parlamentarischen Demokratien legitimes Verfahren, um die amtierende Regierung durch Bekundung des Misstrauens zu stürzen (→ Konstruktives Misstrauensvotum)

Mitbestimmung Bezeichnung für die Beteiligung von Arbeitnehmern und Angestellten an innerbetrieblichen Entscheidungsprozessen. In Deutschland legt das 1952 verabschiedete und seither mehrmals erweiterte Mitbestimmungsrecht die sozialen und die wirtschaftlichen Rechte der Beschäftigten fest. Das wichtigste Gremium der Mitbestimmung ist der Betriebsrat.

Mitte Bezeichnung für die Abgeordneten in einem → Parlament, die in der Mitte, also zwischen links und rechts, sitzen; in der Regel sind das liberale Politiker.

Mittelmächte Bezeichnung für die im Ersten Weltkrieg verbündeten Staaten Mitteleuropas Deutschland und Österreich-Ungarn, unterstützt von Bulgarien und dem Osmanischen Reich.

Modernisierung Bezeichnung für den Prozess meist gezielter Veränderungen in Staat und Gesellschaft. Zumeist steht die Modernisierung in engem Zusammenhang mit einem optimistischen Fortschrittsbegriff und mit einem technologischen Wandel von der traditionalistischen Agrar- zur arbeitsteilig organisierten Industriegesellschaft. Der Begriff der Modernisierung ist problematisch, weil das zugrunde liegende Modell von Modernität einseitig von den Standards der westlichen Gesellschaften geprägt ist.

Monarchie Staatsform, in der ein Einzelner, der Monarch, herrscht. Die Legitimation erhält die Monarchie in der Regel durch die Religion („Gottesgnadentum" des Königs). Die Macht des Königs kann absolut sein (→ Absolutismus) oder eingeschränkt, sei es durch eine Verfassung (→ Konstitutionelle Monarchie) oder durch ein → Parlament (→ Parlamentarische Monarchie).

Monopol (griech.: allein verkaufen) Marktform, in der ein einziger Anbieter einen bestimmten Teilmarkt beherrscht. Gelingt es diesem, den Markt zu monopolisieren, so erlangt er eine marktbeherrschende Stellung und kann die Preise diktieren.

Monroedoktrin 1823 durch den US-Präsidenten James Monroe proklamierter Grundsatz der US-Außenpolitik, der zufolge sich die USA nicht in die inneren Angelegenheiten der europäische Staaten einmischen, es andererseits aber auch nicht zulassen, wenn die europäischen Mächte auf dem amerikanischen Doppelkontinent intervenieren. Die Monroedoktrin war das Hauptprinzip des → Isolationismus und war bis 1917 und zwischen 1920 und 1935 Maxime der Außenpolitik der USA.

Montagsdemonstrationen Bezeichnung für die gegen den SED-Staat gerichteten Demonstrationen im Herbst 1989, die stets am Montag Abend anfangs nur in Leipzig, dann auch in anderen Städten der DDR stattfanden.

Montanunion Bezeichnung für den 1951 gegründeten gemeinsamen Markt für Kohle und Stahl; → EGKS.

Morgenthauplan Vorschlag des US-Finanzministers Henry Morgenthau jr., der Roosevelt 1944 empfahl, das Deutsche Reich nach Kriegsende zu zerstückeln und vollständig zu deindustrialisieren, um es in einen reinen Agrarstaat zurückzuverwandeln.

Moskauer Vertrag Deutsch-sowjetischer Vertrag, der am 12. Aug. 1970 in Moskau unterzeichnet wurde. Er beinhaltete beiderseitigen Gewaltverzicht und die Anerkennung der bestehenden Grenzen in Osteuropa.

Moslem (auch: Muslim, fälschlich oft auch Mohammedaner) Angehöriger des Islam.

Multilateral (von lat.: mehrseitig, mehrere Seiten betreffend) Beziehungen oder Verträge gelten dann als multilateral, wenn mehr als zwei Staaten daran beteiligt sind.

Münchener Abkommen Ende September 1938 in München abgeschlossener Vertrag zwischen Deutschland, Frankreich, Großbritannien und Italien zur Beilegung der Sudetenkrise. Es gestattete Hitler-Deutschland die Angliederung der sudetendeutschen Gebiete, die bis dahin zur Tschechoslowakischen Republik gehört hatten. Damit schien die durch Hitlers ultimative Forderungen entstandene Kriegsgefahr gebannt.

Nachtwächterstaat Pejorative Bezeichnung für das (wirtschafts-)liberale Staatsideal, das die staatlichen Aufgaben auf die Funktion des Schutzes von Eigentum und persönlicher Freiheit begrenzt.

Nation (lat: Volk, Volksstamm) Eine soziale und politische Großgruppe, meist ein Volk, das sich durch gemeinsame Sprache und Kultur, Abstammung und Geschichte sowie durch ähnliche Wertvorstellungen und Verhaltensweisen verbunden fühlt.

Nationalliberale In Europa vor allem in der zweiten Hälfte des 19. Jahrhunderts verbreitete politische Richtung, die die Idee des nationalen Einheitsstaats mit den gemäßigt liberalen Forderungen des Bürgertums zu verbinden suchte. Seit 1867 gab es in Deutschland die nationalliberale Partei, die vor allem im Bismarck-Reich zeitweise sehr einflussreich war. In der → Weimarer Republik vertrat die DVP nationalliberale Ziele.

Nationalsozialismus Nach dem Ersten Weltkrieg entstandene rechtsradikale Bewegung, die sich als Verbindung nationalistischer und sozialistischer Gedanken verstand und daher das Ideal einer „Volksgemeinschaft" propagierte. Der Nationalsozialismus bildete die ideologische Grundlage der → NSDAP. Er basierte auf rassistischen, imperialistischen und sozialdarwinistischen Vorstellungen. Vor allem in seiner Entstehungszeit bis 1923 war der Nationalsozialismus sehr stark vom italienischen → Faschismus beeinflusst.

Nationalstaat Seit der frühen Neuzeit entstanden zunächst in Westeuropa Territorialstaaten, in denen Volk und Staat eine Einheit bildeten. Seit der Französischen Revolution wird die Forderung nach der Bildung von Nationalstaaten weltweit erhoben.

Nationalversammlung Bezeichnung für ein gewähltes → Parlament von Abgeordneten, die in der Regel im Verlaufe einer Revolution damit beauftragt werden, eine Verfassung für die gesamte Nation auszuarbeiten. Beispiele für Nationalversammlungen sind: Die Französische Nationalversammlung von 1789, die deutsche Nationalversammlung von 1848/49 in der Frankfurter Paulskirche und die Nationalversammlung von 1919 in Weimar.

NATO (North Atlantic Treaty Organization) Der „Nord-Atlantik-Pakt" wurde 1949 als ein → multilaterales Verteidigungsbündnis von Staaten beiderseits des Atlantik gegründet, um vor dem Hintergrund des → Kalten Krieges den Mitgliedsstaaten Schutz vor einem eventuellen Angriff der UdSSR und ihrer → Satellitenstaaten zu bieten. Als Reaktion des Beitritts der Bundesrepublik Deutschland 1955 gründeten die Ostblockstaaten im selben Jahr ein eigenes Verteidigungsbündnis, den → „Warschauer Pakt. Nach dessen Auflösung 1991 existiert die NATO mit veränderter Aufgabenstellung weiter. 2004 traten mehrere ostmitteleuropäische Staaten der NATO bei.

Naturrecht Sammelbezeichnung für Rechtsgrundsätze, die aus der göttlichen Ordnung oder der für unveränderlich gehaltenen Natur des Menschen abgeleitet und durch die Vernunft („Vernunftrecht") begründet werden. Dabei wird dem Naturrecht absolute Gültigkeit zugesprochen, das heißt es erhebt den Anspruch, für alle Menschen zu allen Zeiten und in jedem Staat gleich zu sein. Auf das Naturrecht gehen die Idee der Unveräußerlichkeit der Menschenwürde und der darauf fußenden Menschenrechte ebenso zurück wie das Völkerrecht.

NEP (auch: NÖP; russ. Abk.: Neue Ökonom. Politik) Nach dem ruinösen Bürgerkrieg ordnete Lenin 1921 in Russland mit der NEP an, die private Initiative zu stärken und die überstürzten sozialistischen Maßnahmen der Vorjahre zurückzunehmen. Dank dieser Kehrtwendung in der Wirtschaftspolitik erholte sich die russische Nationalökonomie beachtlich, ehe die NEP ab 1924 allmählich wieder abgeschafft wurde.

New Deal (engl.: eigentlich „Neuverteilung der Spielkarten") Mit dieser „neuen Politik" bezeichnete die Roosevelt-Administration die umfangreichen wirtschaftspolitischen Maßnahmen, mit denen der US-Präsident 1933–1938 versuchte, die Folgen der → Weltwirtschaftskrise zu bekämpfen. Hierzu zählten unter anderem öffentliche Beschäftigungsprogramme, die staatlich bewirkte Drosselung der Überproduktion in Industrie und Landwirtschaft, ein neues Bankengesetz sowie Bemühungen, Sozialversicherungen einzuführen.

NGO (engl.: Non-Governmental Organization, also: Nichtregierungsorganisation) Bezeichnung für nichtstaatliche Organisationen, die sich vor allem in der Entwicklungshilfe und im Umweltschutz engagieren. Träger der NGO sind oft die Kirchen oder Stiftungen, häufig aber auch Vereine. Einige NGO wie Greenpeace oder der WWF sind auch weltweit organisiert, sodass sie international operieren können. Inzwischen sind NGOs in manchen Fällen auch anerkannte Teilnehmer internationaler Konferenzen und genießen zumindest das Recht beratend einzugreifen.

Nihilisten (von lat.: nichts) Anhänger der im 19. Jahrhundert entstandenen Philosophie des Nihilismus, der alles Existierende für sinn- und wertlos hält und sich daher auch von Veränderungen jeglicher Art nichts verspricht. Politisch tätige Nihilisten gab es vor allem im Russland des 19. Jahrhunderts. Viele von ihnen neigten dem → Anarchismus oder → Terrorismus zu.

Nischengesellschaft Bezeichnung für die DDR-Gesellschaft seit etwa 1976, als viele → Bürger sich resigniert in eine private Nische zurückzogen.

Norddeutscher Bund 1867 auf Betreiben Bismarcks gegründeter Bund aller nördlich der Mainlinie gelegenen deutschen Staaten unter Preußens Führung. Die föderalistische Verfassung des Norddeutschen Bundes wurde zum Vorbild der Reichsverfassung von 1871. Auch sonst war der Norddeutsche Bund eine Vorstufe des Kaiserreiches.

Nord-Süd-Konflikt-Bezeichnung für die Gegensätze wirtschaftlicher, sozialer, technologischer, aber auch politischer und kultureller Art zwischen den entwickelten Industriestaaten, die vornehmlich auf der nördlichen Erdhalbkugel beheimatet sind, und den armen afroasiatischen und lateinamerikanischen Entwicklungsländern der südlichen Hemisphäre. Seit der Begründung des Nord-Süd-Dialogs 1975 wird ein Abbau der weltweiten Ungleichgewichte angestrebt, um den Nord-Süd-Konflikt zu entschärfen. Bislang sind aber alle diese Bemühungen nicht wirklich erfolgreich gewesen.

Notverordnung Aus der → Weimarer Republik stammende Bezeichnung für das Recht des Reichspräsidenten, in Not- und Krisenzeiten die → Grundrechte teilweise oder ganz außer Kraft zu setzen. Von dieser Möglichkeit, die die Weimarer Reichsverfassung nach Art. 48 einräumte, machte vor allem Hindenburg als Reichspräsident 1930–1933 wiederholt Gebrauch und erlaubte damit dem von ihm berufenen Reichskanzler H. Brüning ein Regieren ohne parlamentarische Zustimmung.

Novemberpogrom Neuere und korrektere Bezeichnung für die → „Reichskristallnacht".

Novemberrevolution Bezeichnung für die Revolution im Deutschen Reich, die Anfang Nov. 1918 begann und am 9. November zur Abdankung des Kaisers und zur Ausrufung der Republik führte. Als „Novemberverbrecher" beschimpften die Rechtsradikalen die Politiker der demokratischen Parteien, die den Systemwechsel herbeigeführt hatten.

NSDAP (Nationalsozialistische Deutsche Arbeiterpartei) 1920 aus der ein Jahr zuvor gegründeten Deutschen Arbeiterpartei (DAP) hervorgegangene und in NSDAP umbenannte rechtsradikale Partei in Bayern, die sich erst ab 1924 im ganzen Deutschen Reich ausbreitete. Die NSDAP basierte auf der Ideologie des → Nationalsozialismus. Sie war nach dem → „Führerprinzip" strikt auf ihren Parteivorsitzenden Adolf Hitler ausgerichtet. Nach dem gescheiterten → Hitlerputsch von 1923 wurde die NSDAP reorganisiert und schuf so die Grundlagen der späteren Massenpartei. Bei den Reichstagswahlen im Sept. 1930 gelang der NSDAP der Durchbruch. Nach der → „Machtergreifung" Hitlers 1933 wurde die NSDAP Ende des Jahres Staatspartei, und es kam zu einer wechselseitigen Durchdringung von Partei und Staat, die Hitler als unumschränktem Machthaber über den nationalsozialistischen Einparteienstaat absolute Befehlsgewalt erlaubte.

Nukleares Patt Seitdem im Rüstungswettlauf während des → Kalten Krieges sowohl die USA als auch die UdSSR Nuklearwaffen (Atom- und Wasserstoffbomben) besaßen, konnte keine Seite mehr einen Angriffskrieg wagen, da sie selbst beim Einsatz von Raketen, die über Atomsprengköpfe verfügten, mit einem vernichtenden atomaren Gegenschlag rechnen musste („Zweitschlagkapazität").

Nürnberger Gesetze Bezeichnung für die am 15. September 1935 anlässlich des Nürnberger Parteitags der → NSDAP vom Reichstag einstimmig verabschiedeten antisemitischen Gesetze: Die jüdischen Deutschen waren fortan von der deutschen „Reichsbürgerschaft" ausgeschlossen. Ferner wurden Ehen und intime Beziehungen zwischen deutschen und jüdischen Menschen unter Strafe gestellt.

Nürnberger Prozesse Gerichtsverfahren eines internationalen Militärgerichtshofs 1945/46 unter Leitung der → Alliierten in Nürnberg, der Stadt der NS-Reichsparteitage, gegen deutsche Kriegsverbrecher und die NS-Führung. Im Prozess gegen 22 „Hauptkriegsverbrecher" kam es zu zwölf Todesurteilen und meist langjährigen Haftstrafen für die übrigen Angeklagten. Die Nürnberger Prozesse betraten juristisches Neuland: Erstmals wurden Vertreter eines zum Zeitpunkt der verhandelten Taten souveränen Staates zur Rechenschaft gezogen. Damit sind die Nürnberger Prozesse u. a. zum Vorläufer für die UN-Kriegsverbrechertribunale geworden.

Oberste Heeresleitung (OHL) Im Ersten Weltkrieg die oberste Kommandobehörde der deutschen Armee, die seit 1916 als Quasi-Militärdiktatur – unter dem Chef des Generalstabs des Feldheeres Hindenburg und dem 1. Generalquartiermeister Ludendorff – auch die politische Führung des Deutschen Reiches bestimmte.

Obrigkeitsstaat Bezeichnung für die monarchisch-autoritäre deutsche Staatsform vor allem des 19. Jahrhunderts, die von einer mächtigen Bürokratie und einer allgemeinen Untertanenmentalität bestimmt wurde.

Ochlokratie (griech.: Pöbelsherrschaft) Bezeichnung der griechischen Staatsphilosophie für eine zur Herrschaft der Masse degenerierte Demokratie.

Oder-Neiße-Grenze Im Potsdamer Abkommen 1945 festgelegte Westgrenze Polens von der Ostsee westlich von Swinemünde entlang der Oder und der westlichen Neiße. Die Oder-Neiße-Grenze wurde 1990 von Deutschland endgültig anerkannt. Da die östlich der Oder-Neiße-Grenze gelegenen früher deutschen Gebiete polnisch wurden, mussten mehr als sieben Millionen Deutsche 1945 aus diesen Gebieten fliehen (→ Heimatvertriebene).

Oktoberrevolution Bezeichnung für die bolschewistische Revolution in Petrograd (Sankt Petersburg) und Moskau am 7./8. Nov. 1917, die zur Etablierung der sozialistischen Herrschaft führte. Nach dem alten russischen Kalender vollzog sich die revolutionäre Umwälzung am 24./25. Oktober, daher die Bezeichnung Oktoberrevolution.

Oktroyierte Verfassung (frz.: aufgezwungen, aufgenötigt) allgemein von „oben herab" erlassene Verfassung; in der Revolution von 1848/49 abwertende Bezeichnung der Revolutionäre für eine vom Monarchen erlassene Verfassung, an deren Gestaltung die Volksvertretung nicht beteiligt wurde. Dies galt für die preußische Verfassung vom 5. Dezember 1848 ebenso wie für die österreichische Verfassung vom 4. März 1849.

Oligarchie (griech.: Herrschaft weniger) Begriff der griechischen Staatsphilosophie für eine Herrschaftsform, in der die Macht von einer kleinen Gruppe meist sehr reicher Menschen eigennützig ausgeübt und missbraucht wird.

Opiumkrieg Krieg Großbritanniens gegen China 1840–1842, weil sich die chinesische Regierung geweigert hatte, Opium, an dem die Engländer verdienten, einzuführen.

Opposition Bezeichnung für alle politischen Gruppen, die der Regierung gegenüberstehen; im engeren Sinne die Parteien im → Parlament, die nicht an der Regierung beteiligt sind.

Ostblockstaaten Bezeichnung für die 1945 bis 1989/91 von der UdSSR abhängigen und von ihr dominierten Staaten in Ostmitteleuropa. Die Ostblockstaaten wurden nach sowjetischen Vorbild von einer kommunistischen Partei im Sinne des → Marxismus-Leninismus beherrscht, waren Mitglieder des → Comecon und des → Warschauer Pakts.

Osterweiterung Übliche Bezeichnung für die Erweiterung der EU im Jahr 2004, als verschiedene Staaten in Mittelosteuropa der Europäischen Union beitraten. Un-ter der NATO-Osterweiterung versteht man den NATO-Beitritt Polens, Tsche-chiens und Ungarns 1999 und weiterer Staaten in Osteuropa 2004

Ostpolitik Allgemein die Politik der Bundesrepublik Deutschland gegenüber der UdSSR und den → Warschauer-Pakt-Staaten seit 1949, speziell Bezeichnung für die auf Entspannung abzielende Außenpolitik der sozialliberalen Regierung Brandt/Scheel in den Jahren 1969–1972.

Ost-West-Konflikt Bezeichnung für den von 1945 bis 1990 die Weltpolitik bestimmenden ideologischen, politisch-militärischen und ökonomischen Gegensatz zwischen dem Ostblock und dem Westen (→ Kalter Krieg).

OSZE (Organisation für Sicherheit und Zusammenarbeit in Europa) Nachfolgeorganisation der → KSZE seit 1994, die sich besonders für die Friedenssicherung (z. B. auf dem Balkan) einsetzt. Insgesamt gehören ihr 55 Staaten an, darunter auch die USA, Kanada und alle Staaten der → GUS.

Pariser Vorortverträge Sammelbezeichnung für die fünf Pariser Friedensverträge der Entente mit den → Mittelmächten 1919/20. Insbesondere der → Versailler Vertrag mit dem Deutschen Reich und der Vertrag von Saint-Germain mit Österreich zählen zu den Pariser Vorortverträgen.

Parlament (von frz.: reden, sich aussprechen) Im modernen liberaldemokratischen Staat Bezeichnung für die aus freien Wahlen hervorgegangene Volksvertretung, die die → Legislative ausübt und die → Exekutive/Regierung kontrollieren soll.

Parlamentarische Monarchie Staatsform, in der das → Parlament, dem die Regierung verantwortlich ist, die legislative Gewalt besitzt, während der Monarch – wie z. B. in Großbritannien und den Niederlanden – nur repräsentative Aufgaben wahrnimmt.

Parlamentarischer Rat Versammlung von 65 Abgeordneten, die 1948/49 auf Beschluss der → Londoner Sechsmächtekonferenz vom 2. Juni 1948 das → Grundgesetz erarbeiteten.

Partikularismus (von lat.: Teil) Kleinstaaterei; abwertende Bezeichnung für das Bestreben kleiner Staatsgebilde, die eigenen Sonderinteressen unbedingt zu wahren.

Paulskirche Evangelische Kirche in Frankfurt am Main, in der 1848/49 die → Deutsche Nationalversammlung tagte. Die Bezeichnung Paulskirche steht auch für die liberalen Kräfte der 1848er Revolution, die eine Verfassung und eine aus allgemeinen Wahlen hervorgegangene Volksvertretung anstrebten.

Pazifismus (von lat.: Frieden stiftend) Grundhaltung, die Gewalt und Krieg als Mittel der Politik grundsätzlich ablehnt und bedingungslos für Frieden plädiert. Der Pazifismus ist die geistige Grundlage der um 1900 entstandenen → Friedensbewegung, die in der Zeit um 1982 in Westdeutschland besonders stark war.

Pentarchie (von griech.: Herrschaft der fünf) Allgemein Bezeichnung für ein Fünfmächtesystem, speziell für die fünf Großmächte, die von etwa 1750 bis 1914 in Europa bestimmend waren, nämlich: Großbritannien, Frankreich, Preußen/Deutsches Reich, Österreich und Russland.

Perestroika (russ.: Umbau, Umgestaltung) Von Michail Gorbatschow ab 1985 gebrauchter Begriff für die von ihm geplanten Reformen zur Liberalisierung und Modernisierung der sowjetrussischen Gesellschaft und Wirtschaft.

Planwirtschaft (auch: → Lenkungswirtschaft, → Zentralverwaltungswirtschaft) Gegenbegriff zur → Marktwirtschaft als Bezeichnung für eine Wirtschaftsordnung, in der eine zentrale Planungsbehörde Mehrjahrespläne für die Produktion der gesamten Volkswirtschaft aufstellt und die Einhaltung des für jeden Teilbereich vorgegebenen Plansolls kontrolliert.

Plebiszit (lat.: Volksbeschluss, Volksentscheid) Element der direkten (plebiszitären) Demokratie, bei dem die Bürger unmittelbar über bestimmte Fragen abstimmen und beschließen. Das steht im Gegensatz zur repräsentativen Demokratie, findet sich aber auch als Bestandteil in vielen liberaldemokratischen Verfassungen. Wegen der Möglichkeit des Missbrauchs durch Diktatoren und Demagogen ist das Plebiszit umstritten.

Pluralismus (von lat.: mehrere) Kennzeichen demokratischer Gesellschaften, in denen Diskussions- und Entscheidungsprozesse durch eine Vielzahl unterschiedlichster Interessengruppen geprägt werden. Die Konkurrenz zwischen verschiedenen Meinungen wird im Pluralismus akzeptiert und sogar als belebend bejaht.

Plutokratie (von griech.: Herrschaft der Reichen, des Geldes) Herrschaftssystem, in dem die Macht direkt oder indirekt von sehr reichen Einzelnen oder finanzstarken Gruppen (→ Oligarchie) ausgeübt wird.

Politbüro Oberstes Führungs- und Entscheidungsorgan kommunistischer Parteien in den Einparteienstaaten des früheren Ostblocks.

Polizeistaat Im Gegensatz zum → Rechts- und Verfassungsstaat wird im Polizeistaat das öffentliche Leben durch eine allgegenwärtige Polizei und → Geheimpolizei reglementiert und kontrolliert. Dabei kommt es oft zu unwillkürlichen, keiner Kontrolle unterliegenden Repressionsmaßnahmen.

Polnischer Korridor (auch: Danziger Korridor) Bezeichnung für das Gebiet um die Freie Stadt Danzig – ein Landstreifen mit einer Breite von ca. 30 bis ca. 90 Kilometer –, der gemäß dem → Versailler Vertrag von 1919 bis 1939 Ostpreußen vom Deutschen Reich trennte, um Polen einen Zugang zur Ostsee zu ermöglichen.

Potsdam, Tag von Bezeichnung der Nationalsozialisten für den Festakt Hitlers am 21. März 1933 in der Potsdamer Garnisonskirche, in dem symbolisch die Verbindung des alten Preußen mit dem neuen nationalsozialistischen Staat beschworen wurde.

Potsdamer Abkommen Abschlusskommuniqué der Siegermächte vom 2. August 1945, in dem die Beschlüsse der → Potsdamer Konferenz festgehalten wurden.

Potsdamer Konferenz Konferenz der Siegermächte nach dem Zweiten Weltkrieg vom 17.7. bis zum 2.8.1945, in dem wichtige Entscheidungen über die weitere Zukunft Deutschlands getroffen wurden.

Präsidialkabinette Bezeichnung für die letzten drei Regierungen der → Weimarer Republik (1930–1933), als es häufig wechselnde Kabinette gab, die sich nur auf das Wohlwollen des Reichspräsidenten stützten, ohne über eine eigene Mehrheit im → Parlament zu verfügen.

Präsidialregierung Im → Präsidialsystem setzt der Präsident als Spitze der → Exekutive eine Präsidialregierung ein, die von seinem Vertrauen und nicht von dem des → Parlaments abhängig ist.

Präsidialsystem Der in der Regel direkt vom Volk gewählte Präsident hat im Präsidialsystem eine dominierende Stellung und verfügt über weitreichende Vollmachten, da er unabhängig vom → Parlament ist und da die Regierung ihm verantwortlich ist. Beispiele sind die USA, die → Fünfte Republik in Frankreich und das Deutsche Reich in der Zeit der → Weimarer Republik.

Präventivkrieg (von lat.: zuvorkommen) Bezeichnung für einen Krieg, der geführt wird, um einem angeblichen oder sicher bevorstehenden gegnerischen Angriff zuvorzukommen.

Preußische Reformen Sammelbezeichnung für die seit 1807 in Preußen vor allem auf Initiative des Reichsfreiherrn vom und zum Stein verwirklichten Reformvorhaben zur Reorganisation des preußischen Staates. Die preußischen Reformen umfassten unter anderem die Bauernbefreiung, die Städteordnung, die Gewerbefreiheit, die Heeresreform Gerhard von Scharnhorsts und August Neidhardt von Gneisenaus sowie die Bildungsreform Wilhelm von Humboldts.

Privilegien (lat.: Vorrecht) Juristische Bezeichnung für Sonderrechte, die einem Einzelnen oder bestimmten Gruppen gewährt werden. Mit der Auflösung der Stände und dem Sieg des Grundsatzes der Gleichheit aller vor dem Gesetz wurden seit der Französischen Revolution die Privilegien in den → Rechtsstaaten allmählich abgeschafft.

Produktionsmittel Bezeichnung des → Marxismus für alle Güter und Werkzeuge (heute vor allem Maschinen und Industrieanlagen), mit deren Hilfe produziert werden kann.

Produktionsverhältnisse Bezeichnung des → Marxismus für die Gesamtheit der Herrschafts-, Rechts- und Eigentumsverhältnisse in einer Gesellschaftsordnung, die Ausdruck des ideologischen „Überbaus" seien, der die Klassenherrschaft legitimiere.

Produktivität Bezeichnung für die Effizienz und Ergiebigkeit wirtschaftlichen Handelns und Produzierens. Die Produktivität steigt, wenn in einer bestimmten Zeiteinheit mehr produziert und erarbeitet werden kann als vorher. Historisch betrachtet sind sowohl der Maschineneinsatz als auch neue Arbeitsformen entscheidende Werkzeuge gesteigerter Produktivität.

Profit (frz.: Gewinn, Nutzen, Vorteil) Das Bestreben, Profit zu erzielen und eine Maximierung des Profits anzustreben, ist ein zentrales Kennzeichen des → Kapitalismus.

Proletarier (von lat.: Nachkommen) Im alten Rom waren die Proletarier die untere Bevölkerungsschicht, deren einziger Besitz ihre Nachkommen waren. Seit der Industrialisierung bezeichnet man vor allem im → Marxismus diejenige Schicht als Proletariat, die weitgehend besitzlos ist und daher gezwungen ist, die eigene Arbeitskraft zu verkaufen, auch wenn die Entlohnung so schlecht ist, dass davon nur das Existenzminimum bestritten werden kann.

Protektionismus (von lat.: schützen) Bezeichnung für die Wirtschaftspolitik eines Landes, die die eigene Binnenwirtschaft vor ausländischer Konkurrenz schützen will. Maßnahmen des Protektionismus sind Einfuhrzölle, Einfuhrbeschränkungen, Handelshemmnisse etc.

Radikalismus (von lat.: Wurzel) Bezeichnung für eine Theorie oder politische Richtung, die das Ziel hat, die bestehenden Verhältnisse von der Wurzel her, also von Grund auf zu verändern. Ähnlich wie → Extremismus wird auch der Begriff Radikalismus häufig benutzt, um politische Gegner zu diffamieren.

RAF (Rote-Armee-Fraktion, auch: Baader-Meinhof-Gruppe) Linksextremistische Gruppierung, die seit etwa 1970 versuchte, die Grundordnung der Bundesrepublik Deutschland durch Terror und Attentate zu erschüttern und umzustoßen.

Rapallovertrag Deutsch-sowjetrussischer Vertrag, der 1922 in Rapallo, einem Seeort an der italienischen Riviera, abgeschlossen wurde und eine Annäherung zwischen den beiden früheren Gegnern aus dem Ersten Weltkriegs signalisierte.

Rassismus Weltanschauung, die behauptet, dass es über- und untergeordnete Rassen gibt. Aus der Rassenlehre wird eine angebliche Überlegenheit (gewöhnlich der eigenen Rasse) abgeleitet, was als Legitimation für die Herrschaft dieser Rasse über Menschen anderer Rassen benutzt wird. Neben dem besonders verbrecherischen Rassismus des → Nationalsozialismus waren Rassenlehren vor allem um 1900 auch in anderen Völkern verbreitet, wie z. B. die Geschichte des Rassismus in Südafrika und den USA zeigt.

Rat der Volksbeauftragten Vorläufige deutsche Regierung unter Führung Friedrich Eberts von der Novemberrevolution 1918 bis zur Wahl zur Nationalversammlung im Januar 1919.

Räterepublik (auch: Rätedemokratie, Rätesystem) Herrschaftsform einer politisch und meist auch wirtschaftlich direkten Demokratie, in der bei Ausschaltung der Gewaltenteilung → Legislative, → Exekutive und → Judikative in der Hand gewählter Vertreter der Arbeiter, Bauern, Soldaten usw. liegen. Diese Vertreter, die in den Fabriken, Dörfern, Kasernen usw. gewählt werden, verfügen nur über ein → imperatives Mandat und können jederzeit abgewählt werden. Die Idee der Räterepublik steht im Gegensatz zum liberaldemokratischen Parlamentarismus westlicher Prägung und zur kapitalistischen Wirtschaftsordnung. Nach dem Prinzip des Rätesystems bildeten sich 1905 und 1917 in Russland die „→ Sowjets" (russ.: Räte) sowie 1918/19 in Deutschland die Arbeiter- und Soldatenräte. Grundideen der Räterepublik waren auch Bestandteil des politischen und wirtschaftlichen Systems in Jugoslawien unter Josip Tito (1945 – 1980).

Rationalismus (von lat.: Verstand, Vernunft) Philosophische Richtung, die im Verstand die wichtigste Erkenntnisquelle sieht. Besonders verbreitet war der Rationalismus im 17. Jahrhundert. Die → Aufklärung griff den Rationalismus auf und relativierte ihn.

Reaktion (von lat.: zurück-, entgegenwirken) Bezeichnung für den Versuch, gegen revolutionäre oder reformorientierte Kräfte überholte Verhältnisse in Politik und Gesellschaft zu verteidigen. Reaktionäre sind daher fortschrittsfeindlich und rückwärtsgewandt. Als Zeit der Reaktion werden die Jahre von 1849 bis etwa 1858 bezeichnet. Das Adjektiv „reaktionär" wird im Sinne von „rückschrittlich" gebraucht und hat einen sehr abwertenden Beigeschmack.

Realismus (von lat.: wirklich; Gegenbegriff: → Idealismus) Anschauungsweise, die illusionslos von der real existierenden Wirklichkeit ausgeht und nur die tatsächlichen Verhältnisse gelten lässt. Zum Realismus gehören Wirklichkeitssinn und ein scharfer Blick für die konkreten Gegebenheiten.

Realpolitik Bezeichnung für eine an den realen Verhältnissen orientierte politische Richtung, die auf abstrakte Programme verzichtet und pragmatisch vom Möglichen ausgeht (vgl. Bismarcks Wort von der Politik als der „Kunst des Möglichen").

Rechtsstaat Staatswesen, in dem die Macht des Staates vom Recht bestimmt ist und durch das Recht eingegrenzt wird. Im Rechtsstaat sind alle staatlichen Organe dem geltenden Recht verpflichtet und einer unabhängigen Gerichtsbarkeit unterworfen. Der Einzelne genießt im Rechtsstaat durch garantierte → Grundrechte Rechtssicherheit.

Reformpolitik (von lat.: Umgestaltung, Erneuerung) Bezeichnung für den Versuch, bestehende Verhältnisse in Staat und Gesellschaft nicht durch eine Revolution, sondern auf evolutionärem Weg durch Reformen zu verändern. Reformpolitik bewegt sich also innerhalb des bestehenden Systems, das als Ganzes nicht in Frage gestellt wird. Beispiele sind die → Preußischen Reformen seit 1807, die Politik der SPD im Gegensatz zu der radikalsozialistischer Parteien (z. B. → USPD oder KPD) und auch Gorbatschows „Neue Politik" der → Perestroika.

Regime (frz.: Lenkung, Leitung) Autoritäre Herrschaftsordnung mit totalitären Zügen, in der Kritik gewöhnlich unterdrückt wird.

Reichsdeputationshauptschluss Bezeichnung für den 1803 auf Geheiß Napoleons in Regensburg zustande gekommenen Beschluss, der die Auflösung fast aller geistlichen Fürstentümer und Reichsstädte vorsah (→ Mediatisierung).

Reichsgründung Bezeichnung für die Ereignisse von 1870/71, die unter Bismarcks Regie zur Bildung des Deutschen Kaiserreiches führten.

Reichskanzler 1) im Deutschen Reich 1871–1918 vom Kaiser ernannter höchster Reichsbeamter, der zugleich Vorsitzender des → Bundesrats und in der Regel auch preußischer Ministerpräsident war. 2) in der → Weimarer Republik Leiter der Reichsregierung. Der Reichskanzler war vom Vertrauen des → Reichspräsidenten abhängig, der ihn ernannte und auch entlassen konnte.

Reichskristallnacht (auch: Reichspogromnacht oder Novemberpogrom) Von den Nationalsozialisten beschönigend-verharmlosende Bezeichnung für die planmäßig organisierten Ausschreitungen gegen die jüdische Bevölkerung und die Inbrandsetzung von Synagogen in der Nacht vom 9. auf den 10. November 1938.

Reichspräsident Staatsoberhaupt des Deutschen Reiches 1919–1934. Der nach der → Weimarer Verfassung direkt vom Volk auf sieben Jahre gewählte Reichspräsident verfügte über eine außerordentliche Machtfülle, da er unter anderem den → Reichstag auflösen konnte, den → Reichskanzler ernennen und entlassen durfte und die Möglichkeit hatte, nach Art. 48 der Verfassung ohne Zustimmung des → Parlaments Notverordnungen zu erlassen.

Reichsrat In der → Weimarer Republik die Ländervertretung, die als zweite Kammer des → Parlaments mit dem Reichstag die → Legislative bildete.

Reichstag 1) Seit dem Mittelalter Bezeichnung für die Vertretung der Stände im Deutschen Reich. 2) seit 1867/1871 Bezeichnung für die Volksvertretung zunächst im → Norddeutschen Bund, dann im Deutschen Reich von 1871 bis 1945. Entscheidenden Einfluss auf die → Exekutive konnte der Reichstag nur in der Zeit der → Weimarer Republik nehmen. Im „Dritten Reich" hatte der Reichstag nach dem → Ermächtigungsgesetz nur noch dekorative Bedeutung, existierte aber bis zum Ende der NS-Herrschaft fort. Heute ist das Gebäude des Reichstags in Berlin Sitz des Deutschen → Bundestages.

Reichswehr Offizielle Bezeichnung der deutschen Streitkräfte von 1919 bis 1935, als die Reichswehr in Wehrmacht umbenannt wurde. Die Reichswehr durfte nach den Bestimmungen des → Versailler Vertrags nur aus 100 000 Mann bestehen.

Reparationen (von lat.: Wiederherstellung) Seit dem → Versailler Vertrag geläufige Bezeichnung für Zahlungen eines besiegten Staates (in Form von Geld- oder Sachleistungen) zur Behebung und Wiedergutmachung von Kriegsschäden. Mit den Reparationen soll der Gegner zugleich wirtschaftlich und militärisch geschwächt werden. Besondere Bedeutung hatten die Reparationen, die das Deutsche Reich nach der Niederlage im Ersten Weltkrieg entrichten musste. Sie waren 1921 auf 132 Mrd. Goldmark festgelegt worden und belasteten die → Weimarer Republik schwer. 1932 wurden die Reparationen wegen der → Weltwirtschaftskrise gestrichen.

Repräsentantenhaus Zusammen mit dem → Senat bildet das Repräsentantenhaus in den Vereinigten Staaten von Amerika den → Kongress und wirkt an der Gesetzgebung mit. Die Abgeordneten des Repräsentantenhauses werden alle zwei Jahre gewählt.

Republik (von lat.: öffentliche Sache) Staatsform, deren oberste Organe nur auf begrenzte Zeit gewählt werden. Die Republik steht im Gegensatz zur → Monarchie und bezeichnet ein Gemeinwesen, in dem das Volk selbst oder wenigstens ein Teil des Volkes die → Souveränität besitzt. Mit der Idee der Republik sind also die → Demokratie, aber auch die → Aristokratie und sogar die → Oligarchie vereinbar.

Reservatrechte 1) Sonderrechte des Kaisers im → Heiligen Römischen Reich Deutscher Nation. 2) Sonderrechte, die 1871 den Ländern für ihren Eintritt in das Deutsche Reich gewährt wurden.

Restauration (von lat.: wiederherstellen) Allgemein Bezeichnung für das Bemühen, vorrevolutionäre Zustände wiederherzustellen, speziell für die Zeit vom → Wiener Kongress 1814/15 bis zum Ausbruch der Revolutionen von 1848/49.

Revisionismus (von lat.: noch einmal hinsehen) Allgemein Bezeichnung für Bestrebungen, bestehende Verhältnisse zu verändern, speziell für die Bemühungen innerhalb der → SPD, um 1900, den → Marxismus der veränderten gesellschaftlichen Wirklichkeit anzupassen und eine → Reformpolitik zu betreiben.

Revisionspolitik Allgemein Bezeichnung für eine Politik, die bestehende Verträge durch Verhandlungen abändern möchte, ohne sie als Ganzes infrage zu stellen; speziell Bezeichnung für die Leitlinie der Außenpolitik der → Weimarer Republik, die eine Änderung des → Versailler Vertrages erstrebte.

Revolution (von lat.: Umwälzung) Bezeichnung für eine tiefgreifende Veränderung, die sich auf alle Lebensbereiche beziehen kann (→ Industrielle Revolution; Revolution in den Künsten und Wissenschaften); im Speziellen Bezeichnung für gesellschaftspolitische Umwälzungen, die zu einer fundamentalen Veränderung der Strukturen und der Herrschaftsverhältnisse führen. Revolutionen können auch friedlich erfolgen; oft geschieht der Umsturz allerdings gewaltsam.

Rezession (von lat.: zurückgehen, zurückweichen) In der Konjunktur die Abschwungphase mit stagnierender oder zurückgehender Produktion und sinkender Wachstumsrate.

RGW Rat für gegenseitige Wirtschaftshilfe (→ Comecon).

Rheinbund 1806 von Napoleon gegründete Konföderation unter französisches Protektorat, die vor allem militärischen Zwecken diente.

Röhm-Putsch Von den Nationalsozialisten gebrauchte Bezeichnung für den angeblich gegen Hitler gerichteten Putschversuch der SA und ihres Führers Ernst Röhm. Diese Vorwürfe dienten der SS und der Reichswehr, die hierin von Hitler unterstützt wurden, als Rechtfertigung für die Entmachtung der SA und für die Ermordung einiger ihrer Führer und anderer missliebiger Politiker.

Roll back (engl.: zurückdrängen) Bezeichnung für die vom amerikanischen Außenminister John F. Dulles entwickelte außenpolitische Strategie der USA seit 1950, die das Konzept des → Containment ablöste. Die Roll-back-Politik erstrebte ein Zurückdrängen des kommunistischen Einflusses in Osteuropa. Damit wurde eine offensiv ausgerichtete „Politik der Stärke" gegenüber der UdSSR betrieben, wodurch sich der → Ost-West-Konflikt verschärfte.

Römisches Recht Das auf den römischen Staat der Antike zurückgehende römische Recht wirkte über das Mittelalter bis in die Neuzeit fort und diente als Grundlage für das Rechtswesen der Staaten Europas bis ins 20. Jahrhundert. Das römische Recht prägte den französischen → Code civil. Wichtige Bestandteile finden sich auch im deutschen Bürgerlichen Gesetzbuch, dem BGB.

Römische Verträge Bezeichnung für die am 25. März 1957 feierlich in Rom unterzeichneten Verträge über die Gründung der → EWG und von → Euratom.

Rote Armee Bezeichnung für die Sowjetarmee, die die → Oktoberrevolution durchführte und den russischen Bürgerkrieg gewann, und für die Streitkräfte der UdSSR.

Rote Garden 1) Bezeichnung für den Vorläufer der → Roten Armee 1917/18. 2) 1966 im Rahmen der → Kulturrevolution aus Schülern und Studenten gebildete paramilitärische Truppen, die gegen die alten Parteikader eingesetzt wurden.

Rückversicherungsvertrag 1887 unter Otto v. Bismarck auf drei Jahre geschlossener Geheimvertrag mit Russland, der dem Deutschen Reich im Falle eines französischen Angriffs die russische Neutralität zusicherte. Dadurch wollte Bismarck einen Zweifrontenkrieg ausschließen. 1890 wurde der Rückversicherungsvertrag von Bismarcks Nachfolger nicht verlängert.

SA (Abk.: Sturmabteilung) Nationalsozialistischer paramilitärischer Kampfverband, der vor allem in den letzten Jahren der → Weimarer Republik Straßenkämpfe, Saalschlachten und in einigen Großstädten zeitweise bürgerkriegsähnliche Zustände auslöste. Die SA wurde im Verlauf des → Röhm-Putschs 1934 entmachtet, existierte aber als Massenorganisation des → Dritten Reiches bis 1945 fort.

Säkularisation (von lat.: Verweltlichung) Einziehung kirchlichen Besitzes durch den Staat; Bezeichnung vor allem für die Überführung kirchlicher Güter in staatlichen Besitz in Deutschland durch Napoleon 1803 (→ Reichsdeputationshauptschluss).

SALT (am. Abk.: Strategic Arms Limitation Talks) Gespräche zur Reduzierung strategischer Waffen, vor allem der Interkontinentalraketen, zwischen den beiden Supermächten. SALT I wurde 1972 ratifiziert, SALT II wurde 1979 von den USA wegen des sowjetrussischen Einmarschs in Afghanistan nicht unterschrieben.

Sanktion Bezeichnung für rechtmäßig beschlossene Strafmaßnahmen, die z. B. von der UNO verhängt werden, um einen Staat zur Beachtung vereinbarter Verpflichtungen zu zwingen.

Satellitenstaat (von lat.: Begleiter) Bezeichnung für einen scheinbar selbstständigen Staat, der aber weitgehend von einer Groß- oder Weltmacht abhängig ist. Als Satellitenstaaten wurden in der Zeit des → Kalten Krieges die Ostblockstaaten bezeichnet.

SBZ (Sowjetische Besatzungszone) Abkürzung für den Teil Deutschlands, der 1945 bis 1949 unter sowjetischer Verwaltung stand. Auf dem Gebiet der SBZ wurde 1949 die DDR gegründet.

Schlieffenplan Plan des Chefs des deutschen Generalstabs Alfred Graf von Schlieffen, der seit 1905 entwickelt worden war und für den Fall des befürchteten Zweifrontenkrieges mit Frankreich und Russland eine rasche Niederwerfung Frankreichs vorsah, um nach dem vorentscheidenden Sieg im Westen das gesamte Heer gegen die russische Armee einzusetzen. Der Schlieffenplan wurde 1914 angewendet, scheiterte aber schon in der ersten Phase am entschiedenen Widerstand Frankreichs.

Schlussakte von Helsinki → KSZE

Schreckensherrschaft Bezeichnung für die Gewaltherrschaft der → Jakobiner während der Französischen Revolution 1793/94, als unter dem Wohlfahrtsausschuss ein gnadenloser Terror („La Terreur") gegen wirkliche und angebliche Gegner der Republik organisiert wurde.

Schutzzoll Wichtigstes Mittel des → Protektionismus: Schutzzoll wird auf Importe erhoben, um die einheimische Wirtschaft vor ausländischer Konkurrenz zu schützen.

Schwarzer Markt (auch: Schwarzmarkt; Schwarzhandel) Bei Rationierungen und Preisfestsetzungen bildet sich schnell ein Schwarzer Markt, auf dem die Nachfrage nach den rationierten Gütern zu überhöhten Preisen befriedigt wird. In Deutschland gab es vor der → Währungsreform in den Jahren 1945–1948 einen Schwarzen Markt.

SED (Sozialistische Einheitspartei Deutschlands) Selbstbezeichnung der im April 1946 auf Druck der UdSSR erfolgten Zwangsvereinigung von → SPD und → KPD in der ostdeutschen → SBZ. Von 1949–1989 war die SED Staatspartei in der DDR.

Seemacht Im Gegensatz zur → Landmacht Bezeichnung für einen Staat, der seine Vormachtstellung auf die Beherrschung zur See mittels einer starken Kriegs- und Handelsflotte aufbaut und so die Weltmeere oder einen Teil davon kontrolliert. Im 18. und 19. Jahrhundert war Großbritannien die bedeutendste Seemacht.

Sekundärtugenden Bezeichnung für zweitrangige Werte wie Pünktlichkeit, Pflichterfüllung und Ordnungsliebe, die erst dann wertvoll werden, wenn sie im Rahmen von primären Tugenden wie Gerechtigkeit und Klugheit verwirklicht werden. Im → Dritten Reich wurden die Sekundärtugenden gezielt missbraucht und instrumentalisiert, weshalb sie seither nicht mehr als uneingeschränkt positiv angesehen werden.

Selbstbestimmungsrecht Wichtiger Grundsatz des Rechts, der den Anspruch eines Individuums oder eines Volkes beinhaltet, unabhängig zu sein und die eigenen Lebensumstände selbst bestimmen zu dürfen. Das „Selbstbestimmungsrecht der Völker" beinhaltet den Anspruch, einen eigenen Staat zu gründen und die Staatsform festlegen zu können. Dieses wesentliche Prinzip des Völkerrechts entstammt dem Denken der → Aufklärung. Es war stets eine zentrale Forderung der US-amerikanischen Außenpolitik, wurde jedoch nach dem 1. Weltkrieg in den → Pariser Vorortverträgen (Oberschlesien, Sudetenland, Südtirol) fatalerweise missachtet.

Selbstverwaltung Bezeichnung für das vom Staat anerkannte Recht der aktiven Beteiligung der → Bürger an der Verwaltung und Gestaltung der eigenen Gemeinde bzw. Stadt oder auch innerhalb eines Betriebs, einer Schule etc. Im Rahmen der Selbstverwaltung bleibt eine Körperschaft weitgehend von Direktiven höherer Stellen unabhängig. Sie kann vielmehr autonom handeln und eigene Beschlüsse fassen. Wegweisend für die Selbstverwaltung der Kommunen in Deutschland wurde die 1808 im Rahmen der → Preußischen Reformen eingeführte Städteordnung, die den Gemeinden große Freiheiten eröffnete.

Senat Aus dem antiken Rom übernommene Bezeichnung für 1) die Vertretung der Einzelstaaten in den USA, wo der Senat mit dem → Repräsentantenhaus den → Kongress bildet, 2) die → Exekutive in den deutschen Stadtstaaten Berlin, Bremen und Hamburg, wo der Senat den Länderregierungen entspricht, 3) Spruchkörper höherer Gerichte: So hat beispielsweise das → Bundesverfassungsgericht einen Senat.

Sendungsbewusstsein Im Rahmen von → Nationalismus und → Imperialismus bildete sich in Europa und in den USA vor allem in der zweiten Hälfte des 19. Jahrhunderts ein starkes Sendungsbewusstsein heraus, das die Überlegenheit des eigenen Volkes oder Staates betonte und mit missionarischem Eifer die Ausbreitung des eigenen Machtbereichs betrieb. Dabei glaubte man, dass dies für die anderen Völker nützlich und segensreich sei.

Separatismus (von lat.: trennen) Bezeichnung für das Bestreben politischer, nationaler oder religiöser Minderheiten, das eigene Gebiet aus dem jeweiligen Staatsverband herauszutrennen, um einen eigenen Staat zu begründen. In Deutschland gab es starke separatistische Strömungen nach dem Ersten Weltkrieg, die z. B. eine „Rheinische Republik" oder einen eigenständigen Staat in Bayern herbeiführen wollten.

Sezessionskrieg (von lat.: Abspaltung) Bezeichnung für den nordamerikanischen Bürgerkrieg 1861–1865 zwischen den industrialisierten Nord- und den vorwiegend agrarisch ausgerichteten Südstaaten. Im Sezessionskrieg ging es vor allem um die Sklaverei. Der Sieg der Nordstaaten verhinderte die Spaltung der Union und schuf die Grundlagen für die spätere Weltmachtstellung der USA.

Shoah Hebräisches Wort für den → Holocaust.

Sicherheitsgürtel (cordon sanitaire) Bezeichnung für eine Schutzzone von Pufferstaaten, die ein bedrohtes oder sich bedroht fühlendes Land vor einem anderen sichern und schützen soll. Zu diesem Zweck wurden 1919 in Mittelosteuropa mehrere Staaten gebildet, um das bolschewistische Russland abzuschirmen.

Sicherheitsrat Zentrales Organ der → Vereinten Nationen, dem insgesamt 15 Mitgliedsstaaten angehören, unter denen die fünf ständigen Großmächte (USA, UdSSR/Russland. Großbritannien, Frankreich und die Volksrepublik China) ein → Vetorecht haben.

Sklaverei Herrschaftsform, in der ein Mensch das Eigentum eines anderen ist und wie eine Sache behandelt werden kann, ohne eigene Rechte zu haben. Der Handel mit schwarzen Sklaven, der in der Zeit der Entdeckungen begann, wurde von den europäischen Großmächten erst im Laufe des 19. Jahrhunderts verboten, in den USA sogar erst nach dem → Sezessionskrieg.

Slawophile (griech.: Freunde der Slawen) Bezeichnung für die Anhänger aus der russischen Intelligenz, die sich seit 1830 für die Herausbildung und Bewahrung des russischen Volkscharakters und dessen Verteidigung gegenüber dem Westen einsetzten.

Solidarność 1980 in Polen unter Führung von Lech Walesa gegründete unabhängige Gewerkschaft, die nach dem Verbot durch die kommunistische Regierung zum Sammelbecken der Protestbewegung wurde. 1989 setzte die Solidarność in Polen den demokratischen Wandel und die ersten freien Parlamentswahlen durch.

Souveränität (von frz.: höchste Gewalt, Unabhängigkeit, Hoheitsrechte) Träger der Souveränität ist, wer in einem Staatswesen die oberste Gewalt innehat, wie z.B. der König in der → Monarchie. Der Grundsatz der Volkssouveränität besagt, dass alle Staatsgewalt vom Volke ausgeht. Ein Staat ist dann souverän, wenn er in der Außenpolitik unabhängig ist.

Sowchose (russ. Abk.: Sowjetlandwirtschaft) Landwirtschaftlicher Großbetrieb in der UdSSR, der vollmechanisiert war und sich in Staatseigentum befand. Die in einer Sowchose Beschäftigten hatten die Stellung von Lohnarbeitern.

Sowjet (russ.: Rat) Bezeichnung für die revolutionären Räte von Soldaten, Arbeitern und Bauern, die sich in Russland 1905 und 1917 bildeten und die in der UdSSR auf allen Ebenen Exekutivorgane waren. Bis zur Auflösung der UdSSR 1991 hieß das → Parlament „Oberster Sowjet". Dessen Mitglieder waren ebenso wie die Sowjets von der Kommunistischen Partei abhängig. Die Prinzipien der Sowjets und der Sowjetunion gehen auf die Idee der → Räterepublik zurück.

Sozialdarwinismus Bezeichnung für Gesellschaftslehren, die Ergebnisse der Evolutionslehre von Charles Darwin aufgreifen und auf menschliche Zusammenhänge übertragen. Begriffe wie „Kampf ums Dasein", „Überleben des Tüchtigsten" (bzw. des am besten Angepassten) und „Recht des Stärkeren" spielen im Sozialdarwinismus eine zentrale Rolle. Sie dienten im → Rassismus und im → Nationalsozialismus als Legitimation für Gewalt und Krieg. Ideen des → Humanismus und des Christentums stehen in schroffem Gegensatz zum Sozialdarwinismus.

Soziale Marktwirtschaft Wirtschaftsordnung, die auf der Basis einer Wettbewerbsordnung die freie Privatinitiative und den Leistungsgedanken mit sozialer Verantwortung und dem Schutz der sozial Schwächeren verbindet. Die Idee der sozialen Marktwirtschaft geht maßgeblich auf den Kölner Wirtschaftsprofessor Alfred Müller-Armack zurück. Sie wurde von Ludwig Erhard popularisiert und ist seit 1949 als Wirtschaftsform der Bundesrepublik Deutschland etabliert.

Sozialdemokratie Sammelbezeichnung für die sich in verschiedenen Staaten Europas seit etwa 1860 herausbildenden Gruppierungen, die schrittweise soziale Reformen und Veränderungen innerhalb des parlamentarischen Systems anstrebten. In Deutschland vertrat vor allem die → SPD die Ideen der Sozialdemokratie, in Großbritannien die → Labour Party.

Sozialenzyklika Rerum Novarum Rundschreiben des Papstes Leo XIII., in dem die katholische Kirche 1891 ihre Vorschläge zur Lösung der Sozialen Frage publik machte. Die Enzyklika beinhaltete das Recht des Einzelnen auf Privateigentum, aber auch Forderungen nach Sozialpartnerschaft und Unterstützung der sozial Schwachen.

Sozialisierung (Vergesellschaftung) Überführung von Wirtschaftsgütern und vor allem von Produktionsmitteln in Gemeineigentum. Die Sozialisierung von Banken und Großindustrie war eine stete Forderung des → Sozialismus. Verstaatlichungen gab es in der UdSSR und ihren → Satellitenstaaten sowie in den anderen sozialistischen Staaten.

Sozialismus (von lat.: gemeinsam, gesellschaftlich, verbunden) Bezeichnung für die im 19. Jahrhundert entstandenen Ideen und Bewegungen, die das Allgemeinwohl und die sozial Schwachen stärken oder absolut setzen wollen. Dadurch steht der Sozialismus im Gegensatz zum Individualismus des → Liberalismus und des → Kapitalismus. Die radikale Richtung des Sozialismus fordert eine Revolution und erwartet dadurch eine sozialistische Gesellschaft in Form einer „→ Diktatur des Proletariats" (→ Marxismus, → Leninismus); der gemäßigte Sozialismus verfolgt den Weg schrittweiser Reformen (→ Revisionismus, → Sozialdemokratie, → SPD).

Sozialistengesetz Letztlich gescheiterter Versuch Bismarcks, zwischen 1878 und 1890 die deutsche → Sozialdemokratie und die → SPD durch Verbote und Verfolgungen auszuschalten. 1890 wurde das Sozialistengesetz durch Kaiser Wilhelm II. aufgehoben.

Sozial-liberale Koalition Bezeichnung für die Regierungskoalition von → SPD und → FDP zwischen 1969 und 1982 unter den → Bundeskanzlern Willy Brandt und Helmut Schmidt.

Sozialpolitik Gesamtheit aller staatlichen Maßnahmen, die darauf gerichtet sind, die Arbeits-, Lebens- und Wohnbedingungen der Bevölkerung – vor allem der ärmeren Schichten – zu verbessern. Zur Sozialpolitik zählen unter anderem die Sozialversicherungen, Arbeiterschutzgesetze, der Soziale Wohnungsbau, das Tarifrecht, Mitbestimmung usw.

Sozialstaat Bezeichnung für einen Staat, der mittels gezielter → sozialpolitischer Maßnahmen soziale Gerechtigkeit herstellen will. Im → Grundgesetz ist in Art. 20 das Sozialstaatsgebot verankert. Dabei wurde ein noch weitergehender → Wohlfahrtsstaat abgelehnt.

Sozialversicherung Zentrales Mittel staatlicher → Sozialpolitik: In Form von Zwangsversicherungen werden Arbeiter und Angestellte vor Alter, Krankheit, Berufsunfähigkeit etc. geschützt. Renten-, Kranken- und Arbeitslosenversicherung zählen zu den Sozialversicherungen.

Spartakusbund Nach dem antiken Sklavenführer Spartakus benannter linkssozialistischer Flügel der → SPD, der sich während der Novemberrevolution 1918 zunehmend von der Mutterpartei entfernte. Unter Führung von Rosa Luxemburg und Karl Liebknecht ging am 30. Dezember 1918 aus dem Spartakusbund die KPD hervor.

SPD (Sozialdemokratische Arbeiterpartei Deutschlands) Älteste Partei Deutschlands, die aus der → Arbeiterbewegung und der → Sozialdemokratie hervorging. 1875 gab sich die SPD das → Gothaer Programm, das 1891 im → Erfurter Programm weiterentwickelt wurde. Seit dieser Zeit setzte sich in der SPD die reformorientierte Richtung des → Revisionismus durch. In der → Weimarer Republik spielte die SPD eine staatstragende Rolle. 1933 wurde sie, nachdem sie gegen das → Ermächtigungsgesetz gestimmt hatte, von Hitler verboten. 1949 unterlag die SPD bei den ersten Bundestagswahlen der von K. Adenauer geführten → CDU. Mit dem → Godesberger Programm von 1959 wurde sie zur Volkspartei. Zwischen 1969 und 1982 war die SPD Regierungspartei und ist es seit 1998 wieder. Mit Willy Brandt, Helmut Schmidt und Gerhard Schröder stellte sie drei → Bundeskanzler.

Spiegelaffäre Eine von der Regierung Adenauer bewirkte Polizeiaktion gegen das Nachrichtenmagazin „Der Spiegel" und dessen Herausgeber Rudolf Augstein aufgrund unbewiesener Vorwürfe des Landesverrats löste 1962 eine innenpolitische Krise aus, die zum Rücktritt des damaligen Verteidigungsministers Franz Josef Strauß (CSU) führte.

Sputnik (russ.: Gefährte) Name des ersten sowjetischen Satelliten in der Erdumlaufbahn 1957. Der damit bewiesene Vorsprung der UdSSR in der Weltraumfahrt löste in den USA und im Westen den „Sputnik-Schock" aus.

SS (Abk.: Schutzstaffel) 1925 gegründeter nationalsozialistischer Kampfverband, der im → Dritten Reich zum „Staat im Staate" aufstieg und der mächtigste Machtfaktor in der → Diktatur Hitlers wurde. Im Zweiten Weltkrieg übernahm die SS zunehmend auch militärische Aufgaben und organisierte den Terrorapparat der Konzentrations- und Vernichtungslager. Dadurch war sie direkt verantwortlich für die millionenfachen Verbrechen des NS-Staates.

Staatenbund (Konföderation) Zusammenschluss von Staaten, die eigenständig bleiben und auch außenpolitisch unabhängig handeln.

Staatsrat Bezeichnung für die oberste Regierungsbehörde in verschiedenen Staaten Europas, so auch in der DDR, wo der Staatsrat seit 1960 das kollektive Staatsoberhaupt war.

Stahlhelm Paramilitärischer Zusammenschluss von Frontsoldaten des Ersten Weltkriegs, der die → Weimarer Republik aktiv bekämpfte und dabei nationalkonservative Positionen vertrat. 1931 ging der Stahlhelm ein Bündnis mit der → NSDAP und der → SA ein (→ Harzburger Front), in die er 1933 eingegliedert wurde.

Stahlpakt Nationalsozialistische Bezeichnung für das deutsch-italienische Bündnis vom Mai 1939, mit dem die „Achse Berlin-Rom" von 1936 fortgesetzt und intensiviert wurde.

Stalinismus Bezeichnung für das unter J. W. Stalin errichtete Herrschaftssystem in der UdSSR von etwa 1928 bis 1953 und für dessen Erweiterung des → Marxismus-Leninismus. Vor allem steht Stalinismus für den umfassenden Terror, der während Stalins Regierungszeit praktiziert wurde und der sich gegen alle Abweichler und potenziellen Gegner richtete. Schauprozesse, „Säuberungen" und das Lagersystem des Archipel → Gulag gehörten ebenso zum Stalinismus wie die Verfolgung nichtrussischer Minderheiten, die rücksichtslose Kollektivierung der Landwirtschaft und das Primat der Schwerindustrie.

Stalinnote Bezeichnung für den Vorschlag Stalins vom 10. März 1952, eine Wiedervereinigung von BRD und DDR unter der Voraussetzung zu ermöglichen, dass Gesamtdeutschland neutral und blockfrei wird. Die Stalinnote wurde von den Westalliierten und der Regierung Adenauer als taktisches Manöver der UdSSR bewertet.

Ständegesellschaft Herrschafts- und Gesellschaftssystem mit klar abgegrenzten Gruppen, von denen einige Stände, in der Regel Adel und Klerus, große Privilegien genießen. Beispiele sind der → Feudalismus und das vorrevolutionäre Frankreich des → Ancien Régime.

START (engl. Abk.: *Strategic Arms Reduction Talks*) Gespräche der beiden Supermächte zur Verringerung strategischer Waffen seit 1982, die in den verschiedenen START-Verträgen 1991 bis 1997 zu einer bedeutenden Verminderung von Nuklearwaffen, Interkontinentalraketen und Sprengköpfen führten.

Stasi (Staatssicherheitsdienst) → Geheimpolizei in der DDR, die mithilfe von mehr als 100 000 „Informellen Mitarbeitern" die gesamte Bevölkerung bespitzelte und die Opposition unterdrückte.

Stellungskrieg Bezeichnung für die Verhärtung einer Front, an der sich die gegnerischen Heere ohne Geländegewinn bekämpfen. Von einem Stellungskrieg sprach man vor allem in Hinblick auf den Ersten Weltkrieg an der Westfront (Schlacht von Verdun, 1916).

Stunde Null Bezeichnung für die Zeit des Zusammenbruchs und Neubeginns in Deutschland nach dem Ende des Zweiten Weltkriegs im Mai/Juni 1945.

Subventionen (von lat.: zu Hilfe kommen) Öffentliche Unterstützungsgelder für Firmen oder Wirtschaftszweige, die sich gerade in einer Krise befinden. Daneben gibt es auch Dauersubventionen, wie z. B. in Deutschland für den Bergbau und in der → EU für die Landwirtschaft.

Sudetenkrise Bezeichnung für die politische Krise in Europa 1938, die Adolf Hitler mutwillig auslöste, um einen Vorwand für den Einmarsch in die Tschechoslowakei zu haben. Dabei kam ihm die antitschechische Stimmung der Mehrzahl der über drei Millionen Sudetendeutschen zugute, die als Minderheit in der tschechoslowakischen Republik den Anschluss an das Deutsche Reich wünschten. Die Sudetenkrise konnte durch das → Münchener Abkommen gelöst werden.

Supermächte Bezeichnung für weltweit dominierende Mächte, die gewöhnlich für die USA und die UdSSR in der Zeit des Ost-West-Konflikts gebraucht wird. Seit den 1990er-Jahren spricht man von den USA als der „einzig verbliebenen Supermacht".

Supranational Bezeichnung für überstaatliche Organisationen und Institutionen, die eigenständig bindende Beschlüsse fassen dürfen, da die beteiligten Staaten einen Teil ihrer → Souveränität an sie abgetreten haben. Der Begriff wird vor allem auf die → EU angewendet.

Terrorismus (von lat.: Schrecken) Bezeichnung für politisch motivierte Gewaltanwendung durch → Extremisten, die Angst und Schrecken verbreiten wollen, um ein ihnen verhasstes System zu erschüttern. Daneben gibt es auch den Staatsterrorismus, der in → Diktaturen und totalitären Regimen gegen die eigene Bevölkerung ausgeübt wird.

Theokratie (griech.: Gottesherrschaft) Staatsform, in der die politische Herrschaft durch eine Priesterschaft oder einen „Gottkönig", der als Stellvertreter Gottes angesehen wird, ausgeübt wird. In der Antike und im Mittelalter gab es zahlreiche Theokratien. Im 20. Jahrhundert hatte die Herrschaft der Mullahs im Iran theokratische Züge.

Tiers état → Dritter Stand

Toleranz (von lat.: ertragen, erdulden) Zentrale Forderung der → Aufklärung, dass andere religiöse Bekenntnisse und politische Meinungen zu ertragen und zu dulden sind.

Tories Aus dem 17. Jahrhundert stammende Bezeichnung für eine monarchistische Gruppierung in England, die bis heute für die britische konservative Partei gebraucht wird.

Totaler Krieg Von Joseph Goebbels 1943 eingeführtes Schlagwort, um die deutsche Bevölkerung im Zweiten Weltkrieg zum totalen Einsatz aller verfügbaren Kräfte zu motivieren.

Totalitarismus (von lat.: ganz) Bezeichnung für ein Herrschaftssystem, das sämtliche Bereiche des öffentlichen und möglichst auch des privaten Lebens kontrolliert, um den Einzelnen im Sinne der herrschenden Ideologie total zu erfassen und zu vereinnahmen. Merkmale eines totalitären Staatswesens sind die Gleichschaltung aller Parteien und Verbände in einer Einparteiendiktatur, die vollständige Kontrolle der Massenmedien, der gezielte Einsatz von Terror gegen Andersdenkende, das Vorherrschen einer als verbindlich und absolut richtig angesehenen Ideologie sowie der rücksichtslose Gebrauch moderner Technologie und bürokratischer Mittel, um alle Lebensbereiche zu beherrschen. Beispiele sind der Totalitarismustheorie zufolge das → Dritte Reich, der → Stalinismus sowie das derzeitige Regime in Nordkorea.

Tripelentente Bezeichnung für das seit 1907 gegen die → Mittelmächte gerichtete Bündnis der drei Großmächte Frankreich, Großbritannien und Russland.

Trizone Bezeichnung für den durch Erweiterung der → Bizone 1949 entstandenen Wirtschaftsraum der drei westlichen Besatzungszonen, aus dem dann die Bundesrepublik Deutschland hervorging.

Truman-Doktrin Vom damaligen US-Präsidenten Harry S. Truman am 12.-März 1947 verkündete außenpolitische Leitlinie der USA, die eine „Eindämmung" gegenüber der UdSSR (→ Containment) und die Unterstützung gefährdeter Völker in Europa beinhaltete (→ Marshall-Plan).

Tyrannis (auch: Tyrannei) Gewaltherrschaft eines Einzelnen, der als Tyrann machtbesessen und uneingeschränkt alle Bewohner des von ihm dominierten Staatswesens unterdrückt.

Überbau Zentraler Begriff des → Historischen Materialismus, mit dem im → Marxismus die Gesamtheit der Wertvorstellungen und Regeln einer Gesellschaft bezeichnet wird, die im Verbund mit Religion, Philosophie, Rechtswesen, den Künsten, der Literatur dazu dient, die bestehenden Verhältnisse zugunsten der herrschenden Klasse zu legitimieren.

Umweltschutzbewegung Seit den 1970er-Jahren in den fortgeschrittenen Ländern der westlichen Welt entstandene politische Bewegung, die eine umweltverträgliche und ökologisch nachhaltige Wirtschaftsweise fordert, die die dauerhafte Erhaltung von Natur und Umwelt bezweckt. Häufig verband sich die Umweltschutzbewegung mit der → Friedensbewegung. In der Bundesrepublik Deutschland führte die Umweltschutzbewegung zur Gründung der Partei „Die Grünen".

Unabhängigkeitserklärung Bezeichnung für die amerikanische „Declaration of Independence" von 1776, mit der sich die 13 Kolonien an der Ostküste von der britischen Krone lossagten.

Unabhängigkeitskrieg Bezeichnung für den Krieg der 13 nordamerikanischen Kolonien gegen die britische Herrschaft von 1775 bis 1783.

UN (United Nations, auch: UNO) → Vereinte Nationen.

Unterhaus Bezeichnung für die zweite Kammer des englischen → Parlaments, die als Volksvertretung aus den Unterhauswahlen hervorgeht.

Urbanisierung (von lat.: Stadt) Prozess der Verstädterung, also einer Zunahme der in Städten lebenden Bevölkerung. Die Urbanisierung ist ein Begleitphänomen der → Industrialisierung und inzwischen weltweit zu beobachten. Sie führt innerhalb weniger Jahrzehnte zu einem radikal veränderten Landschaftsbild, das von rasch entstehenden Groß- und Millionenstädten geprägt wird.

USPD (Unabhängige Sozialdemokratische Partei Deutschlands) Linkssozialistische Gruppierung, die sich 1916/17 von der → SPD getrennt hatte. Während der Revolution von 1918/19 spielte die USPD vorübergehend eine wichtige Rolle, ehe sie sich bis 1922 auflöste, wobei ein Teil der Mitglieder die → KPD gründete, während sich der Rest der Partei wieder der SPD anschloss.

VEB (Volkseigener Betrieb) Bezeichnung für die Industriebetriebe, die seit 1949 in der DDR verstaatlicht oder vom Staat errichtet worden waren.

Vereinte Nationen (engl. UN: United Nations, dt. auch: UNO) Weltgemeinschaft der Völker und Staaten, die die Charta der UN anerkennen und zur Sicherung des Friedens und zur Förderung konstruktiver Beziehungen zwischen den Staaten beitragen wollen. Die UNO wurde 1945 als Nachfolgeorganisation des → Völkerbunds gegründet. Sie hat ihren Sitz in New York. Ihr gehören 191 Staaten (2004) an.

Verelendungstheorie Wichtiger Bestandteil des → Marxismus. Danach führen das Profitstreben der Kapitalisten und die Ausbeutung der Arbeiter zur fortlaufenden Verschlechterung der Löhne und der Lebensverhältnisse der Unterschicht. Die Behauptung einer materiellen Verelendung der Industriearbeiterschaft hat sich in den westlichen Ländern nicht erfüllt.

Verfassung (auch: Konstitution) Die Gesamtheit der Gesetze und Regeln, in der die Grundordnung eines Staatswesens und die Machtverteilung der verschiedenen Institutionen und Organe festgelegt ist. Der moderne Verfassungsstaat versteht sich als → Rechtsstaat, der alle Entscheidungsträger und die gesamte staatliche Gewalt an die Verfassung bindet und ihr unterwirft. Kernbestandteile einer liberalen Verfassung sind die Verankerung der → Menschenrechte, die durchgängige Beachtung des Prinzips der → Gewaltenteilung und der → Volkssouveränität.

Verhältniswahlrecht → Wahlrecht

Vernichtungslager Bezeichnung für diejenigen nationalsozialistischen → Konzentrationslager, in denen die → „Endlösung der Judenfrage" durch systematischen Völkermord durchgeführt wurde.

Vernunftrecht → Naturrecht

Versailler Vertrag Bezeichnung für den Teil der → Pariser Vorortverträge von 1919, in dem die Friedensbestimmungen für das Deutsche Reich festgelegt wurden. Nicht zuletzt wegen des Artikels 231, der die Alleinschuld Deutschlands für den Ausbruch des Ersten Weltkriegs enthielt, wurde der Versailler Vertrag von den meisten Deutschen abgelehnt. Die rechtsradikalen Parteien diffamierten das Vertragswerk als „Schanddiktat" und geißelten die demokratischen Politiker, die den Versailler Vertrag unterschrieben, als → „Erfüllungspolitiker".

Vertreibung → Heimatvertriebene

Vetorecht (von lat.: ich verbiete) Einspruchsrecht einer Einzelperson oder einer Institution, wodurch das Zustandekommen eines Beschlusses verhindert wird. Ein suspensives Veto hat aufschiebende Wirkung. Dadurch kann das Inkrafttreten eines Gesetzes verzögert, aber nicht auf Dauer verhindert werden. Im Gegensatz dazu hat das absolute Veto meist eine lähmende Wirkung, da dadurch jeder Beteiligte die Möglichkeit hat, Beschlüsse zu blockieren (wie etwa im → Sicherheitsrat der UNO).

Vielvölkerstaat Im Gegensatz zum Nationalstaat leben im Vielvölkerstaat verschiedene Völker, die in der Regel auch verschiedene Sprachen sprechen, zusammen. Bis 1918 war die Donaumonarchie der Habsburger ein typischer Vielvölkerstaat, später waren es die UdSSR und Jugoslawien.

Vierjahresplan Analog zum → Fünfjahresplan der UdSSR wurde 1936 im → Dritten Reich ein Vierjahresplan aufgestellt, mit dem der NS-Staat bis 1940 autark und kriegsbereit sein sollte.

Viermächteabkommen Bezeichnung für das 1971 ratifizierte Abkommen der vier Siegermächte (USA, UdSSR, Großbritannien und Frankreich) über den Status von Berlin.

Vierter Stand Im 19. Jahrhundert in Anknüpfung an den → Dritten Stand aufgekommene Bezeichnung für die Schicht der Arbeiter und Proletarier.

Vierzehn Punkte Bezeichnung für die Friedensvorschläge des amerikanischen Präsidenten Woodrow Wilson vom 8. Januar 1918 zur Beendigung des Ersten Weltkrieges. Darin waren unter anderem die Räumung der besetzten Gebiete, das → Selbstbestimmungsrecht der Völker und die Gründung eines → Völkerbundes enthalten.

Vietnamkrieg Die Kriege, die 1946 bis 1975 in Indochina, vor allem in Vietnam, geführt wurden. Dabei kämpften in der ersten Phase bis 1954 vietnamesische Befreiungstruppen gegen die französische Kolonialmacht. Nach deren Kapitulation kam es zum Vietnamkrieg der USA gegen das kommunistische Nordvietnam, der seit 1973 zum vollständigen Abzug der US-Truppen führte.

Völkerbund 1920 auf Initiative des US-Präsidenten W. Wilson gegründete übernationale Organisation zur Sicherung des Weltfriedens und zur Schlichtung von zwischenstaatlichen Streitfällen. Der Völkerbund, der seinen Sitz in Genf hatte, scheiterte in den 1930er-Jahren, als er die aggressive Politik des → Dritten Reiches, die den Zweiten Weltkrieg verursachte, nicht verhindern konnte.

Völkerrecht Gesamtheit der Prinzipien und Rechtssätze, die die Beziehungen zwischen souveränen Staaten regeln und der Friedenssicherung dienen.

Volksdemokratie Selbstbezeichnung für die sozialistischen Herrschaftssysteme in Ostmitteleuropa, die dort zwischen 1945 und 1989/90 nach sowjetischem Vorbild errichtet wurden. Äußerlich und formal waren diese Staaten demokratisch, de facto wurden sie aber von der jeweiligen kommunistischen Partei so sehr dominiert, dass man von einer Einparteienherrschaft sprechen muss.

Volksgerichtshof Erste und letzte gerichtliche Instanz des → Dritten Reiches bei angeblichem Hoch- und Landesverrat. Der Volksgerichtshof wurde gegen jegliche Opposition, gegen „Wehrkraftzersetzung" und Widerstandskämpfer eingesetzt. Er war Ausdruck der Terrorjustiz des NS-Staats und fällte Tausende von Todesurteilen gegen Regimekritiker.

Volkskammer Das → Parlament in der DDR, das nach der Verfassung legislative Befugnisse hatte, in der Wirklichkeit jedoch nur eine untergeordnete Rolle spielte.

Volkssouveränität Grundprinzip der Legitimität der Demokratie, das besagt, dass alle staatliche Herrschaft vom Volk ausgehen muss, dass also das Volk die → Souveränität besitzt.

Vormärz Bezeichnung für die Epoche der deutschen Geschichte, die dem Beginn der Revolution von 1848/49 im März 1848 vorausging, also die Zeit der → Restauration, insbesondere die Jahre von 1830 bis 1848.

Vorparlament Bezeichnung für die Ende März 1848 in Frankfurt am Main zusammengetretene Versammlung der 574 Revolutionäre, die die Wahlen zu einer verfassunggebenden Nationalversammlung im Mai desselben Jahres vorbereitete.

Wahlrecht In modernen indirekten Demokratien kommt dem Wahlrecht zentrale Bedeutung zu, da es die Bestimmungen zu wählen (aktives Wahlrecht) und gewählt zu werden (passives Wahlrecht) enthält. Im liberaldemokratischen Staat ist das Wahlrecht allgemein (das heißt uneingeschränkt für alle Staatsbürger, unabhängig von Geschlecht, Rasse, Besitz etc.), gleich (gleiche Wertigkeit jeder Stimme), unmittelbar (das heißt ohne Wahlleute, also direkt) und geheim (und nicht etwa öffentlich). Ansonsten unterscheidet man das Mehrheitswahlrecht, bei dem in einem Wahlkreis derjenige Kandidat gewählt ist, der die meisten Stimmen erhält, vom heute häufigeren Verhältniswahlrecht, bei dem jede Partei gemäß ihrem Stimmenanteil Sitze im → Parlament bekommt. In der Bundesrepublik Deutschland gibt es seit 1949 ein gemischtes System von Verhältnis- und Mehrheitswahlrecht mit einer Fünfprozentsperrklausel. Über die Vorteile und Nachteile des Verhältniswahlrechts und des Mehrheitswahlrechts wurde und wird gelegentlich diskutiert. Bestrebungen Richtung Mehrheitswahlrecht finden mitunter prominente Fürsprecher, dennoch gab es nach 1949 zu keinem Zeitpunkt ernstlich Bestrebungen, das im Bundeswahlgesetz geregelte Mischsystem zu ändern.

Währungsreform Allgemein die Neuordnung des Geldwesens durch den Gesetzgeber; in der deutschen Geschichte Bezeichnung für die Umstellung von Reichsmark auf Deutsche Mark am 21.-Juni 1948 in den drei westlichen Besatzungszonen. Eine weitere Währungsreform erlebte Deutschland am 15. November 1923 mit der Einführung der Rentenmark.

Wannseekonferenz Besprechung führender Vertreter des → Dritten Reiches und der → SS am 20. Januar 1942 in Berlin-Wannsee, auf der die → „Endlösung der Judenfrage" beschlossen wurde.

Warschauer Pakt Militärbündnis der Ostblockstaaten unter Führung der UdSSR, das am 14. Mai 1955 in Warschau auch als Reaktion auf den NATO-Beitritt der Bundesrepublik Deutschland gegründet wurde. Bis zu seiner Auflösung am 1. Juli 1991 war der Warschauer Pakt Hauptgegenspieler der → NATO in der Zeit des → Ost-West-Konflikts.

Wehrmacht Offizielle Bezeichnung der Streitkräfte im → Dritten Reich seit 1935, als die allgemeine Wehrpflicht eingeführt wurde. 1938 wurde die Spitze der vorher → Reichswehr genannten Armee entmachtet. Die Wehrmacht unterstand fortan alleine Adolf Hitler, der seither ihr Oberbefehlshaber war. Dies stärkte nochmals die Machtkonzentration auf die Person des Diktators.

Weimarer Koalition Bezeichnung für das Bündnis von → SPD, → Zentrum und DDP, das in den Anfangsjahren der → Weimarer Republik die Regierung stellte und die Weimarer Verfassung vorbehaltlos bejahte. Die Weimarer Koalition war deshalb ein Garant für die innere Stabilität der Republik.

Weimarer Republik Die nach dem ersten Tagungsort ihrer Nationalversammlung benannte Epoche der deutschen Geschichte von 1918/19 bis 1933, in der erstmals ein republikanisches Staatswesen auf deutschem Boden etabliert wurde.

Weltmacht Bezeichnung für einen Staat, der dank seines militärisches Potenzials, politischen Gewichts und wirtschaftlichen Einflusses international eine Hegemonialstellung einnimmt und der dadurch in der Lage ist, seine Interessen in mehreren Kontinenten durchzusetzen.

Weltwirtschaftskrise Nach dem → Crash des „Black Friday" an der New Yorker Wall Street Ende Oktober 1929 setzte in den darauffolgenden Jahren eine Wirtschaftskrise bis dahin unbekannten Ausmaßes ein, die aufgrund der schon damals weltweiten Verflechtung von Wirtschaft und Industrie die weitaus meisten Staaten der Erde betraf. Die Weltwirtschaftskrise führte zu einem immensen Produktionsrückgang und einer Massenarbeitslosigkeit, die in vielen westlichen Industrieländern auf über 20 Prozent anwuchs. Ende 1932 erreichte die Weltwirtschaftskrise ihren Höhepunkt.

Wende Bezeichnung für die Vorgänge in der DDR 1989/90, die die Wende von der SED-Herrschaft zur → Wiedervereinigung herbeiführten.

Westintegration (auch als Westbindung bezeichnet) Außenpolitisches Leitziel Konrad Adenauers als → Bundeskanzler, der erfolgreich versuchte, die junge Bundesrepublik Deutschland in die westliche Staatenwelt zu integrieren, indem er eine enge Zusammenarbeit mit den USA, die Aussöhnung mit Frankreich und den Aufbau einer Europäischen Wirtschaftsgemeinschaft betrieb. Die Aufnahme der Bundesrepublik in die → NATO 1955 bedeutete einen Höhepunkt dieser Bemühungen, zumal damit Adenauers Hauptanliegen, die Wiedererlangung der → Souveränität, erreicht wurde.

Wettrüsten Bezeichnung für den Rüstungswettlauf zwischen verfeindeten Staaten, im engeren Sinne für das atomare Wettrüsten der USA und der UdSSR in der Zeit des → Kalten Krieges.

WEU (Abk.: Westeuropäische Union) 1954 abgeschlossener militärischer Beistandspakt der westeuropäischen Staaten im Rahmen der → NATO, dem von Anfang an auch die Bundesrepublik Deutschland und Italien angehörten. Durch die Aufnahme Spaniens, Portugals und Griechenlands seit 1989 erfuhr die WEU eine Neubelebung.

Widerstandsrecht Schon in der Antike und im Mittelalter begründetes Recht zur notfalls auch gewaltsamen Auflehnung gegen Fremdherrschaft oder eine illegitime despotische Regierung, sofern es keine andere Möglichkeit der Bekämpfung des Unrechts gibt. Im → Grundgesetz ist das Widerstandsrecht in Art. 20, Abs. 4 ausdrücklich verankert.

Wiedervereinigung Nach der Gründung zweier deutscher Staaten 1949 blieb die Wiedervereinigung ein vorrangiges Ziel der Politik der Bundesrepublik Deutschland. In der Ära Adenauer führte der → Alleinvertretungsanspruch zur Konfrontation mit der DDR, die erst in der Zeit der Entspannung unter Willy Brandt 1972 im → Grundvertrag anerkannt wurde. Überraschenderweise und erstaunlich schnell konnte die Zweistaatlichkeit dann infolge der Umwälzungen in der DDR 1989/90 überwunden werden. Die Wiedervereinigung wurde staatsrechtlich am 3. Oktober 1990 vollzogen.

Wiener Kongress Zusammenkunft der wichtigen europäischen Monarchen und Regierungschefs 1814/15 in Wien zur territorialen Neuordnung Europas nach dem Sturz Napoleons. Unter dem Vorsitz des österreichischen Staatskanzlers Klemens Wenzel Lothar von Metternich wurde auf dem Wiener Kongress die Friedensordnung der fünf europäischen Großmächte etabliert, die eine außerordentlich lange Phase außenpolitischer Stabilität begründete. Zugleich begann mit dem Wiener Kongress die Epoche der rückwärtsgewandten → Restauration.

Wirtschaftsliberalismus Wirtschaftspolitische Anschauung, die davon ausgeht, dass liberale Grundsätze auch im Wirtschaftsleben gelten sollten und dass allgemeiner Wohlstand dann entsteht, wenn der Staat Privatinitiative und freies Unternehmertum möglichst wenig einschränkt. Begründer des Wirtschaftsliberalismus war der Schotte Adam Smith (1723 – 1790).

Wohlfahrtsstaat Im Gegensatz zum → Wirtschaftsliberalismus wird im Wohlfahrtsstaat das Wohl der → Bürger gezielt gefördert, wobei vor allem die sozial Schwachen unterstützt werden. Der Wohlfahrtsstaat geht noch über den → Sozialstaat hinaus. Liberale Kritiker des Wohlfahrtsstaates sehen im Wohlfahrtstaat eine Gefährdung persönlicher (auch wirtschaftlicher) Freiheit. Wohlfahrtsstaatliche Politik sei zudem reine Klientel-Politik, die jeweils regierenden Parteien seien versucht, gesellschaftliche, politische und ökonomische Probleme über wohlfahrtsstaatlich begründete Umverteilung im Sinne der eigenen Wählerklientel zu lösen. Linke Kritiker sehen im Wohlfahrtsstaat eine Inszenierung der spätkapitalistischen Gesellschaft, die letzlich zu einer Entmündigung der Bürger führe.

Zeitgeschichte Bezeichnung für die der Gegenwart unmittelbar vorausgehende Epoche, in der Regel die Zeitspanne der noch Lebenden. In Deutschland wird die Geschichte seit dem Epochenjahr 1917 als Zeitgeschichte angesehen.

Zentralismus (von griech.: Mittelpunkt) Organisationsprinzip von Staaten und Institutionen, die von einer obersten Instanz aus zentral geleitet und gesteuert werden, ohne dass untergeordnete Stellen Sonder- und Mitbestimmungsrechte haben. Der Einheitsstaat ist zentralistisch verfasst, während der föderalistische → Bundesstaat dezentral organisiert ist.

Zentralkomitee (Abk.: ZK) 1) Führungsgremium der kommunistischen Parteien, aus dem heraus die Mitglieder des eigentlichen Entscheidungsorgans, des Politbüros, gewählt wurden. 2) „Zentralkomitee der deutschen Katholiken": Beratungskreis von Bischöfen und Laien im deutschen Katholizismus, der in der öffentlichen Meinungsbildung eine wichtige Rolle spielt.

Zentralverwaltungswirtschaft (→ Lenkungswirtschaft, → Planwirtschaft) Sozialistische Wirtschaftsordnung, die im Gegensatz zur → Marktwirtschaft durch die Lenkung der gesamten Wirtschaft durch eine oberste Planungsbehörde charakterisiert ist und in der es keinen Privatbesitz an → Produktionsmitteln gibt.

Zentrum (eigentlich: Deutsche Zentrumspartei) Bezeichnung der 1870 gegründeten und in Vorläufern seit 1852 bestehenden Partei des deutschen Katholizismus, die im Kaiserreich nach 1918 und vor allem in der → Weimarer Republik eine Schlüsselstellung innehatte und von 1919 bis 1932 an allen Regierungen beteiligt war. 1933 löste sich das Zentrum auf. Seine Neugründung nach 1945 blieb ohne politischen Einfluss. Allerdings wurde die → CDU von früheren Zentrumspolitikern wie Konrad Adenauer mitbegründet.

Zollverein 1834 wurde von der Mehrheit der Staaten des → Deutschen Bundes der „Deutsche Zollverein" unter Führung Preußens gegründet. Im Geltungsbereich des Zollvereins fielen Handelsbarrieren und Zölle weg. Bis 1854 traten dem Zollverein bis auf Österreich und die Hansestädte fast alle deutschen Staaten bei. Der Zollverein spielte bei der wirtschaftlichen Integration Deutschlands eine wesentliche Rolle und nahm die spätere Reichsgründung von 1871 in Form der → kleindeutschen Lösung vorweg.

Zweibund Bündnisvertrag zwischen dem Deutschen Reich und Österreich-Ungarn, der seit 1879 bestand. Bis 1890 hatte der Zweibund defensiven Charakter. Im Vorfeld des Ersten Weltkriegs spielte der Zweibund (seit 1882 zum → Dreibund erweitert) eine verhängnisvolle Rolle, da er einseitig zum Fundament der deutschen Außenpolitik geworden war.

Zweifrontenkrieg Begriff aus der Kriegführung zur Kennzeichnung der Situation eines Landes, das an zwei Fronten gleichzeitig verschiedenen Gegnern gegenübersteht. Das Deutsche Reich sah sich im Ersten Weltkrieg nach dem Scheitern des → Schlieffen-Plans dem befürchteten Zweifrontenkrieg gegenüber.

Zwei-plus-vier-Vertrag Wichtigster Vertrag im Rahmen der deutschen → Wiedervereinigung, der am 12. September 1990 zwischen der Bundesrepublik Deutschland und der DDR auf der einen und den vier Siegermächten (USA, UdSSR, Großbritannien und Frankreich) auf der anderen Seite abgeschlossen wurde und durch den Deutschland die volle → Souveränität erlangte.

Zwei-Staaten-Theorie Konzept der DDR-Führung seit 1955, das 1968 seinen Ausdruck in der DDR-Verfassung fand und mit dem die staatliche Eigenständigkeit betont wurde. Mit dem Ende der DDR 1990 gehörte auch die Zwei-Staaten-Theorie der Vergangenheit an.

Stichwortverzeichnis

R

S

T

U

V

W

Y

Z

Personenregister

Prüfungstraining auf CD-ROM

Durch eine einfache Navigation schnell zur gewünschten Information oder Aufgabe: Die Startseite führt per Mausklick direkt zu den allgemeinen Tipps zur Prüfungsvorbereitung oder zu den Trainingseinheiten, die genau auf die Kapitelinhalte des Buches zugeschnitten sind. Wie hier für das Kapitel „Das Zeitalter der Weltkriege" gezeigt, finden Sie zu jedem Themenbereich Aufgaben mit Lösungen. Einfach klicken und die gezielte Prüfungsvorbereitung kann losgehen!

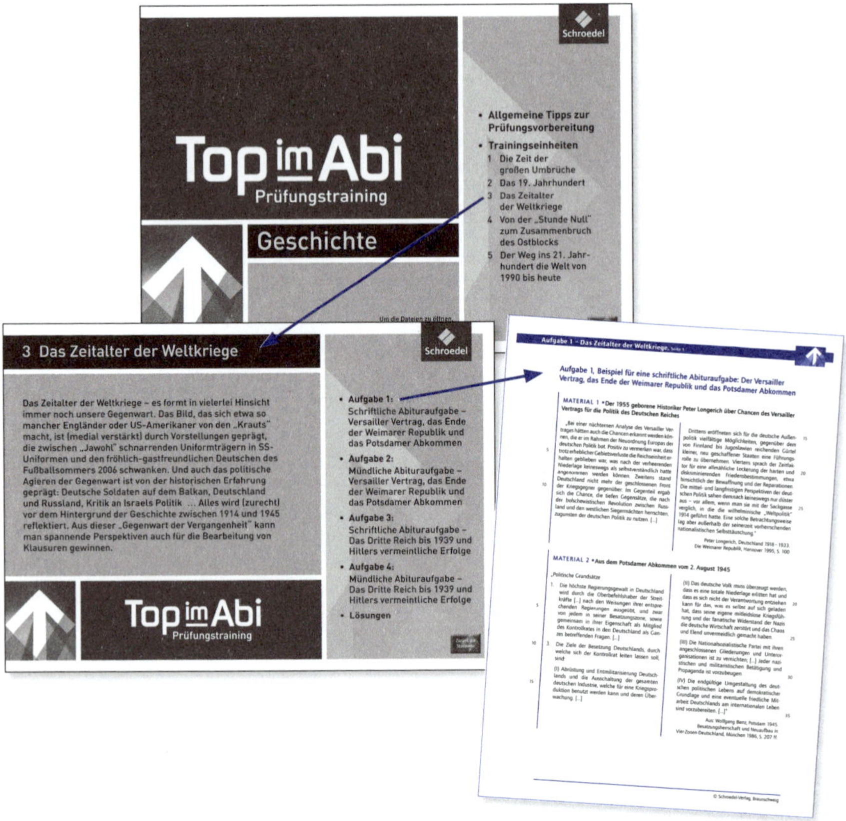

Die CD-ROM ist auf allen Systemen lauffähig, auf denen ein Acrobat-Reader® installiert ist.